# 대통령 되기 프로젝트

# 대통령 말하기 프레젠테이션

초판 1쇄 인쇄    2015년 2월 23일
초판 1쇄 발행    2015년 3월 2일

지은이    김 제 홍
펴낸이    박 정 태
펴낸곳    (주)북스힐
편집인    심영경
디자인    이연수, 김우리, 홍미나      제작    박기동, 황경실, 구정근
마케팅    김동현, 박진영, 이연경

출판등록    2004. 12. 1(제2012-000051호)
주소    서울시 금천구 가산디지털1로 168, 우림라이온스밸리 B동 B113, 114호
홈페이지    www.book.co.kr
전화번호    (02)2026-5777      팩스    (02)2026-5747

ISBN    979-11-5585-505-8 03320(종이책)    979-11-5585-506-5 05320(전자책)

이 책의 판권은 지은이와 (주)북스힐에 있습니다.
내용의 일부분 인용하거나 발췌를 하려면 반드시 저작권자와 북스힐 양측의 동의를 받아야 합니다.

이 도서의 국립중앙도서관 출판예정도서목록(CIP)은 서지정보유통지원시스템 홈페이지(http://seoji.nl.go.kr)와
국가자료공동목록시스템(http://www.nl.go.kr/kolisnet)에서 이용하실 수 있습니다.
(CIP제어번호 : CIP2015005828)

# 대통령 되기 프로젝트

김세종

북랩 book Lab

# 0.1%의 가능성

나는 언제가 될지 모르겠지만 반드시 대한민국 대통령에 도전할 것이다. 과연 한 나라의 대통령이 되는데 수치상으로 어느 정도의 가능성이 있을까? 2014년 7월 CIA가 내놓은 기준에 따르면 대한민국 인구는 49,039,986명이라고 하는데 그중 대통령은 1명만 될 수 있기 때문에 1명을 대한민국 전체 인구로 나누면 0.0000020391523%가 나온다. 정량적으로 대한민국의 대통령이 될 확률은 0.1%도 되지 않는다. 그러나 0%도 아니므로 나는 대통령이 되는 것이 전혀 불가능한 목표가 아니라고 생각하는 대한민국 국민이다.

향후 20년 이내에 대통령에 출마했을 때 미래의 유권자들로서 사회 주도 세력이 되고 주된 정치 세력을 형성할 현 청소년들과 대학생들에게 정식으로 인사하는 차원의 첫 메시지로서 이 책, 『대통령 되기 프로젝트』를 집필하게 되었다.

**'0.1%의 가능성이라도 발견되면 절대로 포기하지 말라.'**

이성적인 사람이라면 0.1%의 가능성을 보고 도전하지는 않을 것이다. 그러나 이 사회가 이성적인 원리로만 돌아가지 않기 때문에 경우에 따라서는 0.1%의 가능성이라도 붙잡아야 할 상황이 있다. 모든 일에 대하여 0.1%의 가능성을 추구하라는 의미가 아니다. 극단적인 의미로 받아들이지 않길 바란다. 특정 도전 자체가 한 개인의 인생에서 삶의 의미를 부여한다면 0.1%의 가능성만 있어도 끝까지 포기하지 말아야 한다는 것이 진정 내가 하고 싶은 말이다. 심지어 0.1%보다 더 낮은 확률도 성공할 수 있다. 저 원칙이 저자의 인생을 어떻게 변화시켰는지 이 책에서 공개하도록 하겠다.

사실 나는 어렸을 때부터 개그맨이 되고 싶었다. 20대 초반부터 도전하였지만 어느덧 30대 중반이 되어버린 유부남으로서 개그맨은 현실적으로는 불가능한 꿈이 되어버렸다. 그러나 개그맨이 되지 못했다고 인생을 포기할 수는 없었다. 20대 때는 개그맨 시험 준비한다고 책과는 담을 쌓았지만 30대 초반에 공부를 시작하여 스스로도 합격이 불가능하다고 생각했던 미국 로스쿨들을 합격하게 되었다. 스무 살 때 외국인을 만나면 Yes와 No만 이야기 할 수 있었던 영어 실력을 생각하면 미국 로스쿨 합격은 기적이나 다름 없었다. 영어 울렁증으로 말 한 마디도 제대로 하지 못하던 토종 한국인이 로스쿨 영어 면접도 구렁이 담 넘어가듯 자연스럽게 성공시켰다. 30대 중반의 노장 지원자임에도 불구하고 많은 미국 로스쿨들이 장학금까지 제시하였다. 겨우 합격할 것이란 예상과 달리 너무 많이 합격해서 오히려 미국 로스쿨 관련자들에게 미안할 정도이다. 불가능하다고 생각하여 도전 자체를 포기했다면 그 꿈은 그저 꿈에 불과했다.

사실 저자의 성공 경험들은 어떤 사람들에게는 전혀 성공으로 보이지 않을 수 있다. 그러나 인생은 상대적인 것이다. 저자가 부잣집 아들이고 지적으로 뛰어난 사람이라면 이 책은 쓰여질 수도 없었다. 영어를 전혀 못하던 저자는 영어 공부를 시작한지 5년이 지나 외국인 교회에서 영어 설교를 3년 동안이나 했다. 미국 유학을 간 적이 있을까? 30대 초반에 미국 회계사 자격증을 취득했지만 너무 돈이 없어서 대출해서 공부했을 정도로 가난했는데 외국에서 영어를 배운다는 것은 꿈도 못 꿀 일이었다. 철저히 한국에서 공부했지만 미국, 캐나다, 필리핀 등의 외국인을 대상으로 영어 설교를 하였다. 여러분이 30분 이상 모국어도 아닌 영어로 한국인도 아닌 원어민들 앞에서 설교를 한다고 상상해보라. 식은땀이 주르륵 나지 않는가? 나는 영어 설교 때문에 매주일 식은땀을 흘렸다. 심지어 중국어 설교도 6개월가량 해야 했다. 물론 지금은 중국어를 사용하지 않아서 자신은 없지만 한창 공부할 때는 중국인들 대상으로 설교까지 했으니 저자의 외국어 학습법이 궁금하지 않은가?

어디 그뿐이랴? 고등학교 때는 꼴등 하던 성적을 공부 시작한 지 6개월 만에 2등으로 끌어올렸다. 공부를 처음에 시작할 때 성적이 정말 오를까라는 걱정이 앞섰다. 그러나 오르는 것을 보고 불가능은 없다는 생각을 했다. 저자가 머리가 좋다고 생각하면 큰 착각이다. 나와 같이 일하는 사람들에게 물어보라. 그들이 나를 어떻게 평가하는지 들어보면 머리가 좋다는 반응은 쉽게 들을 수 없을 것이다. 지극히 평범한 두뇌를 지닌 사람으로서 왜 이렇게 평범한 두뇌를 주셨는지 가끔 하늘을 우러러 원망의 눈빛을 보낼 정도였다. 그래도 궁금하지 않은가? 학급에서 꼴등이었다면 기초학력이 부족해서 중간만 가도 대 성공인데 비록 1등은 못해봤지만 6개월 만에 2등까지 간 것도 괜찮은 것 아닌가?

회계사 자격증을 어렵게 취득하였지만 직장을 구하는 것은 회계사 시험을 합격하는 것보다 더 어려웠다. 그러나 구직의 어려움도 극복하고 현재는 국제통상전문 회계사로서 전문가의 삶을 살고 있다. 법대를 졸업해서일까? 국제통상전문 회계사를 하면서 WTO 국제 통상법에 대한 깊이 있는 연구를 하고 싶은 욕심이 생겼다. 그리고 고향 목포에서 봉사활동을 하면서 만났던 외국인 노동자들의 삶을 보면서 인권에 대한 관심이 생겼고 인권의 역사가 깊은 미국이란 나라를 제대로 연구하고 싶어졌다. 미국 로스쿨에 합격한 지금은 궁극적으로는 한국의 오바마가 되어 남북한을 통일시키고 가난이 부끄럽지 않은 나라를 만들고 싶다. 그리고 국내 정치뿐만 아니라 기회가 닿는다면 UN과 같은 국제기구에서 일하면서 빈곤국가들에 살고 있는 사람들의 기본권 보호를 위해 나의 남은 여생을 바치고 싶다.

혹시 또 아는가? 이 책 덕분에 방송인이 되는 길이 열리지 않을까? 개그맨 시험은 불합격했지만 개그맨까지는 아니더라도 방송인이 될 가능성은 여전히 존재한다. 솔직히 개그맨을 할 자신은 없고 그냥 토크쇼에 나가서 이런 저런 얘기는 할 수 있을 것 같다. 고백하자면 미국 로스쿨은 합격은 했지만 이 책을 집필하는 현재에도 아내와 아들을 데리고 미국 유학을 갈 수 있는 자금은 턱없이 부족하다. 아니 실질적으로 유학이 불가능한 자금이다. 그러나 생각지도 못 했던 더 큰 기회를 얻었던 경험들 때문에 지금 당장 눈에 보이는 돈은 없지만 충분한 유학자금이 마련되어서 미국에 갈 수 있을 것이라는 기대를 버리지 않고 있다. 콩글리시가 난무하지만 심지어 미국에서 직장도 구하여 회계사 자격이 있는 변호사이자 인권 보호에 앞장서는 법률 전문가로서 명성을 떨칠 수도 있다. 지금의 나의 영어를 들어보면 과연 미국에서 원어민들과의 경쟁이 가능할까 하는 의문을 가질 수도 있다. 남들이 뭐라 해도 나는 이제껏 유에서 무를 창조하는 삶을 살았기 때문에 충분히 가능하다고 믿는다.

나는 가세가 기운 여관집 아들로 태어났지만 내 부모님은 내가 하고 싶은 것들을 마음껏 도전할 수 있도록 허락해 주신 최고의 스승님이시다. 진심으로 고백하건대 나는 다시 태어나도 우리 부모님의 아들로 태어나고 싶다. 그분들이 부자였다면 가난을 극복하려는 헝그리 정신, 자유 분방한 사고와 행동 양식 등을 가질 수 없었을 것이다. 부모님이 나에게 물려 주신 정신적 유산은 빌게이츠 자녀가 물려받을 유산과도 바꿀 수 없는 최고의 유산이다. 헝그리 정신 안에는 어떤 환경에서도 살아남게 하는 강한 내적인 힘이 있다. 내가 하고 싶은 말은 정말 간단하다. 불가능해 보이는 도전을 해야 할 때 결과에 관계없이 두려워하지 말고 과감히 뛰어들어야 한다는 것이다. 그리고 그렇게 도전했을 때 어떠한 결과들이 눈 앞에 펼쳐지는 지 생생하게 이 책에서 보여줄 것이다.

이 책은 미래의 유권자들인 청소년들과 대학생들을 위해 집필되었지만 회계사 지망생, 변호사 지망생, 고등학생, 대학생, 취업 준비생 심지어 공부보다 남을 웃기는 데 관심이 있는 개그맨 지망생까지 남녀노소를 불문하고 불가능해 보이는 꿈을 현실로 만들고자 하는 모두가 관련 정보를 얻을 수 있는 책이다. 그리고 한국의 대통령을 꿈꾸는 사람으로서 머지않은 미래에 대권에 도전하겠다는 출정서이자 정치 입문서이기도 하다. 미국 로스쿨을 준비하는 법, 회계사 시험을 준비하는 요령, 개그맨 시험 준비 요령뿐 아니라 온갖 인생의 정수가 담겨 있어 ROTC 장교가 되고 싶은 대학생들, 성적을 빠른 시일 내에 올리고 싶은 청소년들, 자녀들에게 꿈과 소망을 심어주고 싶은 부모님들, 영화 같은 삶을 살았던 실화를 읽고 싶은 독자들, 창업을 꿈꾸는 사람들, 실패를 반복하는 사람들은 이 한 권의 책에서 각자가 원하는 것들을 취할 수 있을 것이다. 심지어 저자의 실패 경험들을 보고 우월감을 갖고 싶은 분들마저 이 책에서 깊은 만족을 얻게 될 것이다. 왜냐하면 저자의 실패 경험들은 독자로 하여금 카타르시스를 느끼게 하는 열등한 종류의 실패들이기 때문이다.

특히 실패를 반복하시는 분들은 꼭 이 책을 읽고 희망을 가지셨으면 한다. 사실 미국 로스쿨 합격이 인생의 성공이라고 생각지 않는다. 원어민도 아니고 영어에 서툰 한국인이 자기 발로 고생길을 밟는 것 아닐까? 지난 날들을 돌아보면 내 인생은 성공에 대한 기억보다 실패로 점철된 인생이었다. 90%는 실패고 10%만 성공했다고 생각한다. 10%도 내 자체 평가일 뿐 다른 사람들이 보기에는 1%일 수 있다. 지금 이 글을 쓰기 얼마 전에도 나는 실패를 경험했다. 스스로가 실력 있는 회계사라는 확신이 없는 데서 오는 좌절감은 전문가 타이틀을 갖고 있는 회계사로서 견디기 힘든 실패이다. 개그맨 지망생으로서 공부보다는 남을 웃기는 데 더 많은 시간을 할애했기 때문에 공부만 전문적으로 했던 전문가 집단에서 상대적으로 발전 속도가 느린 것은 어쩔 수 없는 것 같다. 이 글을 읽는 독자들은 최소한 나보다 어리석은 사람들은 아니니까 꿈이 있다면 절대 포기하지 말고 끝까지 붙잡으라고 격려하고 싶다.

나는 암기력도 그렇게 탁월한 편이 아니다. 그런 암기력으로 왜 법대를 갔냐고 반문할 수 있다. 고등학교 졸업 당시 나는 법대 출신 개그맨이 되고자 법대를 갔지 법학 자체를 잘하려고 간 것이 아니었다. 그런 암기력으로 미국 변호사를 준비하게 된 동기는 본문에서 상세히 언급하겠다.

나는 실패를 반복하는 사람, 찢어지게 가난한 사람, 빚더미에 쌓여 신용 등급이 최악에 치달았던 경험자, 집이 없어서 여관을 전전하는 사람들을 가슴 깊이 이해한다. 왜냐하면 나도 그런 사람 중의 한 명이었고, 그런 사람들에 둘러싸여 살아왔고 지금도 그런 사람들이 내 주위의 귀한 친구들이기 때문이다. 사람들은 끼리끼리 모여서 산다고 한다. 대부분의 사람들은 부자들이나 권세가 있는 사람들과 어울리려고 한다. 그러나 나는 부자들이나 권세가 있는 사람들과 사회적으로 소외 받는 사람들을 따로 구분하지 않고 대충 살아간다. 나는 고상한 품위가 있는 사람도 아니고 너무나도 실패를 많이 했기 때문에 성공에 갈급한 사람일 뿐이다. 그래서 그런지 이상하게 세상에서 잘 나가는 사람들보다 세상에서 소외되는 사람들에게 더 정이 간다. 나도 그들과 같거나 그들보다 더 못하다고 생각하지 더 괜찮다는 생각은 절대로 하지 않는다. 고교 동창들도 SKY 명문대학을 졸업한 친구들보다 신용회복을 해야 하는 친구, 고시 준비하다가 실패한 친구들에게 더 정이 간다. 모르겠다. 이게 나의 열등감 때문인지 아니면 살아온 환경이 그러해서인지는 잘 모르겠지만 잘나가는 동창들에게는 오히려 연락을 잘 안 한다. 그들은 내가 없어도 충분히 성공적인 인생을 살고 있기 때문이다. 그런 친구들보다 사회적으로 경제적으로 어려운 친구들이 더 소중하다. 그런 친구들에게는 언제든지 밥도 사주고 집에 초대하여 맛있는 요리라도 대접하려 한다.

이 책의 목표는 일부 국가들을 제외한 전 세계 출판이다. 한국의 대통령이 된다면 그 이후 국제정치도 고려하고 있기 때문이다. 전 세계 출판을 위해 영어 번역은 저자인 내가 직접 진행하고 캐시 위버 (Cathy Weaver) 여사가 영문 교정을 맡아주시기로 했다. 최근에 허리 수술까지 했는데 내 책의 영문 교정을 하고 싶다고 자원해 주셔서 진심으로 감사드린다. 그리고 미국 로스쿨을 준비하고 이 책을 집필한다고 몇 달간 가족과 제대로 놀아주지 못했는데 나의 귀한 아들 김유신과 사랑하는 아내 송세인에게 이 책을 바친다. 미국 로스쿨 합격에 가장 중요한 역할을 해주신 코아벨스 미국법 연구소 대표님이자 법대 교수님이신 김영기 미국 변호사님도 내 인생의 잊지 못할 은 사이시다. 그리고 이 책을 출판하는데 출판사를 소개시켜 주시고 끊임없이 격려해주신 민병철스피킹웍스 송준태 대표님께도 진심으로 감사드린다. 책을 쓰는데 있어서 각종 아이디어를 아낌없이 알려주고 책의 표지 디자인 작업과 책 그림을 책임지고 마무리 해준 에스디피플 대표인 고등학교 동창 안길상 사장과 그의 아내 박민하 씨에게도 진심으로 감사하다. 메가로스쿨 LEET 언어이해와 메가스터디 수능 국어 1타 강사님이신 이원준 선생님은 이 책을 꼼꼼히 읽어주시며 소중한 정보와 아이디어를 풍성히 제공해주셨다. 내가 다니고 있는 의정부 커뮤니티 교회의 마이클 밀러(Michael Miller) 담임 목사님의 추천서와 한양대학교 로스쿨의 최태현 국제법 교수님의 추천서 덕분에 미국 로스쿨에 합격할 수 있었다. 그리고 이 책이 세상에 나올 수 있도록 출판비용을 투자해 주신 주식회사 빌마스터의 정문수 대표님도 내 인생의 은인이나 다름없다. 철없는 오빠 때문에 고생 많이 했던 김은정과 김세은을 마음 속에 간직하며 좋은 책을 쓰고자 최선을 다했다. 마지막으로 이 세상의 빛을 보게 해주신 부모님께 제일 감사하고 책을 쓸 지혜를 주신 하나님께 진심으로 감사드린다.


2015년 2월 14일 토요일
김세종 드림

# CONTENTS

상징 속에 깃든 「실체」

## 1부

도전하라

# 제 **1** 장

# 개그맨이
# 되고 싶어요

## 1. 너무 꿈이 작았던 초등학생

아버지는 목포의 명문인 목포고등학교에서 공부하셨다. 하지만 할아버지께서 젊은 나이에 돌아가셔서 소년 가장이 되어 중간에 공부를 포기하셔야 했다. 공부를 잘하셨던 분이어서 그런지 아들에 대한 기대가 남다르셨다. 경제적으로 풍족한 가정은 아니었지만 위인전과 다양한 학습 도구들을 구입해주시고 공부의 중요성을 날마다 강조하셨다. 내가 초등학교를 진학하기 전부터 아버지는 시간이 날 때마다 나에게 다음의 두 가지를 반복하여 강조하셨다. 하나는 '남들과 다르게 생각하라'이고, 다른 하나는 '남들과 다르게 행동하라'였다. 아버지의 가르침은 다른 사람이 가르쳐주고 알려주는 것을 무시하란 뜻은 아니셨는데 어린 나는 그 말씀을 잘못 이해하여 선생님이 가르쳐준 방식대로 따라 하지 않고 모든 것을 내 방식대로 바꾸려는 노력을 기울였다. 어렸을 때는 아버지의 가르침을 잘못 이해하여 정말 천방지축 말 안 듣는 학생이었다. 그러나 중학교를 진학하면서 아버지의 말씀이 무엇인지 깨닫고 나서는 타인의 말을 경청하는 자세를 겸비하게 되었다. 그러한 아버지의 가르침 덕분에 새로운 것에 대한 도전이 두렵지 않았고 적응 또한 남다르게 빨랐다.

반면, 어머니는 아버지와 정반대의 성향을 지니셨다. 자녀들에게 공부 열심히 하란 말씀은 한 번도 안 하셨다고 기억한다. 음식을 잘 만들어 주셨고 개그 프로그램은 하나도 빠짐없이 챙겨보는 취미생활을 갖고 계셨다. 어머니는 웃음이 많은 편이기도 하셨지만 한 번 웃으시면 박장대소를 하시는 스타일이라 일곱 살 때의 나는 개그 프로그램 자체보다 어머니가 웃는 모습이 너무 사랑스럽고 보기 좋았다. 개그맨 심형래 씨는 주로 바보 연기를 했기 때문에 초등학교를 들어가기 전인 내가 보더라도 매우 재미있었다. 어른이 된 지금도 아직까지 선명히 기억하는데, 7살이 되던 해에 어머니를 웃겨서 시원하게 웃으시는 모습을 자주 보고 싶은 마음에 심형래 씨와 같은 코미디언이 되겠다는 결심을 하게 되었다.

되도록이면 다르게 생각하고 다른 방식으로 행동하라는 아버지의 교육 철학 덕에 대부분 친구들이 공부를 많이 해야 하는 진로를 추구할 때 오히려 코미디언이 최고의 직업이라고 생각했다. 친구 중에 코미디언을 하겠다고 언급하는 사람은 한 명도 없었기 때문에 아버지의 가르침을 충실히 이행하고 있다고 생각했다. 그리고 코미디언 외에 문방구 주인이자 중화요리 식당 주인이라는 두 개의 꿈을 더 가지고 있었다. 매 학년 학기 초마다 담임 선생님들은 미래의 꿈을 발표하는 수업을 진행하셨다. 친구들은 판사, 검사, 변호사, 의사, 간호사, 운동선수 등 어린 나이이지만 세상의 온갖 화려한 직업들만을 나열했다. 나는 문방구의 불량 식품과 중국집 자장면을 그 어떤 한국인보다 사랑했기 때문에 그 음식들을 마음대로 먹을 수 있는 직업을 갖고 싶었다. 물론 관점에 따라서는 문방구 주인이나 중화요리점 주인이 굉장히 큰 꿈일 수 있지만 당시 분위기는 좀 달랐다. 나는 저런 수업을 할 때마다 어떻게 적어야 할지 항상 고민에 빠졌다. 지금의 초등학교 문화는 잘 모르겠지만 1980년대만 하여도 어릴 때부터 공부를 굉장히 중시하는 문화였기 때문에 친구들과 선생님의 눈치가 보여서 세 개 중 어떤 꿈도 제대로 적지 못했다. 그리고 친구들이 너무 대단한 직업들을 적어서 나 자신의 꿈이 좀 부끄럽기도 했다. 어릴 때 자신의 꿈도 제대로 표현할 수 없었던 소심함이 성격상의 문제였을까? 그 원인은 나도 잘 모르겠지만, 결국 짝꿍의 꿈과 동일한 직업을 적어내는 것으로 만족해야 했다.

## 2. 암흑과 같았던 청소년기 1 – 좌절, 좌절, 좌절

청소년기는 지금 생각해도 정말 끔찍하다. 질풍 노도의 시기라지만 열등감과 인격적으로 부족한 부분은 이 시기에 모두 형성된 것 같다. 만약 과거로 돌아가는 타임머신이 있다면 초등학교 6학년 1학기로 되돌리고 싶다. 초등학교 졸업 한 학기를 남겨 놓은 상태에서 교육열이 높았던 아버지는 서울에서 공부하는 것이 어떻겠냐고 제안 하셨다. 초등학교 6학년밖에 안 되었던 나에게 항상 무엇을 원하는 지 먼저 확인하시고 다음 일을 진행하셨던 것이다. 어렸던 나는 목 포 친구들과 다른 길을 가야 한다는 단순한 생각 하나로 덜컥 동의 하였다. 하지만 그 결정은 최악의 선택이었다. 목포에서는 스스로 연 예인으로 여길 정도로 인기가 많았다. 학급 실장으로서 모든 오락 프로그램의 사회는 홀로 도맡았다. 학급에서 인기투표를 하면 학급 전체 1등이었고, 전학을 가겠다고 선포하자 적지 않은 여학생들이 서 글프게 울었다. 심지어 일부 친구들은 집까지 찾아와 서울행을 만류 하였다. 목포에서 살던 당시는 아버지께서 양화점에서 숙박업으로 직종을 전환하여 가정 수입이 크게 증가한 시기였다. 목포에서만큼 은 물질적으로 부유하게 살 수 있었다.

그러나 초등학교 6학년 2학기 때 서울 화곡동에 소재한 신곡초등 학교로 전학을 가니 예상할 수 없었던 문제들이 기다리고 있었다. 가장 큰 문제는 부모님과 따로 떨어져 사는 것이었다. 비싼 서울의 부동산 가격 때문이었을까? 서울 관악구 봉천동 근처에 당구장을 구 입하신 후 집을 구입할 자금이 부족했던 탓에 농아인 삼촌이 살고 있었던 화곡동의 빌라에 나와 두 여동생이 따로 살게 하셨다. 할머니 께서 우리 남매를 돌보셨고 부모님께서는 당구장 내부에 있는 작은 방에서 주무셨다. 화곡동에서 봉천동까지는 버스를 타고 1시간 정도 걸리는 곳이었다. 둘째는 나보다 2살 어렸고 막내 동생은 나와 7살

차이가 났는데 부모님 사랑을 한창 받고 살아야 할 나이에 주말에만 부모님과 만나는 이산 가족이 되어버렸다. 부모님을 매일 못 보게 되자 서울로 이사 간 것을 후회하기 시작했다.

초등학교 졸업을 불과 한 학기 남기고 전학을 가게 되니 이전의 인기는 모두 사라지고 철저히 새로운 환경에 적응해야 했다. 전학을 간 첫날 서울 아이들을 보고 곧바로 주눅이 들어버렸다. 나름 목포에서는 최고의 인기를 구가했지만 나의 패션과 전라도 목포의 구수한 사투리는 촌스러움의 끝을 보여주었다. 군계일학 수준의 촌스러움? 특히 새로운 담임 선생님의 편애는 나의 가장 큰 상처로 남았다. 내 자리 근처에 앉았던 아이가 한 명 있었는데 담임 선생님은 그 친구에게만큼은 대부분 친절하게 대답하셨지만 나에게는 정말 퉁명스런 말투로 답하셨다. 담임 선생님께는 죄송하지만 난 그게 제일 힘들었다. 왜 나를 차별하지? 선생님께 잘 보이고 싶었지만 선생님의 눈빛에서는 제자에 대한 사랑을 느낄 수가 없었다. 그리고 나를 사랑해 주었던 목포 친구들이 그리워서 새로운 학교 생활에 적응하기가 쉽지 않았다. 무엇보다 나의 어릴 적 꿈이 코미디언이었기 때문에 서울에서도 친구들을 웃기려고 노력했지만 서울 친구들은 목포 친구들과 웃음 코드가 전혀 달랐다. 결국 서울 친구들에게 김세종이란 존재는 그냥 땀 냄새 나는 우스운 촌놈 정도였다. 나의 존재감이 사라지자 내 삶의 근간이었던 자존심마저 흔들렸다.

그래도 초등학교는 한 학기 지나고 졸업했기 때문에 나름대로 견딜 만하였다. 더 큰 어려움은 중학교에 들어가면서부터였다. 집은 화곡동인데 정작 학교는 목동 아파트 단지 내에 있는 중학교로 배정받았다. 대부분의 초등학교 학급 친구들은 화곡동에 소재한 중학교로 배정받았는데 비슷한 시기에 전학왔던 김태억이란 친구와 나만 목동에 있는 신목중학교로 입학하게 되었다. 그 친구와 나는 금세 친해지게 되었다. 하지만 친한 친구 1명만으로 중학교 생활을 잘 적응할 수는 없었다. 그리고 무엇보다 상대적 빈곤감 때문에 매일 부끄러움을 느끼게 되었다. 목동의 다른 학교 중학생들은 대부분 교복을 입었지만 신목중학교만 사복을 입었고 게다가 남녀 공학이었다. 당시에는 많은 학교들이 남녀 공학이 아니었는데 공교롭게도 신목중학교는 남녀 공학이면서 합반이었고 사복까지 입는 곳이었던 것이다. 화곡동 친구인 김태억을 포함하여 목동에서 살고 있었던 같은 반 친구들은 예외 없이 유명 브랜드 옷만 입었다. 학교에서 쉬는 시간에 나누는 주된 이야기는 컴퓨터와 나이키, 아디다스 등에 대한 정보 공유였다. 내가 어렸을 때 목포에서는 나뿐만 아니라 대부분의 친구들이 유명 브랜드보다 그냥 집 근처 시장에서 적당히 사서 입었고 거긴 컴퓨터도 제대로 보급되지 않은 곳이었다. 고향에서는 그저 운동장에서 뛰어 놀고 친구들과 소박하게 노는 것이 전부였다. 하지만 서울, 특히 목동의 신목중학교는 별천지였다. 생일파티도 깨끗한 아파트에서 화려하게 진행하였다. 나는 신목중학교에 가서야 나이키나 아디다스를 알게 되었다. 그때부터 나는 상대적 빈곤감에 빠져 굉장한 열등감에 시달렸다. 부모님이 어렵게 당구장을 운영하는 것을 알았기 때문에 브랜드 제품을 사달라고 말은 못했지만 아들에게 좋은 옷을 입히겠다며 시장으로 데려가실 때는 불만이 가득 찬 표정을 감출 수 없었다. 학급에서 1명의 학생만 시장에서 옷을 사 입었는데 그 학생이 나였다. 나는 체육시간이 제일 좋았다. 모두 똑같은 체육복으로 갈아입으니까….

어디 옷만 그랬겠는가? 아직도 생생하게 기억하는 점심시간의 충격을 하나 소개하겠다. 1학년 입학식 다음 날 다들 새로운 학기를 시작하면서 서로를 탐색할 때 좀 서먹해도 삼삼오오 모여서 같이 점심을 먹는데 학급 친구들이 내 반찬에는 한 젓가락도 대질 않았다. 중학생인 내가 보기에도 그들의 반찬은 정말 진수 성찬이었다. 지금은 돌아가셨지만 할머니는 점심 도시락을 싸주실 때 항상 김치, 콩자반, 멸치 같은 반찬들만 싸주셨다. 가끔 인심 쓰실 때는 비린내 나는 조기를 준비해 주셨다. 점심시간만 되면 나는 어디론가 숨고 싶은 마음 뿐이었다. 매일 점심을 같이 먹었지만 친구들은 나의 반찬에는 근처도 다가오질 않았다. 심지어 싸움 좀 하는 친구들은 밥상을 돌아다니며 친구들의 반찬을 사정없이 집어가는데 내 반찬을 보면 거북한 표정을 짓기도 했다. 친구들은 내 반찬을 거들떠보지도 않았다. 할머니나 부모님께는 말도 못하고 혼자 끙끙 앓았다. 왜 이렇게 잘 사는 동네로 왔을까 하는 고뇌만이 내 마음 안에 가득했다. 나보다 못 사는 친구는 한 명도 없었다. 차라리 지금처럼 학교에서 급식을 했다면 그렇게까지 점심시간이 고통스럽지는 않았을 것이다.

한편 할머니와 함께 살았던 화곡동 빌라는 외풍도 있고 온수도 잘 안 나오는 데다가 겨울에는 물을 끓여서 목욕을 해야 하는 번거로움이 있었기 때문에 목욕하는 게 너무 싫었다. 여자 짝꿍은 그런 나에게 땀 냄새가 난다고 지적하였다. 동그란 안경을 꼈던 정말 귀엽게 생긴 여자 짝꿍이었는데 그런 소리를 들으니 부끄러워서 아무런 말도 할 수 없었다.

그렇게 긍정적이고 착했던 나는 중학생이 되자 점점 성격이 이상한 아이로 변해갔다.

중학교 친구들에게는 주눅이 들어서 하고 싶은 말도 제대로 못하고 항상 이곳 저곳 눈치만 보고 실질적으로 그렇게 찢어지게 가난한 것도 아니었는데 상대적인 빈곤감을 감추고자 정말 가식적인 삶을 살았다. 부모님과 할머니를 원망했고 다시 목포로 돌아가고 싶었다. 그러던 중 아버지의 사업마저 기울었다. 아버지가 친척으로부터 당구장을 매수하는 과정에서 과도한 권리금을 지불했다. 그때 늘어난 빚을 못 갚고 계속 늘어나 절대적으로 빈곤한 가정이 되어버렸다. 주말마다 당구장에 가면 그 어린 여동생들과 나는 당구장의 탁한 담배 연기를 마시며 부모님과 함께했다. 당구장 아들이다 보니 당구도 많이 쳤다. 학교에서 항상 주눅이 들어서인지 부모님을 만나는 주말만큼은 정말 해방감을 느꼈다. 담배 연기가 자욱한 당구장일지라도 학교보다 당구장이 좋았다. 그리고 당구장이 봉천동에 자리 잡고 있어서 서울대 학생들 중에 당구에 나름 실력 있는 형들을 많이 만났다. 서울대 형들은 공부에 대한 언급은 전혀 하지 않았고 그저 나에게 당구 얘기만 해주었다.

아~! 지금 생각하면 부모님의 가슴에 정말 많은 상처를 안겨 드린 것 같다는 생각이 든다. 아들 공부 시키겠다고 상경했는데 경제적으로 파산 직전까지 가신 상태에서 속없는 아들은 불만에 가득 찬 표정으로 부모님을 대하고 성적은 저조했으니 무슨 낙이 있으셨을까? 글을 쓰는 이 순간 돌이켜보면 왜 그때 좀 더 당당하지 못했을까? 시장에서 옷 사 입어도 도시락 반찬이 허름해도 그렇게 주눅 들 필요가 없었는데 하는 아쉬움이 든다. 정말 어리석은 자녀였다.

## 3. 암흑과 같았던 청소년기 2 – 꼴등에서 2등으로

아버지는 당구장 사업 중에 잃은 경제적인 손실뿐 아니라 친척에게 사기를 당했다는 정신적 충격에 매우 고통스러워 하셨다. 결국 고향 목포로 돌아가야겠다는 결심을 하셨다. 교육을 위해 서울을 왔지만 아이러니하게도 자녀들과 주말에만 만나다 보니 서울로 와서 자녀 교육을 놓쳤다고 생각하셨다. 중학교 3학년이 되어 졸업을 3~4개월 앞둔 시점에서 광주 무진 중학교로 전학을 와야 했다. 아버지께서 광주로 간다고 말씀하셨을 때 나는 매우 기뻤다. 그래도 광주로 가게 되면 상대적 빈곤감은 벗어날 수 있고 도시락 반찬도 어머니께서 직접 챙겨주실 것이기 때문이다. 그리고 무엇보다 부모님과 함께 살고 싶었다. 신목중학교를 떠날 때 그 어떤 친구들도 나와의 이별을 슬퍼하지 않았다. 나 또한 그 학교를 빨리 떠나고 싶었다.

전학 온 광주 무진중학교는 고향과 멀지 않았지만 또 다른 세계였다. 서울 신목중학교는 남녀공학이었고 사복을 입었지만 광주 무진중학교는 남학생들만 다니는 곳이었고 교복을 입었다. 서울 생활을 3년 정도 하시다 보니 어머니도 자녀들에게 브랜드를 입혀야 한다는 생각을 하시게 되었다. 교복이 있어서 운동화만 유명 브랜드로 사주셨다. 지금 와서 생각해보면 별 것도 아니었는데 왜 그렇게 물질적인 부분 때문에 주눅이 들었나 싶다. 아무튼 가방이나 신발도 다른 친구들에게 꿀리지 않을 정도로 갖춰 입고 학교를 다녔다. 그런데 확실히 남학생들만 모여서일까? 중학생의 언어는 욕으로 시작해 욕으로 끝났다. 욕을 배우고 싶지 않았지만 원만한 교우관계를 갖기 위해 욕을 배우게 되었다. 친구들과 친하게 지내고 싶었기 때문에 욕을 열심히 배워서 정말 그 어떤 전라도 사람들보다 전라도 사람다운 억양으로 구수한(?) 욕을 하며 다시 서울 사람 티를 벗기 위해 안간힘을 썼다. 학생들 사이에서 서울에서 전학 온 나는 굉장히 공부를 잘하는 아이로 소문이 나게 되었다. 그들의 기대에 부응하고자 할 수 없이 공부를 해야만 했다. 더 이상 서울에서의 실패를 경험하고 싶지 않기 때문이었다. 그럭저럭 10등 이내의 성적이 나와서 체면을 구기지는 않았다.

광주무진중학교를 졸업하고 광주고등학교를 진학하였다. 고등학교 입학 후 아버지께서 목포와 광주를 몇 번 정도 오가시더니 목포 2호 광장 부근에 백운장 여관을 매입하셨다. 나를 제외한 모든 가족들이 목포로 가고 나 홀로 광주에서 하숙 생활을 하게 되었다. 외로웠다. 그렇게 부모님과 함께 살고 싶었는데, 나만 홀로 광주에 남게 되었다. 여동생들은 초등학생, 중학생이었기 때문에 곧바로 전학을 갈 수 있었다. 하지만 평준화였던 광주와 달리 비평준화인 목포에서는 전입이 곧바로 되지 않았다. 입학시험을 응시하고 성적 별로 고등학교를 진학하는데 무턱대고 전입을 할 수 없는 노릇이었다. 아버지는 명문이었던 목포중학교(아버지 학창 시절에는 중학교도 비평준화였다고 한다)와 목포고등학교에서 공부하셨기 때문에 아들인 나를 어떻게든 목포고등학교에 진학시키려 하셨고 그 방법을 찾기 위해 광주고등학교에 나 홀로 두고 모두 목포로 가게 된 것이다.

드디어 1995년 5월경 목포고등학교에 결원이 발생하여 목포로 전학을 갈 수 있었다. 특히 아버지의 은사님이 목포고등학교 교장 선생님으로 계셨기 때문에 기억에 남는 제자라고 흔쾌히 받아주었다. 비평준화 지역이었던 목포 지역 최고의 명문 고등학교였기 때문에 나 이외에도 여러 학생들이 목포고등학교에 전입하고자 하였으나 교장 선생님은 아끼던 제자의 아들이라고 전입을 허가하여 오직 나 혼자만이 목포고등학교 전교생 중 유일하게 무시험으로 목포고 학생이 되었다. 무엇보다 꿈에 그리던 목포로 왔기 때문에 너무 행복했다. 그러나 그러한 행복도 잠시 무시험으로 들어온 전입생은 전교생들의 입소문을 탈 정도로 관심의 대상의 되었고, 신목중학교에서 겪었던 어려움보다 더 고통스러운 목포고등학교 1학년 학창 시절이 기다리고 있었다. 지금 와서 보면 고등학교 1학년 때 목포고등학교에서 정신적 고통을 당한 것은 친구들의 잘못이 아니었다. 모두들 힘겹게 입학시험을 응시하고 입학했지만 무시험으로 전입한 상태에서 나의 어리석은 말과 태도가 화를 자초한 것이었다. 초등학교, 중학교, 고등학교 모두 다른 지역으로 전학을 가게 되면서 각 지역의 문화 차이를 인정하기보다는 그 전학가기 전에 소속되었던 학교 문화에 젖어 새로운 학교에 대한 적응을 놓쳤던 것이 가장 큰 문제였다. 그리고 서울 생활에서 생긴 처절한 열등감과 내 고향 목포로 돌아왔다는 안도감 때문인지 목포고등학교로 전입한 첫날 엄청난 말실수를 해버렸다. 담임 선생님께서 나에 대해 소개하시고 같은 반 친구들에게 인사말을 하라고 하셨다. (사실 나는 기억도 못하는데 같은 반 친구가 내가 그렇게 얘기했다고 알려주었다.)

"안녕하세요? 저는 광주고등학교에서 전학 온 김세종입니다. 목포고등학교가 정말 공부를 잘하는 학생들만 모이는 곳이라고 들었습니다. 얼마나 잘하는지 잘은 모르겠지만 저도 열심히 공부해서 여러분보다 더 나은 성적을 보여드리겠습니다. 감사합니다."

친구의 말로는 '더 나은 성적'이란 표현이 급우들이 듣기에 상당히 귀에 거슬렸다고 한다. 목포고등학교 학생들은 모두 중학교 때 우수생들이었기 때문에 평준화 학생들과 달리 공부에 대한 자존심이 매우 강했다. 성적에 의해 서열화되어 있고 우수생들끼리 모인 곳에서 1등부터 꼴등이 결정되기 때문에 경쟁이 굉장히 치열했다. 전입 첫날 말실수를 한 상태에서 학급 친구들은 나에 대한 탐색을 하기 시작했다. 더 나은 성적을 내겠다고 호언장담했지만 사실 코미디언을 꿈꾸었기 때문에 공부 욕심은 전혀 없었다. 수업 시간에 전학생이라고 선생님들이 질문하면 아는 것도 별로 없었고 무엇보다 목포에 왔다는 행복감에 젖어 친구들을 웃기는 데 열중하였다. 친구들도 공부에만 열중하다가 우스꽝스러운 전학생이 오니 즐거워했다. 영어 수업 때도 일부러 더 한국식 발음을 하며 웃음만을 맹렬히 추구하였다. 그러나 그런 즐거움도 아주 잠깐이었다. 내가 계속 수업시간에 우스꽝스러운 얘기를 해대어 수업 분위기가 흐려지자 선생님들이 나에 대해 안 좋은 평가를 하기 시작하셨다. 나이 많으신 국어 선생님의 경우 수업 중간에 대놓고 나에 대해 노발대발 역정을 내셨다.

"김세종 너는 수업의 암적 존재다. 쓸데없는 이야기 집어치워, 이 자식아."

수업 시간의 5분 정도를 학급 친구들 앞에서 나를 비난하는데 사용하였다. 그 날 이후 나의 개그는 더 이상 친구들 사이에서 웃음의 소재가 될 수가 없었다.

그 가운데 학교에서 시험을 보게 되었다. 결과는 학급 38등… 당시 목포고등학교는 학생들의 성적을 게시판에 공개하였다. 공개만 하지 않았어도 그렇게까지는 안 되었을 텐데, 최대 이슈는 전학생 김세종의 성적이었기 때문에 다른 학급에 있는 친구들까지 와서 나의 성적을 제일 먼저 확인하였다. 38등이라지만 내 뒤에는 배구부와 유도부 선수들뿐이었다. 실질적인 꼴등이었다. 열등한 나의 성적이 공개되자 그 정보는 무시험 입학으로 전교생의 관심 대상이었던 전학생의 존재에 대해 안테나를 높이 세웠던 학생들 사이에서 삽시간에 공유되었다. 성적이 게시된 이후로 친구들은 내가 하는 모든 말을 더욱 무시하기 시작했다. 성적이 나오기 전까지는 다들 웃어주었지만 38등을 하자마자 수업시간에 웃기려고 농담하면 대부분의 학생들이 집단적으로 야유를 하기 시작했다. 내가 전혀 예상치 못한 방향으로 상황이 전개되었다. 무엇보다 힘들었던 것은 최상위권 학생들 일부는 아예 나와 말도 섞지 않았다. 정말 엄청난 충격이었다. 한때 목포에서 학급 인기 투표 1위까지 했던 내가, 대중의 사랑을 받는 코미디언을 꿈꾸던 내가 공공의 적이 되는 것은 스스로 받아들일 수 없는 악몽 같은 현실이었다.

목포고등학교 1학년은 지옥 그 자체였다. 뭔가 돌출구가 필요했다. 그토록 오고 싶은 목포였는데 오히려 목포가 가장 살기 힘든 곳이 되어버린 것이다. 나는 친구들이 필요했는데 정작 나의 말실수와 우스꽝스러운 태도 때문에 정말 우스운 놈이 되어버린 것이다. 그런 내가 불쌍해 보였는지 소수의 친구들만이 친절하게 대해주었다. 그러나 그것은 동정심에 기반한 것이어서 나를 더 비참하고 힘들게 했다. 결국 현실을 받아들이고 문제 해결을 위한 자구책 마련에 힘써야 했다. 그때 내린 결론은 딱 하나였다.

'어차피 나는 진정한 친구도 없는데 그냥 책을 벗 삼아 공부를 열심히 하자. 싸움을 잘하는 것도 아니고 운동을 잘하는 것도 아니고 그냥 공부나 죽기 살기로 해보자.'

공부 못한다고 무시당하느니 어떻게든 공부로 친구들의 코를 납작하게 해주어야겠다는 결심이 섰다. 대인관계는 한 번 틀어지면 회복하기 힘들다는 것을 그때 깨달았다. 목포고등학교 1학년 친구들을 포기하고 공부를 붙잡기로 굳게 다짐하였다.

문제는 공부를 하려고는 했는데 어떻게 공부를 해야 할지 몰랐다. 코미디언을 꿈꾸면서 공부보다는 남을 웃기는 데 초점을 둔 삶을 살다 보니 기초 학력이 너무 부족했다. 너무나 갈급한 나머지 서점에 가서 학습법 관련 책들을 6~7권을 구매했다. 3일 동안 학습법 책들을 미친 듯이 읽었다. 각 책마다 학습법이 다 달랐다. 어떤 학습법을 사용할까 고민하다가 각 책들의 공통점을 발견했다. 그것은 바로 예습과 복습! 아버지께서 입이 닳도록 말씀하신 예습과 복습이었다. 좀 허탈했다. 고등학생 용돈이 얼마나 된다고 쌈짓돈 풀어서 책을 한꺼번에 구매했는데 결국 아버지의 말씀이 최고의 학습법이었던 것이다. 그날부로 나는 잠자고, 밥 먹는 시간 외에는 죽기 살기로 예습과 복습만 했다. 성적이 단기간에 확 오르지는 않았다. 그러나 공부를 시작한 지 6개월 뒤, 2학년으로 올라간 첫날 실시된 국·영·수 진단 평가에서 학급 2등이 되었다. 담임 선생님은 1학년 때 성적 기록을 보시더니 진심으로 의심하셨다. 내 앞자리가 1등이었기 때문에 그의 답안을 커닝했다고 주장하셨다. 나는 결단코 커닝하지 않았다고 선생님께 말씀드렸다. 사실 나 자신도 그 결과를 믿기 힘들었다. 그것도 목포 지역에서 공부를 제일 잘하는 학생들만 모인 목포고등학교에서 2등을 했다는 것은 전국 고등학교 석차에서 정말 좋은 성적을 의미하였기 때문이다.

가뜩이나 무시험 입학으로 친구들 사이에서 특혜 입학의 의혹을 받던 (부정적인 의미에서) 관심의 대상이었기 때문에 나의 성적 상승은 삽시간에 센세이션을 일으켰고 학교 전체에 유명세를 탔다. (사실 아버지는 사업에 실패하여 목포로 갔기 때문에 입학 부정을 저지를만한 돈이 없는 채무자일 뿐이었다. 교장 선생님이 은사이셨고 아버지를 아끼셨던 선생님이셨기 때문에 전입 시 다른 지원자들보다 유리했을 뿐, 친구들의 오해는 근거 없는 추측으로 인한 것이었다.) 6개월 만에 꼴등에서 2등으로 성적이 급상승하자 MC스퀘어 장학생으로 뽑히기도 해 지역 신문에 사진과 이름이 게재되었다. YWCA 청소년 논술마당에서 교육과 관련된 주제로 논술 경연 대회를 열었는데 1학년 때 읽었던 학습법 책들에서 얻은 교육 철학적 사고 방식이 논리적으로 잘 서술되어서 최우수상까지 받게 되는 영광을 누렸다. 성적이 최상위권에 이르자 자신감을 회복하였고 수업시간에 웃기는 말을 하기보다 우등생으로서의 공부 재미에 빠져들었다. 심지어 고등학교 3학년 때는 수능 모의고사에서 서울대 경영학과까지 지원할 수 있다는 결과도 얻었다. (증빙자료로 당시 성적표도 부록 바로 앞에 첨부하였다.) 구체적인 공부 방법론은 책 말미에 실었으니 인내심을 가지고 끝까지 읽어주기 바란다.

하지만 나의 꿈은 명문대학 진학보다 코미디언이었고 친구들에게 무시당하지 않을 정도의 성적만 나오면 되었기 때문에 그 이후로는 더 이상 공부에 흥미를 느낄 수 없었다. 그래도 한 번 성적이 오르니 쉽게 떨어지지는 않았다. 부모님도 목포고등학교에서는 중간만 가도 성공이라고 생각하셨는데 갑자기 2등이 되니 누구보다도 가장 행복해 하셨다.

한편, 고등학교 3학년이 되자 부모님은 대학 학자금이 부담된다고 하셔서 무료로 학교를 다닐 수 있는 경찰대학에 응시하라고 하셨다.

30대 1의 치열한 경쟁을 뚫고 경찰대학교 1차 시험(국어, 영어, 수학)을 합격하였다. 나보다 공부를 잘하던 친구들이 줄줄이 불합격하고 아무도 예상치 않았던 내가 합격하자 목포고등학교는 또 한 번 들썩였다. 잘 모르던 친구들과 별로 친하지도 않던 친구들이 나를 교내 매점으로 초대해 맛있는 것을 사주었다. 아직 최종합격도 안 했는데 대학도 안 간 어린 친구들이 벌써부터 주요 인맥을 형성하려는 모습을 보고 대접 받아 기분은 좋기는 했지만 개인적으로는 씁쓸했다.

경찰대 2차 시험은 신체검사였다. 신체 검사 종목 중 100미터 달리기는 16초 정도 나와야 합격이었다. 100미터 달리기가 17~18초에 해당하는 기록을 갖고 있었기 때문에 100미터 달리기가 가장 큰 부담으로 다가왔다. 그래도 이왕 합격한 것 신체 검사에서 떨어지면 너무 창피할 것 같아서 깊은 고민에 빠졌다. 결국 100미터 달리기 직전 바지를 벗었다. 경찰대학도 남녀 공학이라 여학생들도 있고 학부모들이 모여 있었지만 과감하게 바지를 벗어버렸다. 운동장에 있는 사람들이 모두 입을 벌리며 경악을 하였다. 나는 변태가 아니었다. 왜냐하면 삼각 팬티는 아니었기 때문이다. 삼각 팬티를 입었다면 바지를 못 벗었다. 그나마 헐렁한 사각 팬티였기 때문에 과감히 벗었다. 왠지 바지를 벗고 뛰면 16초 근처는 가지 않을까라는 생각이 들었기 때문이다. 한 번 뛸 때 4명씩 뛰었는데 나와 함께 뛰는 3명은 바지를 벗은 나의 모습을 보고 순간 정신적 충격을 받은 것 같았다. 총성이 울리자 소리를 지르면서 미친 듯이 달렸다.

"으아아아아아아~악, 아자~! 아아아아아아악!"

오직 앞만 보고 달렸다. 어떻게든 16초 근처에 다가가기 위해 미친 듯이 함성을 지르며 달렸다. 학부모들과 다른 학생들의 박장대소가 있었다지만 나의 귀에는 오직 바람소리만 들렸다.

"휘릭 휘릭~"

가파른 숨을 몰아 쉬며 결승점에 다다랐을 때 꼴등인 줄 알았는데 4명 중 2등으로 들어왔다. 기록은 14초대, 내 인생 최고의 100미터 기록을 갱신했다. 너무 흥분해서 기쁨을 주체할 수 없었다. 경찰대 2차 시험 합격이란 결과보다 100미터 달리기 기록을 평소보다 3초 이상 단축한 사실이 더 기뻤다. 유유히 신체검사장을 빠져나가는 순간 한 학부모가 나에게 다음과 같이 말했다.

"학생, 학생은 정말 뭐가 되도 되겠네. 정말 대단한 레이스였어. 아무튼 좋은 결과 있기를 바라네."

흐뭇했다. 칭찬은 고래를 춤추게 한다고 하지 않았던가? 그 학부모의 칭찬으로 순간 고래가 왜 춤추려고 하는지 이해하게 되었다.

하지만 막상 집으로 돌아오니 전혀 다른 두려움과 고민이 내 마음을 분탕질하기 시작했다.

'경찰대학이 정말 내가 가고 싶은 대학일까? 나는 개그맨이 되고 싶은데 경찰대학을 나오면 경찰 의무 복무 기간이 마음에 걸린다. 학자금 때문에 경찰대학을 간다지만 내가 과연 행복할까?'

치열한 고민 끝에 경찰대학 불합격이 새로운 목표로 설정되었다. 수능 모의고사 성적이 서울대 경영학과 합격 가능 점수까지 나오다 보니 경찰대학교 최종 합격은 이미 결정된 것이나 다름없었다. 결국 가장 좋은 시나리오는 경찰대의 수능 합격 키트라인 점수보다 약간 낮은 점수를 맞으면 서울대는 아니지만 나름 괜찮은 대학도 진학할 수 있겠다는 생각을 했다. 실제로 서울대 경영학과를 지원할 수 있는 정도의 수능 모의성적이 나오는 실력이 되니까 내가 어떤 문제를 틀리면 점수가 어떻게 나올지 예상이 될 정도의 공부의 신이 되었다. 그래서 정작 수능 2달을 앞두고 다들 미친 듯이 공부할 때 인생의 최대 큰 실수를 하고 말았다. 마지막 2달 동안 미친 듯이 공부하면 서울대 법학과 지원이 가능한 수능점수가 나올 것 같은 자신감이 있었지만 어리석게도 부모님이 코미디언을 반대하고 안정된 직업을 권하실까 봐 두려움이 생긴 것이다. 그때 나는 한양대 연극영화과를 고려하고 있었기 때문에 수능 시험을 2달 앞둔 상태에서 공부를 멈추어도 연극영화과 지원 가능 점수보다 훨씬 더 높은 점수를 맞을 수 있다는 확신이 왔다. 지금 생각해보면 참 멍청한 생각이었다. 그냥 공부를 계속 열심히 해서 경찰대도 붙고 서울대를 합격해서 부모님 설득하면 될 것을 정말 멍청한 생각이었다. 실패하는 사람들은 다 이유가 있다. 나는 수능을 앞둔 두 달 동안 의도적으로 성적을 떨어뜨리기 위해 더 이상 공부하지 않았다.

이 책을 읽는 청소년들은 절대 나와 같은 길을 가지 않기 바란다. 공부는 예습 복습만 철저히 하면 된다. 그리고 시험 직전 몰아쳐서 시험범위를 빠르게 훑어보면 된다. 기초학력이 부족한 학생들은 이해가 안 된다고 좌절할 필요도 없다. 그냥 내일 수업부터 당장 예습하라. 그리고 당일 수업을 복습하라. 부족한 과목들은 방학 때 학원 가서 보충하면 된다. 학원 갈 돈이 없다면 EBS로 보충하면 된다. 집에서 TV를 보기 때문에 공부가 안 되는가? 그러면 도서관을 가라. 본인의 실력에 믿음이 안 갈지라도 그냥 계속 예습 복습만 하라. 개인차는 있을 수 있지만 결국 성적은 오른다. 그리고 목표는 무조건 높이 잡아라. 다들 불가능하다고 할지라도 불가능한 목표를 잡고 공부해라. 그래야 불가능이 현실이 된다. 나의 목표는 서울대가 아닌 개그맨이었음에도 모의고사지만 서울대 경영학과 지원 가능 점수까지 올랐다. 암기력이 좋지도 않았다. 그냥 예습 복습만 했다. 여러분도 할 수 있다. 구체적인 과목별 학습 전략은 '대통령 되기 프로젝트 2부 자기계발'를 참고하기 바란다.

## 4. 한양대학교 7대 불가사의

경찰대학 입시 결과 내가 바라던 대로 수능점수 커트라인에서 4점 차로 불합격하였다. 드디어 가고 싶었던 한양대학교 연극영화과에 원서를 내러 한양대학교를 찾아갔다. 그런데 내 수능 점수가 연극 영화과를 지원하기에는 상대적으로 너무 높아서 수석 입학도 가능한 점수였다. 수능 점수가 아까웠다. 물론 한양대 연극 영화과의 수석 입학을 하게 되면 장학금이라든지 여러 가지 혜택이 주어졌지만 우려했던 고민을 하게 되었다. 수능 점수를 더 낮게 맞았어야 이런 고민을 안 했을 것인데 그만큼 나의 수능 점수는 어정쩡했던 것이다. 그렇다고 서울대를 가자니 학과가 마음에 안 들었다. 연세대 고려대도 마음만 먹으면 갈 수 있는 학과들이 있었지만 이상하게 나는 한양대학교가 마음에 끌렸다. 왜냐하면 연극영화과의 최고 명문이 한양대학교였기 때문이다. 실제로 한류 스타들이 다니던 학교이기도 하고 개그우먼 박미선과 조혜련도 졸업한 학교였기 때문에 한양대학교를 가고싶었다. 그러나 더 좋은 결과를 낼 수 있었던 수능에 대한 아쉬움이었을까? 여러 가지를 고민하던 중 갑자기 내 눈에 '법학과'라는 피켓이 눈에 들어왔다.

'저거다. 저거야. 한국 최초 법대 출신 개그맨.'

속으로 쾌재를 불렀다. 많은 개그맨들이 연극영화과 출신이기 때문에 오히려 법대 출신 개그맨 하면 사람들에게 호소력이 있지 않을까 하는 생각이 들었다. 황현희 씨도 법대 출신 개그맨이지만 내가 대학을 지원할 당시에는 그가 데뷔하기 전이었다. 한양대 출신 연예인들이 방송계를 주름잡는다는 소문을 믿고 한양대 법학과에 지원하여 정시에 당당히 합격하였다.

대학 1학년 때 대부분의 법학과 동기들은 사법고시 준비나 동아리 활동 등과 같은 일반적인 법대 선배들의 길을 뒤따라갔다. 반대로 나는 어떻게 하면 개그맨 시험을 합격할 수 있을까 진지하게 고민하기 시작했다. 대학은 고등학교 때와 달라서 모두들 대학입시에 해방감을 가져서인지 수업시간에 웃기려고 노력하면 다들 너그럽게 웃어주었다. 실제로 고시 준비로 인한 스트레스를 풀기 위해서라도 나 같은 아웃사이더가 수업에 꼭 필요하다는 암묵적인 동의가 있었다. 대학 입시 전쟁에서 벗어나니까 코미디언 지망생이 공부를 해서 뭐하나 하는 생각에 1학년 1학기 때는 두 과목만 겨우 학점을 이수하고 나머지 교양과목들은 모두 F학점을 받아서 학사경고를 받았다. 학사경고도 학사경고지만 생각했던 것보다 법학과 분위기나 전공과목들이 개그맨 지망생이 받아들이기에는 너무 부담스러워서 학교를 그만두고 재수를 하려고 하였다. 부모님은 한양대 학자금과 하숙비 등이 경제적으로 큰 무리가 되신다면서 다시 한 번 경찰대학을 시험보라고 권유하시기도 했다. 경찰대학 시험을 보려면 다시 수능을 봐야 했기 때문에 그냥 부모님 말씀대로 경찰대학 시험을 보고 부모님 몰래 한양대 연극영화과를 지원하기로 결심하였다. 여름방학 때 목포에서 홀로 수능 준비를 하였는데 법학보다 수능 공부가 더 싫어졌다. 천성이 공부와는 거리가 있었는데 그나마 고등학교에서 강제로 공부를 시켜서 했을 뿐 혼자서 자율적으로 공부하는 습관은 전혀 형성되지 않았었다. 이도 저도 안 되니 그냥 한양대 법학과로 다시 복귀하자는 쪽으로 가닥을 잡았다. 부모님은 가정 경제가 그리 넉넉지 않으니 장학금을 받는 조건으로 한양대 복학을 허락하셨다.

부랴부랴 학교를 복귀하려다 보니 1학년 2학기 등록기간도 놓쳐서 한양대학교에서 자퇴처리 될 뻔 하였으나 아버지께서 법학과 사무실을 직접 찾아가서서 한 번만 기회를 더 달라고 간구하셨다. 우여곡절 끝에 한양대 법학과 1학년 2학기에 재등록 할 수 있었다. 1학년 2학기는 1학기보다 더 많은 전공과목들을 공부해야 했다. 법학 공부가 너무 재미없어서 눈물이 날 지경이었다. 나의 개그 본능을 죽이는 공부들이었다. 개그 본능을 죽이는 법학에 대한 혐오가 일어날 정도였다. 한 대학선배가 혹시 나중에 유학을 갈 상황이 있을 수도 있으니 최소한 B학점 이상은 받아야 한다고 조언을 해주자 틈틈이 공부하여 B학점은 따려고 최소한의 노력은 기울였다.

지루해서 돌아버릴 것 같았던 그 순간 사막의 오아시스 같은 사건이 일어났다. 교양 수업 중 하나인 사교댄스 시간에 탤런트 이병헌 씨의 여동생인 미스코리아 이은희 선배랑 같이 우연히 수업을 참여하게 되었던 것이다. 이은희 선배는 나보다 2살 많았다. 가난한 여관집 아들이 감당할 만한 클래스가 아니라는 생각 때문에 이성으로 다가간다는 생각은 꿈에도 못하고 있었다. 이은희 선배는 나와 전공이 달라서 오직 교양 수업을 통해서만 우연히 만날 수 있는 존재였는데 그 우연이 현실이 되어버린 것이었다. 첫 수업에 들어와 자리에 앉았는데 하늘에서 여신이 강림하는 줄 알았다. 자체 발광하는 여인은 처음 보았다. 목포 촌놈이 어디 그렇게 아름다운 여인을 만나본 적이 있었겠는가? 학과 공부가 너무 재미없어서 한양대학교 자퇴 상시 대기 상태였는데 이은희 선배라는 존재 하나 때문에 2학년 1학기는 마치고 자퇴를 고려하기로 계획을 바꿨다.

사교댄스 교수님이 수업시간에 각자의 이성 파트너를 구해 오라는 말씀에 열심히 구하려고 노력했지만 여자친구가 계속 생기지 않았고 결국 솔로로 사교댄스를 연습해야 했다. 여자 없이 홀로 춤을 추는 모습을 상상해보라. 그렇게 수업 기간 한 달 정도 춤을 췄다. 그 후 사교댄스 교수님은 갑작스러운 제안을 하셨다.

"여러분, 지난 한 달간 왈츠를 열심히 배웠습니다. 어느 정도 수준에 올라온 것 같아요. 오늘은 특별히 자신이 데려온 파트너 말고 같이 춤추고 싶은 사람 앞으로 이동하도록 하세요."

그때 순간 정적이 흘렀다. 그 수업에 참여하던 모든 남학생들은 서로의 눈치를 보고 있었다. 남자라면 분명 미스코리아 진 이은희 선배와 춤을 추고 싶었으리라. 다들 눈치를 보는 가운데 나는 용수철처럼 튀어 나갔다.

"선배님, 저랑 추시죠."

내 얼굴은 부끄러움으로 새빨갛게 달아올랐지만 이은희 선배는 내 눈을 보더니 천사 같은 미소를 지으면서 이렇게 말했다.

"그래."

나는 속으로 쾌재를 불렀다.

'그래, 지금 그래라고 했나? 대단한 걸!'

거기 있던 학생들과 교수님은 박장대소를 했다. 그 후 긴장된 분위기가 완화되어 남학생들은 춤추고 싶은 여학생들에게 자연스럽게 다가갔다.

왈츠 음악이 흘러나오기 전 대열을 갖췄다. 나의 오른손은 이은희 선배의 등 뒤로 갔고 이은희 선배의 왼팔이 내 오른쪽 어깨 위를 휘감아 왼쪽 어깨에 선배의 손이 포근히 얹어졌다. 이성으로 느끼면 안 되는 존재인데 완전 황홀해서 숨이 멈춰 버릴 것 같았다. 사실 나는 33살에 결혼하기 전까지 연애를 한 번도 못해본 순정남이었을 정도로 성인 여성과 가까운 위치에서 스킨십을 해본 적이 없었다. 비록 춤이었지만 특정 여성(일반 여성도 아닌 미스코리아 진)과 15센티미터 이내에서 포옹이나 다름 없는 자세로 춘 춤이었기에 매우 흥분되는 순간이었고 행복한 시간이었지만 현실적으로는 너무 창피했다. 긴장하는 나의 모습을 이은희 선배뿐만 아니라 거기 있는 모든 사람들에게 보였기 때문이다.

　너무 많이 긴장해서 심장이 벌렁거리고 숨이 멈춰버릴 것 같았지만 일생에 한 번뿐인 미스코리아 진 이은희 선배와의 춤을 환상적으로 추기 위해 마음을 굳게 다잡고 선배의 오른손을 나의 왼손으로 꽉 잡았다. 왈츠는 남자가 여자를 리드하는 춤이기 때문에 후배일지라도 당당히 이은희 선배의 등을 오른손으로 꽉 끌어안았다. 여기저기서 킥킥거리며 웃는 소리가 계속 들렸다. 결연한 나의 몸짓과 달리 나의 얼굴은 식은땀으로 가득, 땀을 줄줄 흘리고 있었다. 이은희 선배는 아무렇지도 않다는 듯 그냥 미소만 보일 뿐이었다. 나 같은 존재야 이은희 선배에게 애송이 중의 애송이로 보였을 것이다. 그럼에도 불구하고 예정대로 왈츠 음악이 시작되었고 나는 평생 못 잊을 나만의 추억으로 만들고자 최선을 다해 춤을 추었다. 상대방을 밀어야 할 때는 확실하게 밀어주고 반대로 잡아당겨야 할 때는 확 끌어당겼다. 좌우로 몸을 흔들어 움직이고 스텝을 진행할 때는 절도 있는 자세로 춤을 리드하였다. 왈츠가 마무리 되고 음악이 멈추자 이은희 선배가 천사 같은 미소를 머금고 한 마디 하였다.

　"수고했어."

　정말 하늘을 날 것만 같았다. 수고했단다. 미스코리아 진이 나에게 수고했다는 말 한 마디에 순간 기절할 뻔했다. 다만 왈츠가 끝났는데 학생들이 계속 킥킥 웃어대고 있었다. 왜 그런가 했더니 왈츠를 추기 위해 이은희 선배의 등을 끌어 않았던 부분에 나의 오른손 자국이 선명하게 땀으로 이은희 선배 드레스를 적신 것이다. 사실 이은희 선배의 손을 맞잡았던 왼손도 내가 너무 긴장해서 땀을 많이 흘린 나머지 팔꿈치까지 땀이 흘러내렸다. 뭐 어찌 되었든 그 날 이후로 이은희 선배와 춤추었던 영광의 순간을 잊지 않기 위해 3일 동안 샤워를 하지 않았다.

그렇다고 항상 저런 이벤트가 계속되었겠는가? 왈츠의 기쁨도 잠시 대한민국 법학에 대한 지루함이 하늘 끝까지 다다라 삭발을 결심했

다. 모든 것이 귀찮았던 시기라 머리카락의 존재마저도 불편했다. 평소 자주 가던 미용실에서 삭발을 주문하자 친하게 지내던 미용실 누나는 놀림 투로 한 마디 하셨다.

"네가 가수 유승준이니?"

"헐! 누님 제가 유승준이 삭발했다고 따라하는 줄 아세요? 나 참, 중국 삼척동자같이 앞머리만 살짝 남기시고 모두 삭발해주세요. 나를 무엇으로 보시고 그런 말씀을…."

사실 그때까지 그냥 농담 투로 얘기했는데 미용실 누님은 어린 아이 주먹만한 크기로 앞머리만 동그랗게 살짝 남기고 남은 부분을 모두 삭발해 버리셨다. 난 경악을 금치 못했다.

"진짜 그렇게 자르시면 어떻게 해요? 그냥 장난으로 그런 건데."

박장대소하는 미용실 누님과 대기하고 있던 대학생 고객들이 다들 웃겨서 자지러지고 있었다. 그들이 웃는 것을 보고,

'그래 이거야! 나이 먹으면 이런 짓 하지도 못 할 텐데 한 번 미친 척하고 해보자.'

일명 중국 삼척동자 헤어스타일을 하고 교내를 누볐다. 미용실에서는 나름 반응이 좋았지만 막상 밖에 나와보니 사람들이 나의 머리를 보고 슬슬 피하는 게 느껴졌다. 어디 동네 깡패로 여겼나 보다. 그러나 한양대 최고 학부인 법학과 학생으로서 자부심을 가지고 학교와 거리를 싸돌아 다녔다. 대부분의 사람들이 나의 헤어스타일에 대해 부정적인 견해와 반응을 보이자 약간 의기소침해졌다. 미용실로 가서 남은 앞머리를 자르겠다는 결심을 한 상태로 형법 수업에 참여하

였다. 수업이 시작하기 전 법대생 친구들이 나의 머리를 보더니 다들 웃고 난리가 났다. 의외의 반응이었다. 가장 보수적인 법대생들이 가장 좋아하는 아이러니한 상황, 더 큰 반전은 형법 교수님이셨던 오영근 교수님이 나의 머리를 보더니 수업시간 내내 지루할 때마다 나의 독특한 헤어스타일을 재료로 재미있는 분위기를 연출하신 것이다.

삽시간에 나에 대한 소문이 법대로 퍼지자 약간의 자신감이 생기기 시작했다. 무엇보다 이은희 선배가 사교댄스 수업 후 내게 다가와 한 마디 툭 던졌다.

"멋있네. 한 번 흰색으로 염색해 보렴."

여신 이은희가 나한테 흰색으로 염색하란다. 그것도 먼저 다가와 말을 걸어준 것이다. 그 말을 들은 순간 뒤도 돌아보지 않고 미용실로 내달렸다.

"누님, 흰색으로 염색합시다."

"어디를?"

"여기, 누님이 앞머리 남긴 데요."

미용실 누님은 두말없이 곧바로 실행에 옮겼다. 다만 흰색으로 염색을 시도했으나 예전에 갈색으로 염색했던 부위라 모근 쪽이 빨간색이다 보니 머리카락 끝으로 갈수록 노란색으로 변색되었다. 이른바 '불꽃 삼척동자' 헤어스타일이 창조된 것이다. 고교 동창이면서 미술 대학에 재학 중이던 친구가 내 머리를 찬찬히 보더니 디자인 아이디어를 제공하였다.

"세종아, 네 머리 뒤에 '법'이라고 한 번 써보지 않을래?"

"법? 웬 법?"

"아니 앞머리만 있고 뒤쪽은 횡하니까 좀 그래. 뒤통수에 '법'이라고 써봐. 한글보다는 한문이 멋있을 것 같아."

미대 친구의 제안대로 그냥 실행에 옮겼다. 머리카락이 5mm 정도 자란 상태였기 때문에 미용실에서 '法'이라고 뒤통수 머리카락에 염색하고 나서 '法'이라고 쓰인 부분과 '불꽃 삼척동자' 머리카락 부분을 제외한 나머지 머리카락을 정교하게 면도해 주었다. 최종적으로 디자인이 완성된 헤어스타일은 법대를 초월하여 한양대 전체에 소문이 퍼졌고, 내가 나타나기만 하면 전교생들이 웅성웅성 대기 시작했다. 이른바 한양대 7대 불가사의 중 한 인물로 등극한 것이다. 한양대 7대 불가사의가 누군지도 난 모른다. 그중 한 명은 의류학과에서 독특한 옷을 만들어 입는 한 학생이란 정도만 알고 있다.

완성된 헤어스타일을 가지고 거리를 활보했다. 어떤 택시 운전기사님은 내 머리를 보시더니 운전하시는 내내 웃기만 하셨다. 하도 웃으셔서 자동차 사고가 날 것 같아 걱정을 많이 했지만 되려 웃겨줘서 고맙다고 택시를 공짜로 태워주셨다. 교수님 성함을 잊어버렸지만 한양대 디자인 계통 교수님 한 분이 나의 머리는 행위예술이라고 주장하시며 당신이 참여하시는 전시회에 초청하셨다. 그곳에서 유명 디자이너들을 만났는데 그중 박지원 패션 디자이너는 직접 나에게 다가와 기념 사진을 찍자고 제안했다.

"혹시 실례가 안 된다면 같이 사진 한 장 찍고 싶어요."

박지원 씨가 유명한 패션 디자이너인지도 몰랐지만 상당한 미인이었다. 그녀와 사진을 찍으려고 자세를 잡고 있었는데 갑작스런 말 한 마디에 깜짝 놀랐다.

"죄송하지만 뒤로 돌아서실 수 있어요? 뒤통수의 '法'이 보이는 상태로 함께 사진을 찍고 싶어요.

나는 순간 어이가 없어서 다음과 같이 말했다.

"아니 무슨 뒤통수만 찍습니까? 앞 먼저 찍고 뒤를 찍으시죠.

박지원 씨는 순간 풋 하고 웃으시더니 내 제안대로 앞과 뒤를 모두 찍었다. 한양대에서는 독특한 머리 스타일 때문에 탤런트 박상원 씨도 만나게 되었다. 연예인, 디자이너 및 행위 예술가가 나의 헤어스타일을 예술로 인정하자 미친 척 하고 디자이너 앙드레 김에게 프로필 사진을 보냈다. 그리고 다음과 같은 메모를 서류 봉투에 동봉했다.

'앙드레 김 선생님, 제 사진 보시고 저를 모델로 채용해주세요.'

그 뒤로 아무런 연락이 안 왔다. 지금 생각해 보면 나는 자신감이라기보다 정신이 나간 짓을 한 것 같다. 머리도 크고 어깨도 그리 넓지 않아서 8등신 몸매도 아닌데 모델을 도전하다니….

2학기 1학기를 마치고 또 자퇴하려고 했으나 주위의 만류도 있고 해서 1년 휴학을 신청했다. 당시에는 법학이 정말 싫었기 때문에 휴학은 최선의 선택이었다. 휴학 후에도 여전히 엽기적인 머리 모양을 유지했다. 추석 때 목포에 가서 집에서 계속 모자를 쓰고 있었다. 평소에 온화하신 아버지께서 집에서는 모자를 벗으라고 질책하셔서 할 수 없이 모자를 벗었다. 아버지께서 너무 놀라셔서 순간 할 말씀을 잃으셨다. 2분 정도의 정적이 흐른 후,

"세종아, 얼른 가위 가져와라."

아버지는 너무 어이가 없으셔서 화를 내실 생각조차 못 하신 듯했다. 그냥 당신의 아들이 한양대 법학과에서 장학금은 한 번도 못타면서 그런 짓을 하고 다니는 것이 부끄럽다는 표정뿐이셨다. 아버지께서 한 마디의 말씀도 없이 신속하게 자르셨다.

'싹둑, 싹둑.'

"세종아, 이 털들 얼른 저기다 버려라."

이렇게 한양대 7대 불가사의 중 한 인물이었던 나는 아버지의 가위질로 한양대학교 역사의 뒤안길로 잊혀지게 되었다.

잠시 쉬어가는 의미에서 이 책을 읽는 독자들 중 나와 이은희 선배의 관계가 어떻게 발전했는지 궁금하신 분들이 혹시 있을지 모르겠다. 이은희 선배는 대학교 후배로 생각할 뿐 그 이상은 절대 생각하신 적이 없었다. 나 혼자 짝사랑하고 끙끙 앓다가 그냥 대학 졸업 후 연락이 두절되었다. 지금 다시 만나면 둘 다 각자의 가정이 있고 과거의 한때 추억일 뿐 그냥 웃으면서 얘기를 나눌 것 같다. 아내를 너무 사랑하기 때문에 여신 이은희 선배를 다시 만나도 이제는 이성의 감정보다 그냥 옆집 누님 같을 것 같다. 선배님! 잘 살고 계시죠? 혹시라도 이 책을 우연히 읽게 되시면 도서 평점 최고점을 부여해 주세요. 후후.

# 5. 개그맨 시험 연속 불합격…

대학 신입생 때 나름대로 개그맨 공채를 준비하여 MBC 개그맨 공채 시험을 처음으로 참가했다. 그런데 심사위원들이 나의 개그를 보고 아무런 미동도 하지 않았다. 너무 창피해서 준비했던 개그 대본의 3분의 1 정도를 읊조리다가 시험장을 뛰쳐나갔다. 그때 당시 무슨 개그를 했는지 아무런 기억이 나질 않는다. 7살 때부터 대학 진학 전까지 계속 개그맨을 꿈꿔 왔는데 현실은 정말 냉정했다. 아무리 개인적으로 웃길지라도 무대 개그는 전혀 다른 세계임을 몸소 체험하게 되었다.

이듬해 '불꽃 삼척동자'와 뒤통수 '法' 헤어스타일로 다시 MBC 개그맨 공채 시험을 도전하였다. 이번에는 다행히 준비한 개그 대사를 모두 완벽하게 소화했다. 나름 웃길 수 있다고 생각했는데 시험 시간 내내 심사위원들은 나의 머리만 응시하면서 역겹다는 표정을 지었다. 이때 방송국이 법대보다 훨씬 보수적인 집단임을 깨닫게 되었다.

MBC 개그맨 공채를 연속으로 두 번 떨어지자 점점 자신감을 잃어가고 있었다. 그래서 MBC를 포기하고 KBS 개그맨 공채 시험을 응시하기로 결심했다. 개그 실력을 떠나서 개그맨이 되고자 하는 꿈은 누구보다 대단했기 때문에 1번 후보로서 정확히 오전 9시에 KBS 희극인실에서 개그 연기를 펼쳤는데 1번으로 탈락하였다. 그래도 MBC는 개그맨 시험을 두 번 정도 봤기 때문에 나름 좋은 결과를 기대했으나 KBS PD들은 MBC 보다 더 철옹성이었다. 지금은 어떻게 시험을 보는지 모르지만 MBC는 공간을 10개 이상 분리하여 각 방에서 심사위원들이 2명씩 의자에 앉아 개그맨 지망생들의 개그 연기를 동시 다발적으로 심사를 진행한다. MBC는 1차를 통과해 본적이 없기 때문에 2차와 3차는 어떻게 시험을 보는지 잘 모르겠다. KBS는 서류 전형을 먼저 통과해야 하고, 통과하게 되면 2차에서 자유 연기를 보여주는 방식이었다. KBS의 2차 자유연기는 MBC와 달리 카메라도 정면에 설치하고 5명 정도의 심사위원들이 구성되는데 잘은 모르겠지만 그중 나이 많은 개그맨도 보였고 PD, 개그 작가 등이 앉아 있었다. KBS의 개그맨 공채 시험 3차는 2차와 동일하게 여러 명의 심사위원들이 있지만 10명 정도 되는 심사위원들이 공채 시험 심사위원으로 참여하였다.

대학 생활 동안 개그맨 공채 시험을 MBC 두 번, KBS 한 번으로 총 3번 도전하였으나 각 방송사 심사위원들이 아무런 반응을 보이지 않자 깊은 좌절감을 느꼈다. 학창 시절의 힘들었던 경험들은 결국 개그맨이 되기 위한 준비과정이라고 생각했는데 결국 한 순간에 과거의 노력들이 물거품이 되고 만 것이다. 경찰대학교를 불합격할 때도 전혀 슬프지 않았는데 개그맨 시험이 아예 합격할 수 조차도 없는 존재로서 코미디 분야에 재능이 없다고 자체 결론을 맺어야 했을 때 삶의 의미 자체를 잊어버리게 된 것이다. 아무튼 너무 실의에 빠진 나머지 그 후로 수 년간 개그 쪽에 발을 들일 수 없었다.

# 6. 외국어 공부의 가장 큰 장애물은 한국인

대학교 1학년 2학기 과정을 마무리할 무렵 겨울 방학을 앞두고 우연히 법학과 선배를 통해 용산에 소재한 International Bible Church(IBC)라는 미국인 교회를 소개받게 되었다. 불교 집안에서 자랐기 때문에 교회에 갈 생각은 전혀 없었으나 영어를 배울 수 있다는 말에 솔깃하여 따라갔다. 수능 영어 성적이 그렇게 나쁜 편은 아니라서 그래도 어느 정도 영어를 구사할 것이라 자신하며 영어예배에 참석하였다. 영어를 꽤 잘할 것이라 생각했던 기대와 달리 막상 외국인 앞에 서니 멍해졌다. 그들이 나에게 뭐라고 말은 하는데 무슨 뜻인지 이해를 할 수 없었다. 결국 다른 한국 사람의 도움을 받아 이야기를 주고 받았는데 해석해서 들려준 말들은 정말 쉬운 대화들이었다. 충격적이었다. 그들의 언어는 수능 영어와 전혀 다른 차원의 영어였던 것이다. 내 입은 오직 Yes와 No 외에는 그 어떤 단어도 언급할 수 없었다. What's your name?과 How old are you? 정도만 이해가 될 뿐 그 외의 회화는 이것이 진정 영어가 맞을까라는 의문이 들 뿐이었다.

그 상태에서 미국 목사님의 영어 설교까지 듣게 되었다. 목사님은 뭔가 대단한 내용을 당신의 언어인 영어로 말씀하셨는데 듣다가 아무런 내용도 이해가 되지 않아 그냥 눈을 감았다. 눈을 감았다라기보다 목사님께는 죄송했지만 잠이 들었다. 내가 알고 있는 영어는 실제로 외국인들 앞에서 전혀 써먹을 수 없는 영어임을 깨닫고 충격에 빠졌다. IBC를 처음 방문했던 시기에는 MBC 개그맨 시험을 응시하기 전이었기 때문에 어차피 사법고시도 준비하지 않는 상황에서 글로벌 시대에 발맞춰 영어를 구사할 수 있는 개그맨이 되면 미국 코미디 시장도 도전할 수 있겠다라는 당찬 비전을 설정하여 신의 존재를 믿지 않던 내가 영어를 배우기 위한 세상적인 목적으로 미국인 교회를 매주 방문하였다. 경제적으로 어려웠던 집안 사정 상 따로 영어학원을 다닐만한 금전적 여유는 없었기 때문에 매주일 빠지지 않고 영어 예배를 참석하였다.

사실 제대로 된 영어 공부는 이때부터 처음으로 시작했기 때문에 참으로 막막했다. 우선은 기존에 책을 통해 준비했던 수능 영어 공부방식을 버리고 IBC에서 진행하는 모든 프로그램들을 참여하였다. 예를 들면, 주중에 있는 성경공부나 기도 모임도 빠짐없이 참석하였다. 영어는 못했지만 특유의 적극성과 유머감각으로 원만한 대인관계를 유지했기 때문에 미국인 성도들은 영어에 서툰 젊은 대학생을 잘 이해해 주었다. 심지어 2학년 1학기 때는 위에서 언급했던 충격적인 헤어스타일을 하고 교회를 찾았음에도 불구하고 (물론 일부 성도들은 나를 마귀 사탄 보듯이 했던 사람도 있었다.) 미국인 담임 목사님이셨던 마이클 밀러(Michael F. Miller)는 나를 기인으로 여기긴 했지만 겉으로는 일반 성도들과 동일한 기준으로 대해 주셨다.

IBC를 참석한 지 1년이 지나자 밀러 목사님의 설교가 50% 정도 이해되기 시작했다. 이해가 되니 짧지만 영어로 의사소통은 가능해졌다. 대학교 3학년 때는 설교의 80% 정도가 이해되면서 보다 유창한 영어 표현을 할 수 있었다. 결정적으로 영어 실력이 급성장하게 된 것은 대학 4학년 때 밀러 목사님의 특별한 제안 때문이었다. 밀러 목사님은 교회 안에서 미국이나 호주 등 영어권 국가에서 유학 경험이 있었던 성도들보다 유학경험이 전무한 나를 자신의 동시통역사로 선정하셨다. 영어 예배 성도들이 점차 증가함에 따라 영어에 익숙하지 않은 한국인 새 신자들을 위한 새 신자 성경공부 반을 기획하셨는데, 목사님과 한국인 성도들 간의 가교 역할을 해야 하는 통역사가 필요하셨던 것이다. 새 신자를 위한 영어 성경공부는 총 5주 과정으로서 기독교 신앙의 기본 교리를 가르치는 시간이었다. 사실 처음 통역을 했을 때 목사님의 말씀의 60% 정도만 정확히 전달했고 나머지 40%는 대강 내 마음대로 전달했다. 해당 성경공부에 참석하는 한국인 성도들은 내가 틀리든지 맞든지 목사님 말씀 자체를 이해하지 못하는 영어 수준들이었기 때문에 절대적으로 나의 통역 내용에 의지하고 있었다. 어차피 밀러 목사님도 한국에 입국한 시기가 내가 처음 IBC를 방문했을 때였기 때문에 나의 한국어 통역을 이해하지 못하셨다. 목사님과 나의 통역을 들었던 한국인들에게는 죄송했지만 처음에는 내 마음대로 통역을 했다.

서툴렀던 통역이 5주 과정의 새 신자 반 영어 성경 공부 내용이 로테이션 식으로 반복됨에 따라 점차 100%에 수렴하는 통역의 정확성을 보였다. 외국어 공부는 뭐니뭐니해도 반복이 최고라는 것을 깨달았다. 사실 지금도 영어를 잘하는 축이라고 할 수는 없지만 영어 울렁증은 완벽히 제거했고 외국어 학습에 대한 강한 자신감을 구축했던 귀한 시간들이었다. 사람들이 영어 공부를 어떻게 했냐고 나에게 물어볼 때 나의 답은 매우 간단했다.

"영어 예배에 참석하세요. 대신 쉬지 말고 매주일 꾸준히 참석하는 것이 중요합니다."

물론 지금 다니는 교회가 있다면 굳이 영어 때문에 교회를 옮길 필요까지는 없다고 본다.

물론 교회를 통해 외국어를 익히겠다는 목적은 다분히 계산적이다. 나는 원래 교회를 다니지 않는 사람이었다. 영어가 들리기 시작하면서 미국 목사님의 설교가 온전히 이해되었고 복음에 대한 이해도 점차 깊어졌다. 이 책을 쓰고 있는 지금은 기독교인으로서 의정부에 소재한 의정부커뮤니티교회(Uijeongbu Community Church)라는 곳에서 영어 예배를 열심히 섬기고 있다. 사람들은 결국 자기가 좋아하는 것을 할 때 더 큰 효율과 능력을 발휘하고 공부 자체가 즐거워진다. 대학 졸업 후 군 복무를 마치고 중국에서 5개월 정도 머무르면서 중국어 어학연수를 갔을 때도 마찬가지였다. 최초 계획은 1년 정도를 생각하고 어학연수를 갔지만 중국 교회의 새벽예배에 매일 참석하자 일정 수준의 중국어 회화 실력까지 얻게 되었다. 물론 중국어 어학연수는 2005년 가을에 갔기 때문에 오랜 기간 중국어를 사용하지 않아 지금은 퇴보한 상태이지만 2007년 고향 목포에서 다녔던 교회에서 중국인들을 위해 설교 요약문을 중국어로 번역하여 성경공부를 주도할 정도였으니 순전히 개인적인 견해지만 예배를 통한 외국어 학습이 가장 효과적인 학습이라고 생각한다.

예배를 통한 외국어 학습의 장점은 강단에서 목사님이 설교를 하고 있기 때문에 설교가 끝날 때까지는 예의상 가만히 앉아있어야 한다는 것이다. 뉴스나 각종 영상물은 보다가 재미없으면 꺼버리고 싶은 유혹이 있지만 설교는 아무리 어려워도 그 자리를 벗어날 수 없다는 강제성(?)이 있다. 그리고 목사님들이 설교하는 내용은 성경을 기반으로 하지만 다양한 분야의 사회적인 내용을 다루기 때문에 신학적 용어뿐만 아니라 다양한 어휘들을 익힐 수 있다. 그리고 살아있는 외국어 표현을 직접 들을 수 있고 목사님과의 쌍방간 상호작용이기 때문에 지루하지 않다. 그리고 교회는 일종의 커뮤니티이기 때문에 다양한 외국인들과 한국인들과 인적 네트워크를 구축할 수 있다. 실제로 유학파나 글로벌 비즈니스맨들이 꽤 있기 때문에 유학에 대한 정보가 필요하거나 국제 무역 정보가 필요한 경우 관련 분야에 있는 성도들을 접촉해 따끈따끈한 현장 정보를 얻을 수도 있다. 그리고 다양한 교회 활동을 통해 여러 가지 취미 활동도 개발할 수 있다. 나의 경우 찬양팀 사역에 참여하여 드럼과 베이스 기타를 교회에서 배울 수 있었다. 드럼은 그 후로도 약 10년간 연주하여 준 프로급이라고 혼자 착각하며 살아가고 있다. 이 책은 기독교 간증집이 아니기 때문에 실용적 관점에서만 외국어 예배를 언급했다. 따라서 외국어 예배의 유용성에 대한 나의 견해를 신학적인 논리로 비판하지 않았으면 한다.

그러나 학원, 유학, 교회 등 중 여러분에 맞는 어떤 방법으로 외국어를 배우든지 내 개인적 경험에서 느낀 외국어 학습 시 가장 큰 애로사항은 바로 외국어를 어설프게 구사하는 한국인들이었다. 어설프게 구사하는 한국인이란 의미는 전적으로 이 책에서 저자가 만든 표현으로서 그 범위는 원어민도 아니면서 일정 기간의 어학연수를 밟았거나 독학을 해서 영어를 곧잘 하거나 나름대로 영어공부를 열심히 해서 비교적 높은 영어 성적을 보유하고 있을 때 경솔하게 다른 한국인의 영어를 판단하는 한국인들을 의미한다. 개인적으로 원어민이 아니면서 외국어를 학습하는 사람들은 완벽한 외국어를 구사한다는 것이 크게 의미가 없다고 생각한다. 모국어인 한국어도 나이를 먹으면 먹을수록 한국어 수준이 부족하다고 느끼는데 외국어는 원어민이 아닌 한국인에게 평생 어려운 것 아니겠는가? 처음에 영어를 시작할 때 외국인들과 영어를 할 경우 전혀 눈치가 보이지 않았는데, 한국인으로서 영어를 곧잘 하는 사람들 중에서 상대 한국인의 영어를 잘하는지 못하는지 판단하려는 사람들이 옆에 있으면 얼마나 눈치가 보이던지 이루 말로 할 수 없을 정도였다. 그러나 진짜 영어를 잘하는 한국인 중에 영어를 배우는 과정에 있는 사람들이 눈치 안 보고 영어를 구사할 수 있도록 모임 중에 배려하는 모습을 종종 보았다. 중국 어학연수할 때도 마찬가지였다. 어설프게 중국어를 공부하는 유학생들이 나로 하여금 더 눈치를 보게 만들었지 정작 한국어를 구사할 수 있는 조선족이나 중국어만 알고 있는 한족들은 어설픈 중국어일지라도 눈치 안 보고 마음껏 구사할 수 있도록 충분히 배려해 주었다. 그런 경험 때문에 지금은 나도 외국어 공부 중이거나 시작하시는 분들을 만나면 눈치 보지 않고 마음껏 외국어를 구사할 수 있는 환경을 제공하려고 최대한 배려하려고 노력한다.

# 7. 바리 바리 군바리

한국에서는 군인들을 속칭 '군바리'라고 저속하게 표현하기도 한다. 언어학적으로 어떻게 군바리란 표현이 만들어졌는지는 모르겠다. 대한민국 남자라면 정신이나 신체에 크게 문제가 없는 이상 의무적으로 군대를 가야 하기 때문에 한창 젊은 나이에 가고 싶지 않은 군대를 억지로 다녀오는 경우가 적지 않다. 나도 군대가 너무 가기 싫은 부류 중 하나였다라고 할 수 있다. 어떻게든 군대를 늦게 가고 싶었다. 한 살이라도 젊을 때 코미디언이 되어서 대중의 인기를 얻고 돈을 벌어 부모님의 경제적 어려움을 해결하고 싶었다. 장남으로서 약속드렸던 장학금은 한 번도 받지 못했고 하기 싫은 것은 굶는 한이 있어도 절대로 하지 않는 옹고집이 있어서 아무리 돈이 부족해도 아르바이트 같은 것은 따로 하지도 않았다. 그렇다고 해서 부모님께 용돈을 많이 받은 것도 아니었다. 겨우 밥만 해결할 수 있는 정도의 용돈만 받았다. 그러나 학비 자체가 비싸고 하숙비가 만만치 않아서 아들의 교육비에 가계 수익의 대부분 사용하고 계셨다. 어떻게 보면 나는 정말 대한민국 대표 불효자이다. 그래도 그때는 더 놀고 싶었지 아르바이트 하는 시간으로 소진하고 싶지 않았다. 아침 저녁은 하숙집에서 제공해주니까 차라리 최소 생활자금인 점심값만 해결해도 돈이 안 드는 활동을 중심적으로 해서 더 건설적이고 미래 지향적인 일을 하고 싶은 욕심도 있었다. 그래도 나의 부모님은 철없던 장남을 신뢰하셨기 때문에 끝까지 인내하셨다.

재학 중에는 군대를 가기 싫어서 학군단(ROTC) 과정을 지원하였다. 학군단은 3학년, 4학년에 군사학 과목을 이수하고 방학 때마다 2~4주간 장교 후보생으로서 특별 군사훈련을 받는 과정이다. 원래는 영어 때문에 카투사에 가고 싶었지만 토익 점수는 합격 커트라인이 넘었을지라도 추첨이 되지 않아 카투사를 포기해야만 했다. 카투사의 아쉬움을 뒤로 하고 어차피 군복무는 피할 수 없다면 장교로서 돈도 더 많이 벌고 군대 조직을 관리하는 경험을 쌓는 것이 장기적 관점에서 더 유익하다는 판단을 하였다. 문제는 1학년 1학기 때 학사 경고를 맞아서 경쟁자들에 비해 상대적으로 낮은 학점과 '오다리'였다. '오다리'라 함은 차려 자세로 섰을 때 무릎은 서로 붙지 않고 'O' 자 형태로 다리가 벌어지는 신체구조를 말하는데, 학군단은 양쪽 무릎이 딱 붙어서 젓가락 같이 일자형 다리를 가진 후보생들을 뽑으려고 하였다. 외국의 학군단은 잘 모르겠지만 한국의 학군단은 장교의 품위 유지를 위해 차려 상태 시 다리가 벌어진다면 뭔가 사람이 비어 보인다는 관점 때문에 '오다리'이냐 아니냐가 면접 시 합격 불합격에 영향을 줄 수 있는 중요한 심사 요소였다. 드디어 면접 순서가 돌아왔고 대령님이신 학군단장님과 예하 훈육 담당 장교들이 면접을 진행하였다. 면접에서 여러 얘기가 오갔지만 저조한 학점은 그렇다 치더라도 결국 나의 '오다리'가 큰 걸림돌로 작용하였다.

　"김세종 학생은 차려 자세일 때 무릎이 좀 많이 벌어지는 것 같군."

　딱히 뭐라 할 말이 없었다. '오다리'인 것이 내 잘못인가? 학군단장님이 계속해서 말씀하셨다.

"그래도 법대생이네? 법대생들은 고시 공부한다고 대부분 학군단은 지원하지 않는데 자네는 왜 지원했는가?"

"저는 개인적으로 사법고시가 목표가 아니었고 법학 자체가 인생에 도움이 될 것이라 판단하여 법학과에 진학하였습니다."

학군단장님께서는 법대생의 경우 거의 10년에 한 명 정도 학군단을 지원하기 때문에 '오다리'이지만 후보생의 다양성의 측면에서 합격 여부를 긍정적으로 검토해보겠다고 하셨다. 결국 타 경쟁자들에 비해 학점도 상대적으로 낮았고, '오다리'라는 치명적 신체적 결함(?)이 있었지만 당당히 학군단 과정에 참여하게 되었다.

4학년 때야 학군단 선배로서 후배를 맞이하기 때문에 학군단 생활에 전혀 어려움은 없었지만, 문제는 3학년 때였다. 2학년 때 한양대 7대 불가사의라는 현존하는 전설적 인물이었기 때문에 학군단을 합격하자마자 선배들은 나의 존재를 즉각 인지하였다. 학군단 후보생이 되기 이전부터 학군단 선배들의 관심 대상이 된 것이다. 다른 후보생들의 실수는 크게 드러나지 않았지만 나의 실수는 그 자체가 그들 사이에서 이슈가 되었다. 개인적으로 그런 부분들이 참 심적 부담으로 다가왔다. 나도 사람인데 어떻게 실수를 하지 않을 수 있겠는가? 코미디언 공채 시험에 합격했으면 그냥 학군단 같은 것도 지원하지 않고 연예인으로 열심히 활동하다가 연예 사병이나 되려고 했다가 전혀 계획하지 않은 길을 가게 된 것이다.

학군단 3학년은 생각보다 쉽지 않은 과정이었다. 군사학이나 군사 훈련보다 4학년 선배들의 텃새가 만만치 않았다. 사실 1년 휴학하고 학군단을 지원했기 때문에 4학년 선배들 중에는 나와 나이가 같은 친구들이나 다름 없었다. 그러나 군대이기 때문에 존칭어가 존재하는 한국어의 특성상 대학 학번이 같아도 선후배 관계로서 존칭어를 써야 했고 학군단 선배들은 후배들을 하대하였다. 학군단은 실질적으로 군대이기 때문에 그런 문화에 대해서는 크게 반기를 들지 않았다. 어차피 나도 선배가 되면 나와 나이가 동갑인 후배가 들어올 것이기 때문이다. 군 기강을 위해서 어쩔 수 없이 필요한 부분이기도 했다. 하지만 내가 가장 힘들었던 부분은 일부 선배들이 규정을 위반하고 후배를 불러서 군기를 잡는다는 명목 하에 얼차려를 주었다는 것이다. 학군단 규정에 따르면 선배가 후배를 얼차려를 주려고 할 경우 훈육관에게 정식으로 보고하고 훈육관 승인 하에 진행해야 한다. 그리고 얼차려 승인 시 그에 합당한 사유가 존재해야 하는데 실질적으로 선배가 후배에게 얼차려를 줄 수 있는 경우는 지극히 예외적인 상황들이었다. 선배들이 비공식적으로 후배에게 얼차려를 주려는 이유는 먼저 후배들의 군기를 잡기 위한 것이고 처음 시작하는 학군단 생활에서 후보생으로서 군인다운 절도 있는 모습과 학군단 단복을 제대로 착용시키기 위함이다. 그렇다고 실수로 학군단 단복을 잘못 입거나 경례 자세가 서툴다는 이유로는 얼차려의 사유가 되질 않았다.

하지만 일부 선배들은 3학년 후보생들 중에 선배들의 눈에 실수가 발견되면 나를 포함한 몇몇 후보생들을 비공식적으로 불러 얼차려를 주었다. 처음에는 멋모르고 얼차려를 받았지만 학군단 규정을 정확히 알고 나서는 그들의 행동을 납득할 수 없었다. 결국 학군단 동기들의 만류에도 불구하고 얼차려를 받지 않겠다고 항명하였다. 코미디언 시험을 준비한다고 법학 공부를 깊게 한 것은 아니었지만 적어도 내가 배운 법철학과 법학적 관점에서 선배들의 행동은 학군단 훈육 규정 원칙에 위배되는 행동이라 판단하였다. 어차피 당시 코미디언 시험도 모두 불합격한 상황이었고, 장교로서 원칙을 중시하는 소대장이 되고 싶다는 판단에 따라 원칙에 입각하지 않은 선배들의 요청은 과감히 거절하였다. 4학년 선배들 대부분은 나만 보면 각을 세웠고 어떤 선배들은 심한 욕설을 했다. 욕설을 들을 때는 굉장히 기분이 나빴지만 거기에서 주먹다짐을 하게 되면 분명한 하극상이고 나에게 더욱 불리한 상황이 연출될 것 같아 꾹 참았다. 마음 같아서는 몽둥이를 들고 가서 죽지 않을 만큼 패주고 싶었다. 물론 지금은 옛날 일이기 때문에 그냥 웃어넘길 수 있는 추억이다. 당시는 굉장히 혈기 왕성한 때였다.

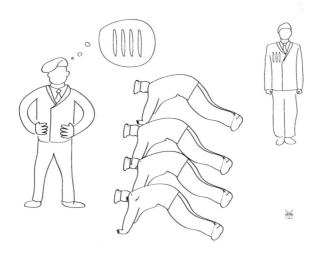

드디어 4학년 학군단 선배들이 졸업하고 3학년 학군단 후배들이 들어왔다. 3학년일 때 원칙을 준수하지 않는 4학년 선배들과 절교했기 때문에 동기들과의 개인적 관계는 문제 없었지만 동기들의 비공식 모임에는 따로 참여하지 않았다. 동기들이 4학년이 되어 자신들이 당한 대로 3학년 후배들에게 동일한 비공식 얼차려를 준다는 소식을 듣게 되었다. 이 소식을 들은 훈육관도 관련 비공식 얼차려에 가담한 4학년 후보생들에게 발각될 경우 학군단 퇴소 조치를 하겠다고 강경한 메시지를 전달하였다. 하지만 일부 동기들은 훈육관의 지시 사항을 형식적인 것으로 간주하고 계속 비공식 얼차려를 부여하였다. 금요일 오후 군사학 수업을 수강하기 위해 모인 동기들 앞에서 나는 용기를 내어 다음과 같이 주장하였다.

"후보생들아, 눈으로 확인은 못했지만 너희들이 3학년 때 당했던 그대로 3학년 후보생들에게 비공식 얼차려를 준다고 들었다. 나는 3학년 때 원칙을 위배한 비공식 얼차려에 반대하여 선배들의 미움을 샀기 때문에 3학년 후보생 시절이 너무 힘들었다. 그러나 이제 4학년이 되었는데 선배들이 했던 행동을 동일하게 하는 너희를 보고 진짜 실망스럽다. 너희들 동기로서 그러한 일을 하지 않았으면 한다."

내 말이 원칙적으로는 옳았기 때문에 그 어떤 후보생들도 나를 뭐라 하지는 못했다. 다만 감정적으로 나에 대한 원한이 생겼으리라 생각된다. 그런 주장을 한 뒤로 몇 일 지나지 않아 3학년 후보생 한 명이 비공식 얼차려를 받다가 응급실로 후송된 사건이 발생하였다. 학군단은 발칵 뒤집어졌고 해당 사건에 연루된 4학년 후보생들 11~12

명을 단체로 퇴사 조치하기로 내부적으로 결정되었다. 우려했던 상황이 발생하여 한양대학교 학군단 후보생들 전체가 충격에 휩싸였다. 한 번의 사건으로 동기 11~12명을 잃어버리게 될 수 있었기 때문이다. 그러나 대위셨던 4학년 후보생 훈육관님이 대령 학군단장님의 사무실로 들어가 무릎 꿇고 울면서 관련 후보생들에게 한 번만 기회를 더 달라고 간절히 빌었다는 소식을 들었다. 물론 다들 내 친구들이기 때문에 이 글을 보면 기분은 나쁠 수 있겠지만 이 사건을 계기로 어떤 일이 있어도 되도록 법적 테두리 내에서 원칙을 준수하는 것이 가장 바람직하다는 결론을 맺었다. 물론 이상적인 것은 그렇지만 알면서도 원칙을 항상 고수하는 것은 경우에 따라 불가능할 수도 있다. 털어서 먼지 안 나는 사람은 한 명도 없다. 이 책을 발간하면서 미리 양심선언하건대 나의 인생도 먼지들이 적지 않다. 이전에 발생했던 모든 나의 먼지들에 대하여 공식적으로 사죄를 구하는 바이다. 운전할 때 자동차 신호 위반이나 속도 위반도 여러 번 했다. 핑계 같지만 벌금은 열심히 납입했다. 나를 견제하는 세력이 출판 이전의 잘못들을 가지고 인신공격을 하거나 정치적인 공격 도구로 사용하면 그들에 대해 반박하기보다 철없던 나의 과거에 대한 용서만 구할 것이다. 하지만 원칙을 준수하기 위해 지금부터라도 최대한의 노력을 기울이는 과정 자체가 큰 의미가 있다고 생각한다.

학군단 시절도 참 순탄치 않았지만 군 생활은 정말 역동적이었다. 모든 사람들의 인생이 그러하리라 생각되지만 나는 어딜 가나 유난히 사연이 많은 부류인 것 같다. 대학을 졸업하고 소위로 임관하여서 경기도 파주시 문산읍에 위치한 1사단 12연대 3대대로 배치되었다. 최초 보직은 소총수 소대장이었다. 부대 배치 첫날 대대로 가기 전에 1박 2일간 연대장님과의 면담 및 체육활동을 한 후 각 부대를 향하는 일정이었다. 축구를 굉장히 좋아했지만 정작 보는 것만 좋아했지 직접 뛰는 것은 자신이 없어서 골키퍼가 주된 포지션이었다. 그런데 그날따라 같이 왔던 동기 소위들이 골키퍼 자리를 탐내는 것이다. 연대장님하고 같이 축구를 하는데 괜히 잘못 차게 되면 첫인상이 나빠질 것이라 생각한 것 같다. 공교롭게도 나는 연대장님 팀에 소속되었고 연대장님이 가장 높은 계급이라서 연대장님과 투톱을 이룰 공격수 소위 한 명이 필요했다. 다들 공격수 자리가 부담스러워 미드필더나 수비수를 자처했다. 나도 수비수를 하려고 했는데 손을 늦게 들어서 연대장님을 보좌하는 최전방 공격수가 되었다. 오 마이 갓! 전문 골키퍼가 최전방 공격수라니….

축구 시합이 시작되었다. 긴장은 되었지만 다행히 연대장님이 공을 잡으면 상대편 소위들이 섣불리 공을 빼앗으려 하지 않았다. 연대장님도 눈치를 채셨는지 당신이 공을 소유하기보다 공격수인 나에게 공을 배급하시는데 주력하는 눈치였다. 결국 내가 시합의 해결사 역할을 해야 했다. 연대장님이 공을 잡으면 소위들이 알아서 피하는데 내가 공을 받으면 벌떼같이 달려들었다. 아군도 이런 나의 상황이 이해해주는 눈치였지만 모두들 공격수는 하기 싫어했다. 결국 전반전 0 대 0. 쉬는 시간에도 모두들 공격수를 고사하였다. 후반전이 시작되었다. 어설픈 공격수지만 무엇인가 한 방을 터트려야 했다. 사실 내

발에서 골은 절대 기대할 수 없는 상황이었다. 볼 컨트롤이 잘 안되어서 골키퍼만 했는데 어떻게 골을 넣는단 말인가? 그런데 전반 내내 내가 공만 잡으면 벌떼 같이 달려들던 상대편 소위들이 후반이 되어 체력이 지친 기색이 역력했다. 여전히 달려들기는 했지만 벌떼 수준은 아니었다. 그리고 그들은 나의 전반전 헛발질을 몇 번 보더니 전혀 위협적이지 않은 공격수로 나를 분류한 것이다. 드디어 나에게 일정 공간이 생겼고 연대장님은 나의 축구 실력과 무관하게 계속해서 패스를 시도하셨다. 후반 종료 5분 전, 우리 편 소위들의 패스가 아닌 연대장님 패스를 받아 통렬한 오른발 땅볼 슛을 성공시켰다. 결국 게임은 1대 0으로 종료되었고 연대장님께서는 김세종 소위의 이름 석 자를 강렬하게 기억하게 되셨다.

나의 골 소식은 대대장님에게도 전달되어 소총 소대장으로 발령받았지만 소총수와 무관한 12중대 3소대 81mm 박격포 소대장으로 보직이 변경되었다. 81mm 박격포는 소총뿐만 아니라 박격포에 대한 지식까지 익혀야 하는 부담이 있었다. 원래는 81mm 박격포 소대장 보직이 따로 있어서 별도의 군사 훈련을 받는데 연대장님과의 축구 경기에서 골을 넣었다는 이유로 화기 소대장이 되었다. 개인적으로 박격포에 대하여 아는 바가 없었기 때문에 좀 당황스러웠지만 그래도 축구 덕분에 가산점을 부여받은 것은 참 고마운 일이었다. 말도 안 되는 이유로 보직이 변경되고 소총 중대가 아닌 화기 중대로 바뀌었지만 의무 복무 기간 동안 동기들보다 더 많은 군 경험을 쌓게 되었다. 중대 배치 2달 만에 중대장이 불법 행위로 이등병 전역을 하게 되어 졸지에 소위가 대리 중대장이 되었다. 30명도 안 되는 소대원들을 관리하다가 갑자기 120명가량 되는 중대원들을 관리하게 된 것이다. 부사관들은 소위가 중대장 역할을 하게 된 사상 초유의 사태 때문에 굉장히 불안해 하였다. 계급은 소위지만 대위들과 나이 차이가 많이 안 나기 때문에 죽어라 일하면 최소한 중간은 가지 않을까라는 생각을 했다. 대리 중대장을 하던 2개월간 장교 숙소에서 자지 않고 중대장 사무실에 야전 침대를 설치하고 잠자는 시간 외에 일만 하였다. 최선을 다해 부대관리를 하다 보니 연대장님의 귀에도 들어가서 연대장님의 칭찬을 듣기도 했고, 동계전투준비 임무를 성공적으로 완수하여 대대장님께서는 나에게 장기 복무를 제안하실 정도였다.

대위인 12중대장이 부임하자 대대장님은 나에게 정보장교 보직을 제안하셨다. 사실 정보장교는 대위들에게 주는 보직인데 중위도 아닌 소위에게 대대 참모를 시키신 것이다. 사실 대대장님의 신임을 받게 된 것은 영어(?)의 도움이 컸다. 경기도 파주에는 미군 부대도 있었는데 연대장님과의 축구 시합 후 대대에 도착하여 대대장님께 입소신고를 한 후 면담에서 각자가 잘 하는 것이 무엇인지 물어보셨을 때 설마 군대에서 영어 쓸 일이 있겠나라는 생각에 덜컥 영어를 잘한다고 살짝 과장된 표현을 하였다. 대대장님은 어떻게 영어를 잘하게 되었냐고 물어보셔서 미국인 교회에서 동시통역을 했다고 계속해서 과장된 표현을 썼다. (난 정말 이때까지 설마 내가 통역할 일은 없을 거야라는 생각으로 가볍게 말한 것이었다.) 그러나 면담 후 일주일이 지났는데 대대장님께서 직접 나를 호출하셨다. 대대장님은 당시 중령 진급이 확정된 소령이었는데 미군 중령과 점심 식사 약속이 있다는 것이었다. 당신이 영어 회화를 할 수 없기 때문에 영어에 능통한 병사보다 통역 경험이 있는 후배 장교를 데려 가는 것이 모양새가 좋다는 것이었다. 사실 교회에서 통역을 했다지만 교회에서 쓰이는 영어 표현들 중 일부만 자신이 있었지 그 외의 영어 표현에는 자신감이 없었다. 미군 중령을 만나 통역을 했는데 미군 중령이 의외로 쉬운 말들만 해서 통역 업무가 잘 마무리 되었다. 오히려 대대장님 한국말을 영어로 바꾸는 것이 쉽지 않았다. 그래도 성공적인 통역이 되어서 그 때부터 소위지만 절대적인 대대장님의 신임을 받게 되었다. 학군단 3학년 때는 선배들 눈치 보느라 너무 힘들었는데 군생활이 이렇게 풀릴 줄이야… 인생은 정말 모를 일이다.

한편 문산 시내에 있는 문산침례교회 새벽예배를 매일 참석하고 싶었는데 대대장님은 별도로 외출을 통제하지 않으셨다. 당시 부대 내부에 장교 숙소가 있기 때문에 되도록이면 야간 시간에는 소위나 중위들이 부대 밖을 나가지 않도록 권장하고 있었다. 대대장님의 종교는 불교였지만 나를 절대적으로 신뢰해 주셨고 술 마시러 나가는 것도 아니고 새벽예배를 한다는데 굳이 반대할 이유가 없다고 생각하셨던 것이다. 그러나 부대와 교회의 거리가 상당히 멀어서 매일 택시를 타고 새벽예배를 가야 했다. 초급 장교 월급이 얼마나 된다고 매일 택시를 탈 수 있겠는가? 결국 대안으로 저녁에 퇴근하면 버스를 타고 문산 시내로 갔다. 문산 시내의 찜질방에서 새우잠을 자고 새벽 예배를 참석하였다. 그렇게 하니까 돈은 절약이 되었지만 잠을 제대로 못 자서 건강에 좋지 않았다. 그러나 개인적으로 술, 담배에는 돈을 일절 쓰지 않았기 때문에 힘든 군생활을 이겨내기 위해서 문산 침례교회의 새벽예배가 절실했다. 그 절실함이 사람의 눈에도 보였는 지 교회 입구에서 할머니 한 분이 자기 집에 방이 하나 비니까 당신 집으로 오라고 하셨다. 숙박비를 드리겠다고 했지만 돈은 필요가 없 다고 하셨다. 나중에 알고 봤더니 그분은 문산침례교회 담임 목사님 어머니셨다. 내가 군 복무할 때는 교회가 그렇게 큰 교회는 아니었는 데 현재는 수천 명을 수용할 수 있는 대형교회가 되었고 교회 이름 도 조은교회로 바뀌었다. 2005년 6월에 전역했지만 할머니와의 인연 으로 아직까지 조은교회 김백현 담임 목사님과 계속 연락을 주고 받 고 있다.

그 후 계속된 대대장님의 신임 덕에 장기 복무하는 장교들만 보직 이 주어지는 경향이 있었던 교육장교까지 하게 되었다. 같은 대대에 서 근무했던 소위 동기들은 대부분 소대장 보직만 하다가 군생활을 마쳤지만 나는 2년이라는 의무 복무기간 동안 소대장, 부중대장, 중 대장, 정보장교, 교육장교 등 총 5개의 보직을 경험하였다. 물론 그 과정에서 과중한 업무 부담 때문에 위에서 피가 나서 교육장교 보직 은 중단하게 되었지만 그래도 2년을 허투루 보내지 않고 일반 장교 들이 5년간 경험할 업무들을 2년 동안 모두 경험했고 조은교회와의 인연 덕분에 군생활에 대한 아쉬움은 하나도 없이 만족하며 홀가분 하게 제대할 수 있었다.

제**2**장

# 개그맨이 되고자
# 미국회계사가 되다

## 1. KBS 개그맨이 되기 위해
##  KBS 사장 공모에 참여한 위대한(?) 도전

2005년 일본과 유럽여행과 중국 어학연수 등으로 군대에서 장교 월급으로 모았던 돈이 다 떨어졌지만 2006년 고향으로 돌아와서 갑자기 책이 쓰고 싶어져서 1인 출판사를 설립하였다. 중국 어학연수 기간 겪었던 기독교 신앙 경험을 책으로 엮어내고 싶었기 때문이다. 책을 집필한 후 어떻게 하면 출판할 수 있을까를 고민하다가 출판사를 설립한 것이다. (20대 후반에 썼던 중국 관련 간증집은 다시 써서 정식으로 출판해보겠다. 당장은 아니지만 장기적으로는 반드시 출판할 것이다.) 자비 출판을 하기 위한 마케팅이나 인쇄비용을 고려하면 직장을 구해서 직장인 월급을 모아서 될 일이 아니다 싶은 계산이 나왔다. 여러 가지 생각에 잠겨 인터넷을 검색하는데 뜬금없이 이거다 싶은 정보 하나를 발견하였다. 그것은 바로 'KBS 사장 공모'였다. 처음에는 이게 뭔가 싶었다. 원래는 포기하려 했던 코미디언의 꿈을 다시 되살려 볼까 하는 마음에 KBS 코미디언 공채 시험 정보를 확인하고자 KBS 사이트를 방문했는데 코미디언 공채 정보는 없었고 사장 공모 공지가 눈에 들어온 것이었다. KBS 사장을 도전하겠다는 결심을 하게 된 것은 순전히 코미디언 시험을 위한 아이디어 마련을 위해서였지 설마 나 같은 20대를 KBS 사장으로 뽑겠냐는 상식적인 사고를 바탕으로 원서를 제출했다. 즉, KBS 사장 공모에 도전했던 진짜 이유는 KBS 코미디언 공채 시험을 볼 때 KBS 사장 공모 경험을 코미디 꽁트로 사용하려는 전략적인 도전이었던 것이었다.

하지만 막상 지원하려고 봤더니 KBS 사장으로서 지원 자격을 이력서로 제출하고 왜 KBS 사장이 되고 싶은지에 대한 한 장 분량의 자기소개서를 작성해서 제출해야 했다. KBS 사장 공모는 KBS 이사회 사무국을 직접 방문해서 관련 서류를 제출하게 되어 있는데 실질적인 백수에게 무슨 돈이 있었겠는가? (KBS 사장 지원했던 2006년도에는 1인 출판사는 설립했지만 따로 직장이 없었던 백수였다.) 그렇다고 부모님께 숙식을 제공받는 입장에서 서울 가겠다고 차비를 달라고 할 수도 없는 노릇이었다. 서울에서 근무하고 있던 여동생에게 전화하였다.

"동생아, 오빠를 위해 한 번만 수고를 해다오."

"무슨 일인데? 오빠!"

"응. 다름이 아니라 오빠 KBS에 입사 지원하는데 KBS에서 직접 방문하여 이력서를 제출하란다."

동생은 KBS 사장인 줄 모르고 갔다가 이사회에 도착하여 서류를 제출하며 뒤늦게 KBS 사장에 도전하는 것을 알게 되었다. 곧바로 전화가 왔다.

"오빠! 지금 뭐 하는 거야? KBS 사원이 아니고 사장에 도전하는 거였어? 뭐야? 바쁜데 될 것 같은 일을 심부름 시켜야지."

"미안하다. 오빠가 따로 생각하는 게 있어서 그래. 혹시 아니? 오빠가 정말 KBS 사장되어서 크게 쏠지도 모르지. 부탁인데 부모님께는 제발 비밀이다."

막상 KBS 사장 공모에 이력서를 제출하고 나니 견물생심이라고 했던가? 불가능해 보였지만 그래도 1%의 가능성도 없을까라는 생각을 하게 되었다. 그리고 KBS 사장이 되면 억대 연봉자가 되기 때문에 중국 간증집 자비 출판도 가능하겠다는 무한대로 긍정적인 사고를 하기 시작했다. 몇 일 후 1차 서류 전형의 결과가 발표되었다. 합격에 대한 기대보다 당연히 불합격하겠지 하고 결과를 확인하지도 않았다. 그런데 서류 전형 결과가 발표된 날 이메일 하나가 KBS 이사회에서 나에게 발송되었다.

1차 서류 전형 합격!

나는 너무 기뻐서 곧바로 아버지께 달려갔다.

"아버지, 저 KBS 사장 1차 서류 전형에 합격했어요."

아버지는 기쁨보다 말도 안 된다는 식의 놀란 기색을 보이셨다.

"뭐? KBS 사장 1차 서류 전형에 합격했다고?"

아버지는 납득할 수 없다는 표정만 지으셨다.

"세종아! 그만 둬라. 이제 30살도 안 된 사람을 누가 KBS 사장을 시켜주겠니? 아무리 내가 다르게 생각하고 다르게 행동하라고 어렸을 때부터 너에게 강조하였다만 이번 일은 좀 아닌 것 같구나."

당신 아들이지만 이번 KBS 사장 공모 사건은 좀 미친 짓 같다는 아버지의 반응에 살짝 실망했다.

"아버지께서 저에게 다르게 생각하고 다르게 행동하라고 해서 지금 여기까지 왔는데 무슨 말씀이세요? 이왕 합격한 것 끝까지 가 볼랍니다. 잠자코 지켜만 보세요."

1차 서류 합격 통지 후 KBS 이사회에서 전화까지 왔다.

"김세종 후보님, KBS 이사회 OOO입니다. 2차 서류 전형이 진행될 예정이오니 10매 이내의 보고서를 제출하시기 바랍니다. 보고서 내용은 KBS의 현황 및 문제점을 분석하여 해결 방안을 제시하는 것입니다. 2차 전형 이후에 최종 면접 때는 사업계획서도 미리 작성해서 제출하셔야 하니까 미리 작성하셔서 심사 준비에 만전을 기해주시기 바랍니다."

1차 합격까지는 좋았지만 2차 서류 전형에서 제출해야 할 보고서는 결코 만만한 주제가 아니었다. KBS 사장 관점으로 보고서를 작성해야 했기 때문이다. 어차피 백수로서 할 일도 없었는데 잘 되었다 싶어서 곧바로 목포 공공도서관으로 향했다. KBS와 관련된 자료를 모두 취합하였다. 방송법을 포함하여 10여권 정도의 KBS 관련 책과 간행물들을 한데 모았다. KBS에 대하여 아는 바가 전무했기 때문에 무작정 읽어 내려갔다. 고시 공부를 그렇게 했으면 수석으로 합격할 수 있었겠다라는 생각이 들 정도로 무서운 집중력으로 관련 자료를 섭렵하였다. 공부를 다 마치고 나니 의외로 답은 간단했다. 2006년도 KBS의 가장 큰 문제는 '정치적 독립성'과 'KBS 수신료 인상'이었다. 대한민국 대표 공영방송으로서 민간 방송과 달리 차별화되기 위해서는 공영성을 갖춰야 되는데 현실적으로 정치세력으로부터 지대한 영향을 받기 때문에 공영 방송이라기보다 정치 세력에 휘둘리는 방송국이라는 잠정 결론을 맺었다. 또한 오래 전에 결정된 KBS 수신료는 실질 물가 상승률이 고려되지 않아 2006년 당시의 수신료만으로는 방송국 경영에 재정적 부담이 발생하기 때문에 민간 방송과 다를 바없이 광고 수입에 의존할 수밖에 없다는 것이었다. 이는 결국 대기업의 자본으로부터 자유로울 수 없는 구조임을 보여주는 것이다. 따라서 정치 경제적으로 자립성을 보장 받지 못하여 공영 방송으로서의 역할을 온전히 감당하지 못하는 총체적 위기에 봉착해 있었다.

이상하게 KBS에 대한 분석을 깊게 할수록 비록 나이는 어리지만 내가 KBS 사장이 되면 KBS가 진정한 공영방송으로 거듭나고 세계 시장에서도 경쟁력 있는 방송국이 될 수 있겠다는 확신이 들었다. 물론 내 개인적인 착각일 수도 있다. 하지만 학군단 후보생일 때도 원칙을 지키지 않는 4학년의 명령을 따르지 않았던 나도 몰랐던 내 안의 강직함(?)을 발견했기 대문에 KBS 수신료 인상 부분은 자신이 없었지만 정치적 독립성만큼은 확고히 지킬 용기와 자신감이 있었다. 심지어 대통령이 뭐라고 할지라도 만약 대통령마저 원칙을 고수하지 않고 비공식인 루트로 비합리적인 지시를 한다면 그 자리에서 거절할 만한 담력을 갖추었기 때문이다. 이왕 이렇게 된 것 2차 서류 전형부터는 혼신을 다해 준비하기로 결심했다. 2차 서류 전형은 따로 방문까지 할 필요가 없다고 하여 이메일로 간단하게 제출하였다.

이메일로 서류를 제출하면서도 설마 2차까지 합격할까 하는 마음에 큰 기대를 하지 않고 제출하였다. 다만 좋은 공부라고 생각하여 최선을 다해 만들었을 뿐이었다. 몇 일이 지났다. KBS이사국에서 이메일이 하나 발송되었고 곧바로 전화가 왔다.

"김세종 후보님, O월 O일 오후 3시에 20분가량 KBS 이사회가 주관하는 KBS 사장 후보 면접이 있을 예정이오니 롯데 소공동 OO층으로 10분 전까지 도착하시기 바랍니다."

기쁜 소식이라고 하기에는 너무 어안이 벙벙했다. KBS 코미디언 공채도 아니고 KBS 사장 공모인데 정작 KBS 코미디언 공채는 한 번도 최종 면접까지 간 적도 없는데 KBS 사장 면접을 최종까지 진출하다니… 당시에는 최종 면접까지 합격했다는 사실 하나만으로도 너무 기뻐서 이성을 잃었다. 그런데 KBS 노조가 특정 후보가 재당선되는 것을 막기 위해 KBS 사장 추천 위원회의 운영 방침과 위원회 구성원에 대한 이의를 제시하여 사장 추천 위원회의 운영 상에 문제가 발생하였다. 어떻게 보면 정치적인 상황 때문에 어부지리로 2차 전형에 합격한 것인데 당시에는 합격했다는 사실이 너무 기뻐서 이성적인 상황 판단이 어려웠다. 아예 기대도 안 하다가 1차 전형에 덜컥 합격했더니 그래도 최선을 다해보자는 의욕만 가득하여 혈기 왕성한 20대가 앞뒤 안 가리고 미친 듯이 준비하는 모습을 상상해보라. 저자가 KBS 사장을 준비하면서 했던 공부와 집중력을 생각하면 정말 역사적으로 위대한 학자가 되었을지도 모를 정도로 혼신을 다했다. 그나마 짧은 기간이니 그게 가능했지 평생 그렇게 살았다면 분명 단명했을 것이다.

KBS 사장을 뽑는 과정은 점차 코미디 쇼가 되어가고 있었다. 원래 계획은 2차에서 서류와 면접 심사를 동시에 진행하는데, 예정되어 있던 2차 전형일정이 취소되었다. 2차 전형에서 5명의 후보로 압축하는 것은 사장 추천 위원회의 실질적 권한이 없는 것이라고 비판하면서 2~3명을 뽑아 최종 3차 전형에서 사장 선출 심사를 해야 한다고 일부 위원들이 주장하였다. 결국 이견이 좁혀지지 않아 사장 추천 위원회는 해산하게 되었다. 정말 웃기지 않은가? 분명히 KBS 사장을 뽑기 위한 KBS만의 내규가 있을 텐데 일부 위원들의 주장 때문에 사장 추천 위원회가 해산되다니… 비록 당시 27세의 나이였지만 나이 많으신 어른들의 결정들이 상식적으로 보이지 않았다. KBS를 사랑하는 시청자의 한 사람으로서 반드시 KBS 사장이 되어서 이러한 파행이 더 이상 발생하지 않도록 해야겠다는 생각을 갖게 되었다. 시민단체, 야당, 노조가 모두 반대하는 특정 후보를 뽑기 힘든 상황이 되자 2차 전형에 합격했던 사장 후보들이 모두 합격하게 되었다. 당시에는 그런 정세를 제대로 읽지 못한 관계로 내가 정말 능력이 있어서 2차 전형에 합격한 줄 알았다. 어찌되었든 3차 최종면접에 진출하는 진정한 블랙 코미디가 연출되었다. 비록 코미디언은 아니었지만 상황 자체가 완전 코미디 중에서 최고급 코미디였다. 27세 청년이 KBS 사장 공모 최종 라운드까지 진출하였다.

나는 0.1%의 가능성이라도 있으면 절대로 포기하지 않는다. 27세의 나이에 KBS 사장 심사 최종 면접에 진출하게 되자 KBS 사장으로 선출될 가능성을 깊이 계산해보았다. 성공가능성 0.1%라는 계산이 나왔다. 계산 근거는 KBS를 개혁할 수 있는 가장 적합한 인재라는 판단이었다. 3차 서류인 KBS 사업계획서를 정성스럽게 작성하여 KBS 이사국 담당자에게 이메일을 보냈다. 대망의 11월 9일 KBS 사장 후보 최종 면접의 날이었다. (너무 감격스러워서 날짜도 못 잊겠다.) 확실히 사장 면접이라서 10명의 KBS 이사들과 1명의 이사장이 면접을 진행하였고 장소는 소공동 롯데 호텔 38층 회의장에서 후보자 1명당 20분씩 면접이 진행되었다. 특정 후보를 선출하기 위한 계산된 연출인 것은 알고 있었다. 그래도 끝까지 0.1%의 가능성을 붙잡기 위해 KBS 사장이 이미 되었다는 강인한 마음 자세로 면접장에 들어갔다. 나의 면접 시간은 오후 4시였다. 오후 3시 50분에 호텔 로비에서 2명의 KBS 직원을 만나 면접장으로 안내 받았다. 그들은 내가 너무 어려서 당혹해 하는 빛이 역력했다. KBS 직원 중 한 명이 나에게 물었다.

"자동차는 어디에 주차하셨나요?"

KBS 사장 후보 정도면 자동차는 있어야 하는데 여러분도 아시다시피 출판 비용이 없어서 KBS 사장 후보를 지원했으니 자동차가 있었겠는가? 백수였기 때문에 목포에서 KTX 타고 서울 올라오는 교통비도 부담스러웠던 시기였다. 그러나 0.1%의 성공 가능성을 믿고 그 직원의 사장이나 된 듯 매우 당당한 태도로 답하였다.

"자동차는 타지 않고 지하철을 이용했습니다. 대중교통이 편리하잖아요?"

예정과 달리 내 면접은 오후 4시 10분에 시작되었다. 면접장의 문을 열고 후보자의 좌석에 앉았다. 주눅 들지 않으려고 가슴을 활짝 어깨를 과도하게 넓게 펴고 자리에 앉았다.

그리고 이사들과 이사장들의 눈들을 일일이 마주치며 전체적인 분위기를 살펴보았다. 면접장은 30초 정도의 침묵이 흘렀다. KBS이사장은 70대 정도로 보였고 이사들은 대부분 50~60대였고 일부 여자

이사들만 40대 나이로 보였다. 일부 이사들은 당황스러운 표정을 지었고 어떤 이사들은 나를 보고 비웃는 듯한 표정도 보였다. 아직 본 게임은 시작도 안 했는데 살짝 기분이 나빴다.

KBS 이사장이 말했다.

"김세종 후보님, 3분간 자기소개를 하십시오."

나는 차근차근 말하기 시작했다.

"우선 추천과 관련된 KBS 관계자분들과 그 가정에 하나님의 축복이 풍성하게 넘치기를 기원하면서 이 자리까지 인도하신 하나님께 영광을 돌립니다. 현재 저는 죠슈아미라클 출판사를 운영하고 있는 후보자 '김세종'입니다.

출판사를 세계적인 멀티미디어 회사로 발전시키는 것을 목표로 하고 있던 저에게 KBS 사장이란 직책과 업무는 제 인생을 걸고 도전해볼 만한 가치가 있는 적지 않은 기회임을 본능적으로 인지하였습니다.

방송통신의 융합과 국제화 현상은 방송관련 사업자로 하여금 위기의식과 함께 새로운 도전에 직면케 하고 있습니다. 이런 시점에서 명확한 비전과 목표 의식을 지닌 용감한 젊은 리더와 함께 겸손히 전진할 때만이 KBS의 위기를 극복하고 새로운 도전에서 승리할 수 있을 것입니다.

저는 감히 말씀드립니다. 전쟁 경험이 전혀 없었던 어리고 작은 다윗이 골리앗을 무너뜨렸던 이야기는 이사님들도 잘 아시는 너무 유명한 이야기라서 부연설명하지 않겠습니다. 그러나 저는 당시 목동이었던 다윗보다 10살이나 더 많고, 법대 졸업 후 장교로 군복무를 마치고 곧바로 일본과 유럽 등지에서 비즈니스 여행을 하였습니다. 그리고 중국 유학을 다녀온 출판사 회장입니다. 현재까지는 영어, 중국어까지만 공부했지만 세계적인 인물이 되는 것이 꿈인 저는 여러 나라의 외국어 능력에 대한 필요성을 절실히 느끼고 있습니다.

장기적으로 100년을 3단계로 나누어서 KBS의 영역별 비전을 구상하여 사장 임기 내에 장기 비전을 실현시킬 수 있는 기본 토대를 구축하겠습니다. 외국 거대 미디어 기업의 지분을 서서히 잠식하면서 외국 자본에 대한 영향력을 역으로 무마시켜야 합니다. 한편, 통일한국 시대를 대비하여 KBS 국제위성방송이 선봉장이 되어 BBC나 CNN을 뛰어넘는 국제적인 방송으로 거듭나고 세종대왕께서 기뻐하실 만한 한글의 세계화를 이루는 것이 개인적인 소망입니다. 단기적으로 사업계획서상의 연도별 경영 중점에 입각하여 내실 경영과 창의적인 도전을 주도적으로 이끌면서 장/단기 비전의 조화를 모색하겠습니다.

특히 임기 내 반드시 성취해야 할 것은 수신료 인상, 디지털 시스템 완비, 국제 경쟁력 향상, 정치로부터의 독립, 평화롭고 창조적인 조직 문화 창출 등입니다. 전 세계 230여 개의 국가 중 세계 최초의 최연소 국영 방송 사장으로서 국제 미디어 산업 분야의 전무후무한 기적의 역사를 써낼 것입니다. 이에 대해 0.1%의 의심도 없습니다. 앞으로 같이 일하게 될 이사님들의 많은 가르침과 협조 및 자문을 부탁드리며 저 또한 KBS를 극진히 섬기며 또 섬기겠습니다. 감사합니다."

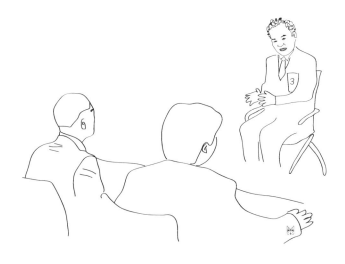

아주 담대하게 이사들의 눈을 뚜렷이 마주보며 큰 목소리로 우렁차게 말했다. KBS 이사장은 다음과 같이 말했다.

"젊은 청년의 패기는 높이 살만 합니다. 그러나 나이가 어려서 1조 5천억 원 이상의 자산과 수많은 직원들을 맡기기는 어렵습니다."

70대 이사장님이지만 솔직히 너무 얄미웠다. 면접 시작도 안 했는데 나이가 어리다는 후보자의 약점을 이사들 앞에서 공개적으로 언급하는 것은 분명히 사장 후보들 간의 공정한 경쟁을 막는 행위로서 이사들에게 나에 대한 편견을 심어주는 언사였기 때문이다. 결국 특정 후보를 뽑기 위한 정치 쇼라는 것을 이사장님 스스로가 선포한 것이었다. 아무리 그렇더라도 목포에서 거의 10만 원의 교통비를 써가며 면접장을 어렵사리 찾았는데 시작부터 나이에 대한 언급으로 후보자의 기를 죽이는 것은 불공정한 언행이었다. 나도 내가 어리다는 것을 알고 있었다. 그러나 사장 후보라고 호텔까지 불러들였으면 최소한의 예의는 갖춰주어야 하는 것 아니겠는가? 아무리 70대 어른이라고 하지만 정말 너무 화가 나서 불편한 얼굴 표정을 감추지 못했다. 그래도 사장 후보다운 기백을 보이기 위해 억지 미소를 지으며 침묵했다.

우측에 앉아 있던 남자 이사 한 명이 어린 나이임에도 용기가 대단하다며 다음과 같은 제안을 하였다.

"혹시 KBS 신입사원으로 들어올 의향은 없습니까? 이렇게 KBS에 대해 잘 알고 있는 사람이라면 KBS 사원으로 채용하고 싶은데요."

지금 와서 생각하면 그냥 그때 KBS 사원으로 뽑아달라고 했어야 했다. KBS 연봉은 일반 대기업보다도 높은 수준이었기 때문이다. 그러나 면접 당시에는 다음과 같이 딱 잘라 말했다.

"저는 군대에서 장교로 있으면서 스스로 결심한 것이 하나 있습니다. '이제는 기존의 조직에 적응하기보다 새로운 조직을 창출하여 변화를 주도할 것이다'라는 다짐이지요. 저는 KBS를 새로운 조직으로 이끌고 싶지 신입사원이 되고 싶은 생각은 추호도 없습니다."

이때부터 나를 대하는 이사들의 태도가 사뭇 진지해졌다. 그중 비교적 젊은 여자 이사가 나에게 물었다.

"후보님의 사업계획서와 2차 서류를 읽어보니 KBS와 관련된 지식이 상당했고 무엇보다 상상력이 풍부한 사업계획서에 큰 감명을 받았습니다. KBS 자본과 관련하여 KBS를 어떻게 인도할 것인가요?"

"우선 이사님의 칭찬 감사드립니다. 저는 KBS 자본이…."

사실 수년이 지나서 면접장에서 내가 무슨 이야기를 했는지 기억이 잘 안 난다. 위의 자기 소개는 미리 작성해서 연설하는 것이었기 때문에 해당 문서를 컴퓨터에 저장해 두었다. KBS에 대한 연구를 고시 수준으로 했기 때문에 이사들이 어떤 질문을 해도 대부분 논리 정연하게 답을 하였다. 처음에는 우습게 보였겠지만 20분 내내 나와 이야기하는 가운데 솔깃하여 나의 얘기에 귀 기울이는 이사들도 있었다. 면접이 끝나갈 무렵 남자 이사 한 명이 갑작스런 질문으로 나에게 도전하였다.

"KBS 방송국에서 일도 해본 경험이 없는 후보자가 어떻게 KBS를 이끌 수 있겠습니까? 그리고 나이가 너무 어려요."

자꾸 나이를 언급하니까 화가 치밀어 올랐다. 그 따위 질문을 하려면 아예 최종 면접에서 부르질 말았어야지 KBS 이사들이 귀한 시청자 한 명을 데리고 장난하는 것도 아니고 목포에서 서울까지 가는데 차비 한 푼 안 보태주면서 후보자의 비전과 경영 능력에 대한 검증은 해볼 생각은 전혀 하지 않고 자꾸 나이 타령만 하는 것이 너무 화가 났다. 그래도 공식적인 자리에서 화를 낼 수는 없는 노릇이었다. 얼마간의 침묵으로 마음을 진정시킨 뒤 다시 차근차근 말하기 시작했다.

"이사님 질문에 답변 드리겠습니다. 나이는 숫자에 불과하다고 말씀 드리고 싶습니다. (기억은 잘 안 나지만 BBC 사장과 관련된 이야기와 미국의 케네디 대통령은 젊었어도 대통령 업무를 잘 수행하였다 등의 이야기를 했다.) 그리고 무엇보다 중요한 것은 나이 많으신 분들이 해도 별로 잘 하신다는 느낌을 못 받았습니다. 이사님들은 훌륭하신 분들이기 때문에 이사님들은 제외하고 말씀드리는 것입니다. 나이 많으신 분이 맡아서 적자만 나고 국민들에게는 신뢰를 상실했는데 젊다고 무조건 못한다는 편견은 버려야 하지 않을까요?"

27세 혈기왕성한 청년이 결국 면접장에서 말실수를 하고 말았다. 어차피 떨어질 KBS 사장이라면 그냥 하고 싶은 말이나 하고 나오자라는 생각으로 내뱉었다. 면접장에서는 끝까지 말을 조심해야 했으나 결국 KBS 사장 후보다운 모습을 끝까지 유지하지 못한 것이다.

## 2. 개그맨 출구 전략 − 미국회계사 합격

KBS 사장 공모에 도전하여 최종 면접까지 진출하자 인생에 대한 커다란 자신감이 생겼다. 비록 나이가 어리다는 이유로 거절을 당했지만 사람이 사는 세상에서 아무리 불가능해 보일지라도 막상 도전하여 뚜껑을 열어보면 그 누구도 결과를 예측할 수 없는 것이 인생 아니겠는가? 그 사건 이후로 돈으로 환산할 수 없는 가장 큰 자산을 얻었다. 그 자산은 바로 '하고 싶은 일은 법을 어기지 않는 한도 내에서 무조건 도전하는 용기'이다. 그때 당시 진정으로 도전하고 싶은 것은 KBS 개그맨 시험이었다. 그러나 지혜가 필요했다. 20대 초반에 왜 그토록 이루고 싶었던 개그맨이 되지 못했는지 철저히 분석하면서 실제로 개그맨 시험에 합격하여 성공적인 삶을 살아가는 KBS 개그맨을 만나기로 결심했다. 곧바로 KBSN 방송예술원에서 운영하는 6개월 과정의 개그학과에 등록하였다. 그곳에서 개그맨 이승윤, 조지훈, 정삼식 선생님 등을 만나 코미디의 기본 이론을 배웠다. 코미디 연기에 이론이 있다는 것을 그곳에서 처음 알았다. 아무렇게나 웃기는 줄로만 알았는데 코미디에도 이론이 있다니 그야말로 충격이었다.

하루는 개그맨 이승윤 선생님이 개그 수업 중에 각자의 개인기를 보여달라는 주문을 하셨다. 좀 당황스러웠지만 모두들 자기만의 개인기를 보여주기 위해 아이디어를 짰다. 확실히 개그맨 지망생이어서 그랬는지 준비한 개인기들이 대부분 재미는 없었다. 그나마 재미있었던 것은 현재는 KBS 개그맨이 되었지만 당시에는 나와 같은 개그맨 지망생이었던 송영길의 개인기가 제일 재미있었다. 송영길은 자신의 개인기로서 무대 위에서 바지를 벗었다. 바지를 벗을 때도 우연을 가장한 필연처럼 능청스럽게 흘러내리게 한 다음 펑퍼짐한 사각팬티를 입고 발목에 걸린 바지를 끌고 진지한 표정 연기를 하는데 배꼽이 빠지는 줄 알았다. 나는 그때 그가 KBS 개그맨이 될 것이라 직감했다.

내 순서가 돌아왔다. 개그학과에서 가장 평범하게 생기고 개그맨답지 않게 생긴 얼굴이었기 때문에 무엇인가 더 독한 것을 준비하지 않으면 절대로 송영길을 이길 수 없겠다는 생각을 했다. 그 순간 가수 손담비의 노래 '미쳤어'가 번뜩 떠올랐다.

'그래 이거다. 내가 미쳤어.'

추운 겨울이었기 때문에 검정색과 빨간색이 혼합된 폴라티를 입고 있었다. 순간 휴지를 동그랗게 말아서 나의 양쪽 가슴에 집어넣었다.

수업시간에 사용하던 의자 하나를 무대 정 중앙에 놓았다. 이승윤 선생님과 개그맨 지망생들은 갑자기 기대 어린 눈빛을 보냈다. 나는 아랑곳하지 않고 곧바로 휴대하고 있던 노트북을 꺼내 볼륨을 최대로 올리고 가수 손담비의 노래를 틀었다. 싸이코 같은 전주가 흘러나오자 평범한 나의 얼굴은 미친 눈빛으로 돌변했다. 최대한 손담비의 동작을 따라 하기 위해 몸부림을 쳤다. 가슴에 휴지를 너무 많이 넣던 탓일까? 개인기를 시작하기 전부터 여기저기서 웃음이 터져 나왔다. 반응은 당일 수업에서 최고였다. 송영길이 바지를 벗은 것보다 더 큰 웃음이 나온 것이다. 자신감이 붙자 나는 과감한 춤사위를 보였다. 하지만 과감한 몸동작일지라도 어디까지나 절제 있는 춤사위였다. 왜냐하면 너무 헤픈 여자 같은 춤을 보이게 되면 가수 손담비의 명성에 누가 될까 두려웠기 때문이다. 아주 도도한 여자인양 춤을 췄지만 눈빛은 미친 여자라고 상상하며 손담비를 따라 했다. 가장 웃음의 절정은 의자 등받이를 전면에 두고 다리를 쩍 벌리고 앉아 등받이를 붙잡은 상태에서 가슴을 상하로 살짝 2~3번 흔들어 주었더니 이제껏 했던 개그학과 수업 중에서 가장 큰 웃음들이 터져 나왔다. KBS 개그맨은 되지 못했지만 나는 개그맨 이승윤과 송영길을 웃겼던 사람이었다는 좋은 추억을 갖고 있다. 혹시 또 아는가? 이 책 때문에 그들을 방송에서 다시 만날지? 인생은 아무도 모른다. 적어도 내가 산 인생은 너무나도 우연과 변수가 많아서 다양한 상상을 하다 보면 결국 그중 하나는 현실이 되었다.

그때 같이 개그를 연구했던 동생들이 송영길, 홍훤, 장기영 등인데 모두들 KBS 개그맨들이 되어서 현역으로 활동하고 있다. 나의 경우 3차 최종면접에서 불합격하여 KBS 개그맨이 되지는 못했다. 개그맨 시험을 한 번에 합격하는 사람들은 그렇게 많지 않다. 다들 여러 번 불합격하고 내공이 쌓인 다음 최종 합격한다. 지금은 그들에 대해 부럽다는 생각을 갖고 있지 않지만 불과 몇 년 전만 해도 그들이 정말 부러웠다. 왜냐하면 그들은 자신들이 진정으로 되고 싶은 꿈을 현실로 이루었기 때문이다. 이제는 그들에 대한 부러움보다 다들 각자의 길에서 성공해서 한국을 대표하는 코미디언으로 대성공하기를 바라고 있다.

　KBS 개그맨 시험은 크게 3차 전형으로 이뤄져 있다. 1차 시험은 서류 전형, 2차 시험은 자유연기, 3차 시험은 자유연기와 지정연기로 구성된다. 자유연기는 응시자가 본인이 추구하는 코미디를 자유롭게 만들어서 연기하는 것이고 지정연기는 KBS 개그콘서트에서 방영된 꽁트들의 틀 안에서 코미디 연기를 하는 것이다. 2차와 3차는 면접 시험이기 때문에 연기 외에도 심사위원의 요청에 따라 응시자의 개인기를 보여주기도 한다. KBS 사장은 아쉽게 최종 3차 면접에서 떨어졌지만 '미래의 KBS 사장' 컨셉으로 2009년 KBS 코미디언 공채에 도전하였다. 나이도 어느덧 만 29세가 되어 코미디언 응시생 중에서는 노장 중의 노장이었다. 1차 서류 전형 합격 소식을 듣고 곧바로 2차 면접 전형 준비에 들어갔다. 1차 서류 전형에서는 간단한 이력서와 2차 면접 때 보여줄 자유연기 대사를 제출한다.

　당시 2차 면접 때 보여주었던 자유연기는 미래의 KBS 사장 컨셉트에 기반한 '프레디 머큐리 패러디'였다. 지금은 유부남이 되어 10kg가 쪘지만 개그학과를 다닐 때 이승윤 선생님은 나의 짧게 자른 헤어스타일과 얼굴을 보시며 콧수염만 붙이면 유럽의 전설적인 가수 프레디 머큐리와 비슷하게 생겼을 것 같다는 평가를 해 주셨다. 그분은 흘리는 말로 했지만 나는 가슴 깊이 새겨두었다. 곧바로 인터넷 검색 사이트에서 조회를 해보니 프레디 머큐리는 패러디를 누가 해도 웃길만한 독한 캐릭터였다. 그는 몸에 딱 달라붙는 내의를 입고 바지는 새하얀 쫄바지를 입는다. 머리카락은 짧지만 검은 색깔이고 얼굴도 턱이 커서 연예인 치고는 생김새 자체가 강렬했다. 그 강렬함을 누그러뜨리기 위함일까? 콧수염을 기르기는 했지만 그 콧수염이 강렬함을 상쇄시키기보다 더욱 강렬한 캐릭터를 형성했다. 마지막으로 그의 신발은 아디다스 흰색 운동화였다. 외모뿐만 아니라 그의 퍼포먼스는 훨씬 자극적이었다. 노래를 시작하기 전에는 커다란 대형 국기를 양손에 들고 등 뒤에 쫙 늘어뜨린 다음 음악에 맞춰 나오는 정말 독특한 세계적인 가수였다.

KBS 개그맨 시험 2차 준비를 위해 소품 제작에 들어갔다. 프레디 머큐리와 동일한 의상, 신발, 인조 콧수염까지 모두 준비하였다. 그러나 공채 시험 기간은 한 겨울이었기 때문에 프레디 머큐리 의상으로 추운 온도를 견디기 힘들었다. 그래서 고안한 것이 목 부위에 개털이 잔뜩 달린 흰색 코트를 입는 것이었는데 시중에 판매를 하지 않아서 검은색 코트와 개털을 별로도 구매하였다. 개털을 검은색 코트 목 부위 근처에 고정시킨 후 흰색 락카 스프레이로 색을 덧입혔다. 검은색 코트에 흰색 스프레이를 뿌렸더니 흰색이 아닌 회색 코트로 변하였지만 그 자체만으로도 웃겼다. 커다란 천도 구입해 천 위에 '축 합격 KBS 24기 공채 개그맨'이라고 대문짝만하게 썼다. 갑작스럽게 개인기를 보여달라고 할 수 있었기 때문에 '김연아 댄스'를 준비하였다.

드디어 5명의 심사위원들 앞에 섰다. 혹시나 연기를 할 때 긴장할까 봐 100번 정도 연습한 상태였다. 문을 열고 면접장 안으로 들어갔다. 지극히 평범하게 생긴 내가 예사롭지 않은 콧수염과 회색 개털 코트를 입고 흰색 구두를 신은 상태로 심사위원들 앞에 섰더니 심사위원들의 눈빛이 20대 초반에 기호 1번으로 KBS 개그맨 시험에 응시했을 때 시큰둥했던 심사위원들의 반응과 정반대였다. 왠지 그날만큼은 뭔가 될 것 같다는 느낌이 찌릿찌릿 왔다. 대사를 읊기 시작했다.

"(당당하게 심사위원들의 눈을 정면으로 마주하면서) 저는 미래의 KBS 사장입니다."

순간 예상치 못한 웃음을 억지로 참는 소리 하나가 들렸다.

"풉"

심사위원 중 한 명이 웃음을 참지 못하고 의성어를 뱉어버린 것이다. 아직 본 게임은 시작도 안 했기 때문에 내가 예상했던 웃음 포인트가 아니었다. 오히려 심사 받는 내가 당황스러웠다.

'이건 뭐지?'

그 뒤의 웃음 포인트로 이끌기 위해 만들었던 기초 대사들은 웃기려고 만든 게 아니었는데 심사위원들이 계속 비슷한 소리를 냈다.

"큭", "풉"

그냥 크게 웃으시면 될 것을 웃긴데 일부러 참아보겠다는 듯한 분위기였다. 그들의 반응 덕에 오히려 큰 자신감이 생겨서 과감하게 준비한 코미디 연기를 몽땅 보여주었다. 본격적인 대사를 치기 전에 면접장이 살짝 더웠다. 그래서 계획에도 없던 애드립으로 다음과 같이 말했다.

"그런데 KBS 왜 이렇게 더워요?"

하면서 회색 개털 코드의 단추를 풀러 회색 개털 코트 안에 감추어졌던 백색 내의와 흰색 스키니 진을 살짝 보여주었다. 심사위원들은 웃음을 참는 듯한 의성어를 내지 않고 드디어 크게 웃기 시작했다. 그 여세를 몰아 곧바로 대사를 읊었다.

"미래의 KBS 사장으로서 KBS를 글로벌 방송사로 도약시키기 위해 준비했습니다. 프레디 머큐리 개그! 김 비서 뮤직 큐!"

그때 개그맨 시험을 같이 준비하던 동생이 도우미로 따라 들어왔는데 KBS 사장 컨셉트를 유지하기 위해 KBS 사장 비서로 역할을 부여하였다. 진짜 KBS 사장인 양 권위 있게 지시하자 도우미 역할을 자처했던 김 비서는 신속히 음악을 틀었다. 아주 터프하고 건방져 보일 정도로 과장된 몸짓으로 회색 개털 코트를 김 비서에게 집어 던졌다. 전주 시작 직전 김 비서에게 사전에 제작된 대형 망토를 집어 들게 했다. 심사위원들을 지루하게 하면 안 되기 때문에 입고 있었던 망토를 신속히 펼쳐 심사위원들이 글자가 보이지 않는 부분만 보이게 한 상태로 양팔을 좌우로 벌려 등 뒤로 천을 펼쳐 내렸다. 심사위원들은 나의 준비성에 큰 만족감을 표했다. 프레디 머큐리의 명곡 'We will rock you'의 전주가 흘러나왔다. 그의 전주는 강렬한 드럼 비트가 주를 이루었다.

"쿵쿵 따 쿵쿵 따!"

해당 드럼비트에 맞춰 양팔을 벌리고 망토를 든 상태로 골반을 우측 45도 각도로 2~3번 흔들어 주고 곧바로 무릎을 허리까지 쳐 올리는 과도한 스텝을 보여주었다. 심사위원들이 계속 웃었다. 그 상태에서 180도 돌아서 등 뒤의 글자를 보여주었다.

'축 합격 KBS 24기 공채 개그맨'

그냥 180도 돌기만 했고 글자만 보여줬는데 여자 심사위원은 웃음을 참는 듯한 의성어를 냈다. 본격적인 노래 가사를 읊어야 할 때 KBS를 찬양한 내용으로 개사하여 프레티 머큐리 퍼포먼스를 기반으로 노래를 불렀다. 노래가 끝나지도 않았는데 한 명의 심사위원이 멈추라고 지시했다.

속으로 합격했다는 것을 직감했는데 갑자기 개인기 하나 보여줄 수 있냐는 제안이 들어왔다. 곧바로 준비해 놓았던 초미니 치마를 입고 'Just a girl'이라는 김연아 피겨 스케이팅 작품을 내 몸에 맞게 소화하였다. 심사위원들의 반응은 폭발적이었다. 김연아의 표정연기와 카리스마를 연출하는데 주안점을 두었다. 무엇보다 피겨스케이팅 패러디의 웃음 포인트는 피겨 선수들이 엉덩이를 뒤로 하고 뒤로 스케이팅을 할 때 치마가 바람에 흩날리면서 엉덩이가 강조되는 부분이라고 생각했다. (피겨 선수의 엉덩이를 보려고 그들의 작품을 보는 변태로 생각지 않았으면 한다. 어디까지나 코미디 연기를 위해 웃기기 위한 개인적인 분석이라고 이해해주길 바란다. 개인적으로 김연아 선수를 매우 존경하고 그녀의 작품은 모두 하나의 예술이라고 보는 팬이다.) 김연아 댄스의 절정 부분을 보여주기 위해 허리를 굽히고 양손으로 엉덩이를 툭 치면서 치마가 등 뒤로 올라가게 만들었다. 그 다음 양팔을 앞으로 쭉 내밀에 스케이팅의 속도감을 묘사한 다음 흰색 스키니 진이 엉덩이에 딱 붙은 상태에서 엄청나게 빠른 속도로 뒷걸음질 쳤다. 나의 풍성한 엉덩이가 하얀 스키니 진에 꽉 낀 상태로 묘한 분위기가 연출되자 심사위원들은 박장대소를 하였다. 웃음을 억지로 참았던 심사위원들이 재미있게 웃어주어서 정말 감사했다.

2차 면접은 순조롭게 합격했지만 3차 면접에서 큰 실수를 하고 말았다. 3차 면접은 5명의 심사위원이었던 2차 면접과 달리 10명의 심사위원이 앉아있었다. 심사위원이 많아지니까 완전 주눅이 들어버렸다. 개그맨 오재미 씨도 심사위원으로 앉아있었다. 오재미 씨는 실물로 보니 생각했던 것보다 훨씬 미남이었다. 저렇게 멀쩡하게 생긴 사람이 어떻게 개그맨이 되었을까 하는 의문이 들 정도로 멋있었다. 아무튼 더욱 독한 개그로 최종 합격하겠다는 욕심 때문인지 뭔가 연기가 자연스럽지 않았다. 그리고 도우미가 머리에 바르는 무스를 내 머리 위에 엄청 뿌려댔는데 그 무스가 무대로 흘러내려 일부 심사위원들이 불쾌하다는 듯한 의성어를 냈다. 완전 당황스러웠다. 2차와는 정반대의 분위기로 흘러가고 있었다. 3차 면접은 자유연기뿐만 아니라 지정연기도 해야 했다. 개그학과에서 연기할 때는 기존의 꽁트 대사들이 주어지고 마지막에 단어나 문장 하나 정도가 비어있으면 그 부분을 채워서 현역 개그맨과 연기하는 시험을 쳤다. 그런데 내가 응시하던 해부터는 꽁트 제목만 주어지고 10분 이내로 즉석에서 꽁트 내용을 다 만들어서 곧바로 연기하는 시험 방식으로 바뀌었다. 시험 방식이 바뀌었다고 해도 그 부분은 모든 개그맨 지망생에게 동일한 조건이었기 때문에 결국 코미디 연기 내공이 부족해서 불합격하였다.

2차 시험에 통과했다고 엄청 기뻐하다가 마지막 3차 관문에서 떨어지니 더 큰 아쉬움으로 다가왔다. 그래도 3차 최종 면접까지 가보니 한 해만 더 준비하면 진짜 KBS 코미디언이 될 수 있겠다라는 생각을 하게 되었다. 사실 3차 시험까지 모두 준비를 완벽하게 했어야 했는데 그때까지 2차도 한 번 합격해본 적이 없었기 때문에 2차 시험 준비에만 너무 몰두했던 것이 실패의 주된 원인이었다. 그러나 2차 시험 경쟁률도 10대 1이 넘었다. 2차를 합격해야 3차 시험의 응시 기회가 주어지는 것이었기 때문에 나로서는 2차 합격이 최우선 과제였다. 그래도 가장 큰 위안은 나도 코미디 연기로 남을 웃길 수 있다는 자신감을 얻었다는 것이었다. 인생의 대부분이 실패의 경험으로 가득했지만 그때마다 나를 일으켜 세운 사고방식 하나는 그 실패의 경험이 반드시 성공의 자양분이 된다는 확신이었다. 보험 영업을 하면서 개그맨 시험을 응시했기 때문에 맹목적인 코미디언 시험을 위해 소중한 20대 후반의 시간을 허투루 보내지도 않았다.

그러나 1년 뒤에 있을 KBS 코미디언 공채를 기다리기에는 1년이란 세월이 너무 길었고, 보험 영업도 3년차에 접어들면서 평생 보험 상품을 팔며 사는 것이 내가 진정 원하는 인생일까라는 깊은 고민에 빠졌다. 이런 저런 고민을 하던 중 3년차 보험설계사로서 법인 영업을 시작했다. 1~2년차 때는 보험 상품에 대한 이해도 완벽하지 않고 영업 기술도 훈련을 하는 단계이기 때문에 개인 고객 위주로 영업을 한다. 나의 경우 3년차가 되면서 보험 상품에 대한 이해가 전문가 수준이 되고 고객을 설득하는 능력이 탁월해졌다고 생각되어 법인 영업을 시도하였다. 법인 영업은 CEO 플랜이라고 부르는데 자산이 많은 법인 사장님들에게 보험 금융을 통한 효과적인 절세, 상속 및 퇴직금 운용 등의 전략을 제시하는 것을 의미한다. 일종의 VVIP 영업 시장이라고 보면 된다. 개인 고객들의 평범한 보험계약과 달라서 계약을 따내기는 어렵지만 한 번 계약을 하게 되면 보험 에이전트에게 수천에서 수억의 커미션(수수료)이 제공되는 매력적인 시장이기도 하다. 공교롭게도 나는 한 번도 법인 영업에 성공한 적이 없었다. 두 번의 법인 영업 기회가 오기는 했다. 하지만 법인 사장님들을 설득하는 과정에서 재무제표를 읽지 못해서 두 번의 천금 같은 기회를 놓쳤다.

어렸을 때부터 꿈꾸었던 코미디언 시험도 불합격하고 법인 영업 두 건도 놓치다 보니 갈수록 나빠지는 경제적 상황을 극복하기 위한 타개책이 필요했다. 개인 고객 영업만으로는 장가갈 돈은 절대 마련하지 못할 것이란 생각이 들어서 본격적인 법인 영업을 계획하였다. 우선 재무제표부터 읽을 줄 알아야겠다는 생각으로 회계원리 강의를 하는 교대 근처에 위치한 회계 전문 사설 학원을 찾아갔다.

  사실 대학교를 졸업할 때 『AICPA 미국공인회계사』라는 책을 읽어보아서 나중에 기회가 되면 도전해볼까 하는 생각은 했다. 하지만 졸업 후 장교 생활, 봉사활동과 보험 영업 등으로 개인 일정이 너무 빡빡해서 도저히 공부를 다시 시작해야겠다는 생각을 못 하고 있었다. 경제 생활도 해야 했기 때문에 보험영업과 회계원리 수업을 병행하였다. 회계원리를 들어보니 회계학이 나름대로 매력 있는 학문임을 깨달았다. 2009년 4월 중순쯤 등록했는데 회계원리 수업 2주 만에 보험 영업을 잠시 멈추고 미국회계사 시험 준비에 올인하기로 마음을 정했다. 실제 마음 속으로는 보험 영업을 그만 두고 싶었지만 기존의 고객들에게 꾸준히 제공해야 할 서비스도 있었고 혹시나 미국회계사 시험을 불합격하게 되면 취업도 쉽지 않을 것 같아서 섣불리 보험회사를 그만 둘 수도 없는 노릇이었다. 영업 지원 담당 파트너에게 면담을 신청했는데 다행히 배려를 해주셔서 휴직 신청을 하였다.

  하지만 더 큰 문제는 결국 돈이었다. 월급이 많든 적든 보험 영업은 나의 유일한 생계수단이었다. 영업을 3년 가까이 했지만 영업비도 만만치 않았기 때문에 수중에 있는 것은 돈보다 카드 빚이었다. 아무리 계산을 해보아도 미국회계사 준비는 불가능한 도전이었다. 공부도 돈이 있어야 한다는 것을 이때 뼈저리게 느꼈다. 그렇다면 과연 물러서야 했을까? 나는 신용 불량이 되더라도 미국회계사 공부를 하고 싶었다. 첫 번째 이유는 한국 최초의 미국회계사 출신 개그맨이 되고 싶었기 때문이다. 원래는 한국 최초 법대 출신 개그맨이 꿈이었으나 개그맨 황현희 씨의 등장으로 그 꿈은 수포로 돌아가 버렸다. 개그맨일지라도 차별화된 뭔가가 있어야 한다는 생각뿐이었다. 두 번째 이유는 더 이상 보험설계사로 살기 싫었다. 보험설계사 자체는 굉장히 좋은 일이다. 위기의 순간에 도움을 주는 것이 보험상품 아닌가? 그러나 친인척들을 포함한 주위 사람들이 나를 바라보는 관점은 그저 보험 영업하는 바닥 인생일 뿐이었다. 세 번째 이유는 장기적인 관점에서 회계를 잘 알면 굳이 회계사를 하지 않더라도 어떤 비즈니스에도 도움이 될 것 같다는 막연한 생각 때문이었다. 결국 갖고 있던 신용카드 여러 장을 활용하여 20개월 할부 조건으로 학원비를 충당했다. 돈만 생각하면 절대 등록하면 안 되는 상황이었지만 KBS 사장 공모 도전으로 얻은 자신감으로 무작정 카드를 긁었다. (그래도 저자처럼 신용카드를 막 사용하면 안 된다. 너무 절실한데 돈이 없어서 그랬을 뿐이다. 미국 회계사 시험을 준비할 때 신용카드를 마구 사용한 탓에 저자의 신용등급은 최악으로 떨어졌다.)

보험설계사 자체는 바닥 인생이 아니다. 내가 아는 보험설계사들은 억대 연봉을 벌며 떵떵거리며 살았다. 그러나 저자의 경우는 개그맨 시험 준비한다고 보험 영업을 제대로 하지 못한 경우라서 고객 발굴을 열심히 하지 못했다. 월급 500만 원 이상 받을 때도 있었지만 150만 원도 제대로 못 받을 정도로 영업성과가 굉장히 저조한 보험설계사였다. 개그맨에 대한 꿈 때문에 일을 제대로 하지 못했다고 핑계를 대고 싶지만 그것은 전적으로 내 생각일 뿐, 경제적으로나 사회적으로 나는 바닥 인생이었다. 이렇게 평생 살 수는 없었다. 뭔가 탈출구가 필요했다. 그 탈출구는 미국회계사 시험이었다. 찾아갔던 학원이 한국회계사를 전문적으로 교육하는 학원이었다면 한국회계사 시험을 준비했을지도 모르겠다. 개인적으로 영어에 대한 욕심도 컸기 때문에 한국회계사보다는 미국회계사에 더 큰 매력을 느꼈다.

4월 중순에 등록하여 수업을 듣고 시간이 지날수록 공부에 대한 재미를 더해갔다. 워낙 바닥 인생을 살면서 여러 상처를 받았기 때문일까? 공부를 싸우듯이 했다. 학원에서 공부하던 친구들은 나에게서 뿜어져 나오는 기가 너무 강해서 공부할 때는 누구도 나를 섣불리 건드리지 못했다. 하지만 기가 세면 뭐 하겠는가? 카드 빚도 곧 결제일이 다가왔고 하숙비도 낼 돈이 없어 실제로는 거지나 다름없었다. 그래도 포기할 수 없었다. 비싼 학원비도 결제했고 죽이 되든 밥이 되든 합격이라는 시험 결과를 내야 했다. 그때 문득 떠오른 사람이 작은 고모부였다. 작은 고모부는 양천구에서 건설 시행사를 운영하는 사장님이셨다. 아파트형 공장을 주된 타겟으로 하는 건설 비즈니스를 펼치셨는데 나에게는 큰 보험 고객이었고 그분의 소득을 대략 알고 있었다. 부모님에게 손을 벌리기에는 부끄러운 나이였지만 부모님도 당신들의 채무를 변제하느라 열심히 살고 계셨기 때문에 도저히 부모님께는 공부하기 위해 돈을 달라는 말을 할 수 없었다. 하지만 어떻게든 미국회계사가 되고 싶다는 열망 때문에 작은 고모부를 찾아갔다. 작은 고모부는 정말 형님같이 좋은 분이셨고 보험 영업을 한다고 했을 때도 별다른 설명도 듣지 않으시고 나의 고객이 되어주셨다. 대학 1학년 때는 작은 고모부 집에서 하숙을 하기도 했기 때문에 작은 고모부와는 많은 얘기를 나누었기 때문에 친척 중에서도 가까운 친척이었다.

평소처럼 작은 고모부의 사무실로 찾아갔다. 5분 정도 얘기를 나눈 후 그의 앞에서 무릎을 꿇었다.

"존경하는 작은 고모부님, 이런 말씀 드려서 죄송하지만 저 2,000만 원만 빌려주세요. 미국회계사가 되고 싶은데 돈이 없어서 공부를 못하게 생겼습니다. 제가 회계사가 되어서 꼭 갚을 테니 이번 한 번만 도와주세요."

지성이면 감천이라고 했던가? 작은 고모부는 30살 청년이 무릎을 꿇고 조아리니 너무 마음이 안 되셨던지 내 팔을 잡고 일으켜 세우셨다.

"세종아, 내가 2,000만 원 빌려줄게. 무릎 꿇지 말아라. 가서 열심히 공부하렴. 그래도 이런 일은 나 혼자 결정하면 안 되니까 작은 고모에게 말하고 돈을 빌려줄 수 있게 조치해보마. 나중에 결혼해보면 알겠지만 돈 관계는 부부가 함께 결정하는 것이란다."

말씀이라도 정말 감사했다. 그 뒤로 몇 일 뒤 어머니에게 전화 한 통이 왔다.

"세종아, 엄마가 2,000만 원 네 통장으로 보냈다. 확인해 보렴."

나는 깜짝 놀랐다. 어머니께 여쭈었다.

"어? 어머니께서 제가 2,000만 원 필요한 것 어떻게 아셨어요?"

어머니께서 안타까운 목소리로 말씀하셨다.

"작은 고모에게 전화가 왔는데, 네가 작은 고모부에게 무릎을 꿇었다는 소식을 들었다. 작은 고모와 고모부는 너에게 2,000만 원을 빌려주려고 했는데, 작은 고모가 우선 우리에게 전화를 걸어서 세종이가 2,000만 원이 필요하다는데 그 얘기를 들었냐고 물었단다. 그래서 그냥 우리가 아들을 돕겠다고 고맙지만 거절했어."

어머니께 너무 죄송했다. 작은 고모부에게 부모님께는 비밀로 해달라고 말씀 드린다는 것을 깜박 잊었었다. 어머니께서 말씀하셨다.

"세종아! 우리도 힘들지만 그래도 아들 하나 있는 것, 돈 때문에 무릎까지 꿇었다니 부모이지만 너무 미안하구나. 우리가 잘 살았다면 네가 하고 싶은 공부 마음껏 했을 텐데…. 정말 미안하다, 아들아. 2,000만 원을 마련하는 것이 쉽지 않았지만 우리가 여러 방법으로 마련하였단다."

결국 아들 때문에 2,000만 원의 빚이 추가로 늘어났다. 전화 통화를 하던 중 내 눈에 눈물이 고이며 주르륵 흘러내렸다. 차마 크게 울지는 못 하고 혀를 깨물며 말을 이었다. 어머니께 우는 모습을 전화 목소리로 전달하고 싶지 않아 짧게 말하고 전화를 끊었다.

"어머니! 정말 죄송해요. 꼭 미국회계사 시험에 합격할게요."

학원비 자체는 몇백만 원 정도 였다. 기존에 쌓인 나의 카드 빚과 학원 수업 과정이 끝날 때까지의 식사비가 필요해서 2,000만 원이 필요했던 것이었다. 아무튼 어머니와의 전화 통화를 마치고 홀로 흐느끼며 울었다. 학원에서 공부하다가 받은 전화라서 혹시 주위의 학생들이 우는 나의 모습을 볼까 봐 건물 구석진 곳에서 서럽게 울었다.

부모님께서 주신 피 같은 돈을 함부로 쓸 수 없다는 생각에 죽기 살기로 공부했다. 학부 전공이 법학이어서인지 회계사 시험을 준비한다면서 정작 회계 지식을 제대로 이해하지 못한 상태로 의욕만 앞세워 공부를 했다. 벼랑 끝에 선 심정이었기 때문에 이해가 안 되면 무식하게 외웠다. 정말 무식하게 공부했다. 평균적으로 미국회계사 시험에 응시하는 학생들은 학원 등록 후 아무리 빨라도 1년 정도 공부해야 시험에 응시하고 대부분은 1년 6개월에서 2년가량 걸려서 미국회계사 시험에 합격한다. 그러나 나의 경우 1년 동안 공부할 자금이 안 되어 8개월가량 공부하고 2010년 1월에 전과목을 응시해야 했다. 2,000만 원을 받았음에도 기존에 쌓인 카드 빚과 학원비를 내고 나니 8개월 정도 하루 세 끼 밥 먹을 돈 말고는 아무것도 없었기 때문에 남들처럼 1년간 공부할 수 있는 상황도 아니었다.

미국회계사 시험은 크게 FARE, Regulation, Audit, BE&C 4과목으로 구성되어 있다. 4과목이라 수험 준비에 부담이 없다고 생각하면 큰 오산이다. FARE의 경우 회계원리, 중급회계, 고급회계, 정부회계 등 그 안에 4과목이 통합된 과목이다. Regulation은 소득세, 법인세, 계약법, 회사법, 노동법, 담보물권법, 재산법, 수표법 등 회계사가 기초적으로 알아야 할 다양한 법 과목들을 포괄적으로 담고 있다. Audit은 단일과목이지만 공부할 양이 가장 방대한 과목이다. BE&C는 미시경제학, 거시경제학, Information Technology, 관리회계(원가회계), 재무관리 등을 개별적으로 배워야 한다. 따라서 크게 4과목이라고 하지만 실제로는 최소 18개 과목 이상을 공부해야 하는 시험인 것이다. 그리고 2011년부터는 IFRS가 시험과목에 반영되어 FARE와 Audit의 공부 분량이 더 추가되었다. 저자의 경우 2010년에 합격했기 때문에 어느 정도로 공부 분량이 늘었는지는 모르겠다. 그리고 BE&C를 제외한 FARE, Regulation, Audit만 주관식이 존재했으나 BE&C 과목도 주관식 시험이 추가되었다고 한다. 그리고 그 주관식 시험도 BE&C에 대하여 묻는 것이 아니라 FARE, Regulation, Audit의 통합형 문제로 출제된다고 한다. 실제 회계사가 고객에게 자문을 제공할 때 회계, 세무, 감사 측면에서 복합적으로 서비스를 제공하기 때문에 현실에 맞는 시험으로 발전시킨 사례라고 보면 되겠다. 나는 미국 회계사 시험 범위가 바뀌기 전의 마지막 응시자로서 내가 공부할 때도 공부 양이 만만치는 않았지만 개인적 생각으로는 지금 준비하는 응시생들보다는 약간이라도 공부 양이 적을 때 합격한 것 같다.

만약 지금과 같은 제도였다면 8개월 만에 미국 회계사 시험을 응시할 수 없었을 것이다. 8개월 만에 시험을 응시한 것은 어떻게 보면 성공보다 실패확률이 훨씬 더 높은 위험한 도전이었다. 학원 커리큘럼도 1년 과정으로 짜여 있는데 돈 때문에 비정상적인 방법으로 공부하였다. 같이 공부했던 학생들이 2달에 2과목씩 수강하여 1년 뒤 미국에서 시험을 봤다면, 나는 2달에 5~6개 과목씩 수강하거나 수업 시간이 겹칠 경우는 동영상 강의만 들으며 공부했다. Final review(마지막 복습) 과정도 원래는 정규수업을 다 듣고 참여해야 하는데 돈과 시간이 모두 부족하다 보니 Final review와 정규수업을 동시에 듣는 웃지 못할 해프닝도 있었다. 짧은 기간 무식하게 공부하다 보니 이전에 배운 것이 전혀 기억이 안 나는 부작용이 발생했다. 즉, 4월 중순부터 시작하여 9월쯤 되었는데 FARE의 Final review 수업을 듣기 위해 미친 듯이 진도를 빼느라 정신이 없어서 머리 속에 지식을 집어넣지 못한 것이다. 정작 시험은 2010년 1월이었는데 시험을 4개월 앞두고 회계에 대해서 아는 것이 없다라는 생각이 들었다. 엄청난 위기의식에 잠을 이룰 수가 없었다. 사실 그때는 잠잘 곳도 없어서 인덕원 열린 교회의 열린 도서관이나 자모실에서 잠을 잤기 때문에 잠을 많이 잘 수 있는 상황이 아니었다. 돈 없이 숙박을 어떻게 해결했는지는 잠시 뒤에서 설명하겠다. (부모님이 숙박업(?)을 해서인지는 몰라도 숙박과 관련해서도 재미있는 이야기들이 있다.) 아무튼 시험을 4개월 앞두고 물러날 곳도 없었다. 그래서 내가 개발한 미국회계사 학습법이 '하루에 모든 과목 건드리기' 방법이었다. 시간과 물질의 여유가 있는 학생들은 절대 나처럼 공부하면 안 된다. 그저 미국 회계사 시험을 준비하는 학원의 프로그램을 그대로 따라가면 된다. 미국도 그와 같은 미국회계사 시험 준비 프로그램들이 있을 것이다. 미국 회계사 시험을 준비할 때도 예습 복습이 가장 좋은 방법이지만 학원에서 강의하는 회계사님들이 워낙 탁월하게 잘 가르쳐주시기 때문에 복습만 잘해도 합격할 수 있다고 생각한다. 그러나 나처럼 시간과 물질의 여유가 없는 학생이라면 내 방법을 권면한다.

'하루에 모든 과목 건드리기' 방법은 그야말로 학교 중간고사나 기말고사 같은 시험이 아닌 미국회계사 시험에 적합한 방법이라고 생각한다. 한때 외무고시에 관심이 있어서 대학 재학 때 3개월 정도 신림동을 얼쩡거려보기는 했지만 대한민국 고시를 제대로 준비해본 적이 없어서 지금 소개하는 공부방법이 대한민국 고시에 적합한지는 잘 모르겠다. 책을 읽는 독자가 알아서 취사선택하길 바란다. '하루에 모든 과목 건드리기'는 정규 수업을 들을 때는 사용하면 안 된다. 시험 응시에 필요한 모든 과목을 꼼꼼히 공부하고 중요한 내용을 표시하여 시험을 4개월 정도 앞두고 전과목을 복습할 때 유용한 방법이다. 미국회계사 시험이 다양한 과목들로 구성되어 있지만 과목별로 비중이 다르기 때문에 과목의 비중에 따라 자습 시간의 배율을 결정한다. 예를 들어 FARE : Regulation : Audit : BE&C = 1.2 : 1 : 1.2 : 0.7 등의 비율로 자기 나름대로 산정한다. 앞에서 언급한 비율은 내가 임의로 적은 것이므로 반드시 본인의 학습 준비 정도에 따라 비율을 결정해야 한다. 만약 Audit을 굉장히 잘하는 학생이라면 Audit의 시간을 상대적으로 줄이고 취약과목에 시간을 더 둘 수 있다. 전체는 4과목이지만 과목당 세부적으로 여러 과목들이 포함되기 때문에 4과목으로 쪼갠 시간들 중에서 세부 과목들의 비중에 따라 다시 하루의 시간을 분배한다. 그러면 한 과목당 평균 30~40분 정도 할애하게 된다. 이 공부방법은 나처럼 암기력이 떨어지는 학생들에게 유용하다는 장점이 있다. 대신 과목당 할애하는 시간이 길지 않아서 개별과목당 진도는 빠르지 않다. 그러나 '하루에 모든 과목 건드리기' 방법은 각 과목별의 학습감각을 두뇌활동에 저장해주는 기능이 있다.

그렇게 공부를 하다가 미국에 가서 시험 보기 1개월 전, 즉 2009년 12월에는 이미 풀었던 문제집을 전부 다시 훑어보았다. 과목별 커트라인 점수는 100점 만점에서 75점이다. 그때까지도 모의고사를 보면 FARE의 경우 72~73점이 나왔기 때문에 너무 불안해서 문제와 답안을 모조리 읽어내려 갔다. 다 풀어봤던 문제이기 때문에 새로 푼다는 생각보다 문제와 답안을 읽어가면서 복습하는 효과를 노린 것이다. 다른 과목들의 모의고사 점수는 그래도 75~77점 정도를 얻어냈다. 그나마 법대 출신이어서인지 법과목이 주를 이루는 Regulation은 항상 80점을 넘었다. 아무리 그래도 모의고사 성적이 과목당 80점은 넘어야 편안한 마음으로 공부할 수 있다. 나의 미국회계사 합격에 동원된 방법은 당시 8개월간 비정상적인 방식으로 진도를 빼서 준비해야 하는 상황이었기에 굉장히 예외적인 학습법이다. 실력이 뛰어난 특별한 사례가 아니라 실력이 모자란 데 꾸역꾸역 점수 맞춰서 합격한 사례라고 보면 된다. 2010년 1월이 그나마 비행기 값이 가장 싸고 시차가 2시간 차이만 나는 괌으로 가게 되었다. 미국 가기 전날 모의고사를 봤는데 여전히 FARE는 75점을 넘지 못했다. 결국 미국에서의 체류 일정을 2주로 계획했다. 아무리 돈이 없어도 하루에 한 과목씩 시험을 봐야 하는데 일주일 이내에 막판 벼락치기 없이 시험 보는 것은 무리가 있었다. 남들처럼 1년 정도 차분히 공부했다면 일주일 동안 모든 시험을 봤을 것이다. 하지만 공부 자체가 완벽하게 마무리되지 않은 상태로 미국으로 갔기 때문에 2주를 계획한 것이다. 결국 배수진을 치고 시험 당일 직전까지 최선을 다해서 공부하는 것 외에는 방법이 없었다.

　미국 괌에서 2주간 시험을 응시했던 일정은 007 작전과도 같은 시간들이었다. 미국은 한국의 회계사 시험과 달리 응시자가 시험 스케줄을 결정할 수 있다. 나는 BE&C, Regulation, FARE, Audit 순으로 시험과목을 신청했다. BE&C를 가장 먼저 선택한 이유는 2010년 하반기부터 100% 객관식이었던 BE&C 시험 방식에 주관식 문제가 추가되는데 앞에서 언급했듯이 FARE, Regulation, Audit을 통합하는 문제 형식의 주관식이 출제되는 것으로 확정되어서 기존의 수험생에게 상대적으로 부담이 되는 과목이었기 때문이다. 다른 과목은 떨어지더라도 부분합격이 인정 되어서 1년 6개월 이내에 합격하면 그만이었지만 BE&C를 불합격하게 되면 나머지 3과목을 합격해도 결국 전부 다시 공부해야 하는 불행한 사태가 발생하기 때문이다. 주일에 예배를 드리고 비행기를 탔다. 월요일에 도착하여 숙소로 향했다. 시험 일정은 수요일 BE&C, 금요일 Regulation, 화요일 FARE, 금요일 Audit이었다. 숙소에 도착하자마자 모든 짐을 대충 정리하고 BE&C를 미친 듯이 공부했다. 밥 먹는 시간도 아까워서 방안에서 밥 먹으면서 공부했다. 관광지인 괌에서 불행히도 공부만 했다. BE&C 시험을 보고 나서 곧바로 Regulation 공부를 시작했다. 전체 내용을 모두 빠른 속도로 읽어내려 갔다. Regulation 시험을 예정대로 치르고 나서 FARE 공부를 시작했다. FARE 모의고사 점수가 계속 73점이 나와서 가장 걱정을 많이 했다. 걱정을 많이 했지만 부모님을 생각하며 죽을 각오하고 공부했다. 마지막 2점을 높이기 위해 혼신의 노력을 다했다. 그 바쁜 와중에도 주일 예배는 빠트리지 않았다.

 FARE 시험은 정말 법대생에게는 난공불락이었다. 이해하지 못하는 것은 무식하게 외웠기 때문에 정말 시험도 무식하게 봤다. 다른 과목들과 다르게 FARE는 너무 무식하게 시험을 봐서 시험을 본 직후에도 무슨 문제가 나왔는지 전혀 기억이 나질 않았다. 다른 과목들은 문제를 다 풀고 시간이 조금씩 남아서 찍었던 문제들을 여유 있게 재검토하면서 시험을 봤다. 하지만 가장 걱정이 많았던 FARE는 기대를 저버리지 않고 시험 종료 30분을 남겨놓은 상태에서 주관식 1세트(Set)를 손도 대지 못한 채 남겨놓고 있었다. FARE는 총 4시간 가량의 시험 시간이 주어지는데 객관식이 70점이고 주관식이 15점씩 2세트로 구성되었다. 객관식은 2시간 30분 정도 이내에 풀어야 하고 주관식은 각 세트당 45분 정도 시간을 할애하는 것이 가장 이상적인 수험 전략이었다. 마음은 그러했지만 어디 실력이 따라주어야지 말이지…. 1세트를 남긴 상태에서 30분만 남게 되자 오줌보가 터지는 줄 알았다. 화장실을 다녀오면 시험시간에서 5~10분이 낭비되기 때문에 아침부터 물도 안 먹고 시험 시작 10분 전에 안간힘을 다해 소변을 봤다. 그럼에도 불구하고 3시간 30분 동안 긴장하며 시험을 풀다가 마지막 남은 주관식 1세트를 풀려고 시간을 확인했는데 잔여시간 30분이란 메시지! 확인한 순간 심장마비로 쓰러질 것만 같았다. 다른 과목은 떨어져도 다시 시험을 볼 수 있겠다라고 생각했지만 FARE가 떨어지면 재시험을 봐도 합격할 자신이 없었다. 30분밖에 안 남았는데 한 3분 정도 앞이 캄캄했다.

'어떡하지? 30분밖에 안 남았어. 지금까지 푼 것도 모르는 게 많았는데. 죄송해요. 엄마! 못난 아들 둬가지고 2,000만 원만 날렸네요.'

그 긴박한 순간에 별의 별 생각이 다 들었다. 결국 3분 동안 문제는 손도 못 대는 상황에서 잔여시간 27분, 식은땀을 줄줄 흘렸다. 꽤이 더운 곳이라 쾌적한 시험 환경을 제공하기 위해 시험장 내에서는 에어컨을 시원하게 틀어주었는데도 나의 몸에서는 식은땀이 계속 흘러내렸다. 잔여 시간 26분이 되자 어차피 문제도 읽히지 않는 것 그냥 기도나 하자라는 자포자기 상태가 되었다.

'하나님! 제가 여기까지 어떻게 왔습니다. 미국 회계사 시험 응시 자체도 감사하지만 한 번만 도와주세요. 이렇게 떨어지면 저와 제 부모님 너무 안타깝잖아요. 제발 지혜 좀 주세요. 예수님 이름으로 기도합니다. 아멘.'

그렇게 기도하고 나서 잔여시간 25분 상태에서 문제를 다시 보았다. 자포자기 상태로 다 못 풀면 그냥 틀리자는 마음으로 찬찬히 들여다 봤더니 예전에 내가 풀었던 문제가 그대로 출제되었다. 미국 회계사 시험은 문제은행 방식이라고 말만 들었지 실제로 공부하면서 풀었던 문제가 똑같이 나오는 경우는 쉽지 않다고 들었다. 같은 날 시험을 보고 같은 과목일지라도 문제가 다른 시험이 미국 회계사 시험인데 정말 기적 같이 내가 아는 문제들로만 주관식 세트가 구성된 것이다. 45분을 투입하여야 할 문제를 25분만에 다 해결해버렸다. 마지막 5분 남았을 때는 나도 몰랐던 천재성이 발휘되어 찍어도 답이 되는 잠재력이 발휘되었다. 제일 걱정했던 FARE가 과정은 힘들었지만 시간 내에 모든 문제를 풀었다는 데에서 기존의 긴장감이 싹 사라져 버렸다. 오히려 FARE를 잘 봤다는 안도감에 Audit 준비가 제대로 되질 않았다. FARE 합격을 장담할 수 없었던 상황이었는데도 30분간의 드라마가 아직도 뇌의 잔상이 남아 Audit 시험을 준비하면서도 FARE 문제집을 들춰 보면서 내가 선택한 FARE 답안이 맞았는지 확인하는 어리석은 짓들을 하고 있었다. 예정대로 Audit도 시험을 치고 괌까지 간 김에 여행을 하고 싶었지만 금전적 여유가 없어서 아쉬움을 뒤로 하고 비행기에 올랐다.

과연 8개월간의 시험 준비로 2010년 1월에 미국회계사를 합격하였을까? 8개월 동안 미친 듯이 공부하여 다음과 같은 성적을 거두었다.

BE&C 78점

Regulation 82점

FARE 75점

Audit 73점

아쉽게도 Audit이 2점 부족하여 8개월 공부만으로 전과목 합격이라는 신화를 달성하지는 못 했다. 아무래도 FARE를 잘 봤다는 안도감에 Audit 막판 몰아치기를 좀 소홀히 했더니 모의고사 때 75~76점을 획득했던 Audit이 불합격한 것이다. 사실 Audit은 이해보다 암기할 부분이 더 많은 과목이기 때문에 공부양은 방대한 과목이었지만 개인적으로 FARE보다 부담이 덜 했다. FARE를 75점이라는 커트라인 점수로 합격한 것은 개인적으로는 정말 기적과 같은 결과이다. 시험 결과는 2010년 3월쯤에 나와서 Audit을 다시 응시하여야 했기 때문에 이전에 공부했던 것을 다시 복기해야 했고 시험 신청도 분기단위로 할 수 있어서 2분기 신청을 포기하고 3분기 시험일정을 잡았다. 전 과목을 학원에서 배운 상태였기 때문에 금전적 문제도 있고 해서 고향 목포로 돌아와 부모님 집에서 Audit 공부를 하였다. Audit은 FARE 지식을 기반으로 하는 시험 과목이기 때문에 FARE를 합격했지만 FARE와 Audit 공부를 병행하였다. 그래도 Audit 공부가 80%라면 FARE는 20% 정도만 하면 되는 수준이었다. 미국회계사 시험은 미국에서만 볼 수 있어서 시험 응시를 위한 비행기 비용을 마련하고자 목포에서 초등학생 대상의 영어학원에서 일하며 돈을 모아 친구에게 빌렸던 200만 원도 갚았다. 영어학원에 근무하면서 남은 시간을 틈틈이 활용해 공부하였다. 결국 2010년 8월에 Audit만 응시하였고, 92점이라는 아주 높은 점수를 얻어 미국회계사 시험에 최종 합격하였다.

자꾸 돈이 없다는 표현을 써서 독자들에게는 죄송스럽지만 곰으로 시험보러 가기 직전까지 경제적으로 어려움을 겪었던 에피소드를 잠시 언급하고자 한다.

사실 카드 빚만 아니었어도 그렇게 쪼들리지는 않았을 텐데 다른 대안이 없었다. 그래도 밥은 먹어야 사니까 식비 예산은 절대 건드리지 않았다. 식비도 만약 5~6천 원짜리 밥을 사먹었다면 8개월의 공부도 6개월 정도밖에 못 했을 것이다. 그나마 인덕원에 있는 열린 교회에서 남몰래 숙박을 해결한 덕분에 식비뿐만 아니라 숙박비 또한 아낄 수 있었다. 열린 교회는 성도들에게 보다 나은 예배환경을 제공하고자 끊임없이 노력하는 교회이다. 그곳은 자모실과 도서관을 별도로 운영하고 있었다. 열린 교회는 신생아의 경우 개월수로 구분하여 각각의 자모실을 만들어 놓았고 미취학 아동도 연령대 별로 자모실을 분리하여 비슷한 연령대의 부모들이 아이들과 함께 예배를 드릴 수 있도록 공간적인 배려를 하고 있었다. 나는 숙박비가 없어서 그중 한 자모실에서 잤다. 자모실에 자려면 하루 전에 교회 사무실에서 예약하면 되는데 교회 직원에게 부탁해서 장기 예약(?)을 했다. 그러다가 미국으로 가야 하는 시험 일정을 2개월 앞두고는 열린 교회 도서관에서 자모실로 이동하는 시간도 아까워서 열린 교회 도서관에서 하루 종일 공부하다가 잠이 들었다. 자모실에서 도서관까지 거리는 불과 50미터 안팎이다. 그러나 50미터 거니는 것도 시간이 아까웠다. 열린 교회 도서관에서 마냥 공부만 하고 있기 미안해서 2시간 정도 봉사활동도 했다. 봉사활동이라고 해 봤자 도서관 프론트에 앉아서 책을 대여해주고 반납을 받는 게 전부였기 때문에 공부에 지장이 없었다. 다만 도서관에서 자는 것은 원칙적으로 허용되지 않았기 때문에 야간 경비를 하는 아르바이트 신학생들에게 걸리지 않기 위해 무던히 애를 썼다. 열린 교회 성도로서 분명 자모실에서 자야 했고 도서관에서는 공부만 해야 했지만 잠자고 공부만 해도 합격을 장담 못 한다는 강박감 때문에 도서관에서 잠자며 공부했다. 열린 교회 직원분들에게 민폐를 끼쳐드려서 정말 죄송하다고 이 책에서라도 사과의 말씀을 드리고자 한다.

한편, 교회 안에 카페도 운영하는데 지금은 의정부에 살아서 그 교회를 참석하지 않는 관계로 정확한 가격은 모르겠지만 공부할 당시에는 주먹밥이 하나에 500원이었다. 하루 지난 주먹밥은 할인까지 해주었기 때문에 아침은 항상 열린 교회 카페 주먹밥으로 요기를 채웠다. 점심과 저녁은 교회 식당이 별도로 운영되어서 매우 저렴한 가격에 사먹을 수 있었다. 잘 기억은 안 나지만 한끼에 2,500원 했던 것으로 기억한다. 교회 직원들은 무료로 식사가 제공되었지만 결국은 교회 직원들을 위한 식당이었기 반찬도 4~5가지가 나왔고 밥과 국이 별도로 있었기 때문에 오히려 공부하면서 살이 찔 정도였다. 겉모습만 봐서는 내가 굉장히 돈이 많아서 30세의 나이에 직장도 안 다니고 공부하는 줄 알았을 것이다. 실제로 열린 교회 어떤 집사님이 열린 교회 도서관에서 맹렬히 공부하는 나를 보고 내 수준에서는 도저히 만날 수 없는 부자이면서 인격이 훌륭한 교수 집안의 아리따운 처자를 소개시켜 주겠다고 약속했다. 그분이 보기에 내가 살이 통통히 오른 만학도로서 괜찮은 집에서 자란 훌륭한 신랑감으로 보였나 보다. 그러나 성경에 이런 말씀 구절이 있다.

'스스로 부한 체하여도 아무 것도 없는 자가 있고 스스로 가난한 체하여도 재물이 많은 자가 있느니라 (잠언 13:7)'

물론 나 스스로 부한 체한 적은 없었다. 그저 저렴하지만 다양한 반찬이 나오는 곳에서 밥 잘 먹고 공부에 집중하느라 운동이 부족해서 살이 좀 쪘을 뿐인데 그 집사님이 나를 좋게 봐주신 것이었다. 그리고 그 집사님의 오라버니께서 미국에서 미국회계사를 하시다가 은퇴하신 이력이 있어서인지 미국회계사 시험을 준비한다니까 굉장히 대견해 보였던 것 같았다. 막상 미국회계사 시험을 응시하기도 전에 좋은 맞선 자리가 들어오니까 기분은 좋았지만 집사님의 제안 시기가 시험을 2달 정도 앞둔 제일 바쁜 시기라는 점이 문제였다. 그리고 지금의 아내와 결혼하기 전까지 한 번도 연애를 해본 경험이 없었기 때문에 맞선이란 단어 하나만으로도 가슴 떨리는 설레임 때문에 잠도 잘 못 이루고 공부가 전혀 되질 않았다. 선을 봐보라는 제안과 동시에 이틀 정도 머리 속에 아무 것도 들어오지 않았다. 갑자기 부모님 생각이 났다. 마침 그 집사님이 열린 교회 도서관에서 책을 읽는 중이셨기 때문에 집사님을 따로 불러내어 내 상황을 얘기했다. 선을 안 보겠다고 거절한 것이 아니라 나의 재정 상황과 허름한 숙박업을 운영하시는 부모님 등 현실적인 부분들을 알려주었다. 그래도 선을 보겠다면 선을 보겠다고 최후의 통첩을 보냈다. 그 집사님은 얘기를 다 듣고 살짝 부담스러워하셨지만, 그래도 미래를 보고 소개해주겠다고 하셨다. 하지만 다음 날 집사님은 굉장히 미안한 표정으로 다가오셨다.

"형제님, 죄송해요. 제 마음 같아서는 소개해드리고 싶었지만 자매님 측 부모님이 형제님 직업이 너무 불안정하다고 거절하셨어요. 두 분이 정말 잘 어울릴 것이라 생각했는데 죄송해요."

그 날 이후로 집사님과 나의 관계는 예전보다 소원해졌다. 사실 나는 아무렇지도 않았는데 집사님 스스로가 미안한 마음에 마주치는 것이 부담스러우셔서 나를 멀리 하셨다. 되려 그 사건 이후로 공부에만 전념할 수 있어서 진심으로 집사님이 좋게 봐주심이 감사했다.

열린 교회는 4호선 인덕원 역에서 버스로 두세 정거장 정도의 거리에 있다. 하나님의 말씀이 살아있고 성도들을 신학생 수준으로 가르치시기로 유명한 교회인데 처음에는 방배동에서 작게 시작한 교회가 어느덧 수천 명이 참석하는 대형교회로 성장한 곳이기도 하다. 현재 내가 살고 있는 의정부는 열린 교회와 너무 멀어서 예배를 참석하지 못하지만 열린 교회 홈페이지를 통해 김남준 목사님의 예배를 동영상으로 가끔씩 보고 있다. 20세 때부터 이 책을 쓰고 있는 36세가 될 때까지 지난 16년 중 2년 동안 열린 교회에서 신앙생활을 했다. 그때는 총각으로서 공부할 시간도 많았기 때문에 열린 교회에서 누릴 수 있었던 기독교 관련 지식을 풍성하게 접할 수 있었다. 김남준 목사님은 내가 누구인지 전혀 모르시겠지만 아무튼 김남준 목사님의 신앙서적과 신학적 식견에 감화·감동을 받아 2011년 겨울에 미국의 웨스트민스터 신학교 신학 석사 과정(M.Div)에 지원하여 합격하였다. 갑자기 뜬금없이 신학은 왜 언급하냐고 하겠지만 내가 한때 신학을 결심할 정도로 지대한 영향력을 행사하셨던 분이다. 웨스터민스터 신학교는 열린 교회가 소속한 장로 교단에서 최고의 미국 신학교이기 때문에 합격했던 자체도 영광이라고 생각하고 있다.

그리고 미국회계사 시험을 준비할 때 도와준 두 명의 지인이 항상 가슴 깊이 남아있다. 한 명은 게임 관련 전문가인 정민이란 친구인데 벤처기업 창업 멤버로 나를 포함시켜 주었고 미국으로 시험 보러 가야 할 비행 경비까지 빌려주었다. 2010년 1월 4과목 시험을 보러 가기 위해 미국 비행기와 숙박비가 필요했는데 200만 원이 모자라서 시험을 볼 수가 없는 상황에 이르렀다. 2,000만 원까지 빌려주신 부모님께 도저히 전화드릴 수가 없었다. 결국 정민에게 손을 벌렸는데 아내랑 별도로 상의하지 않고 나에게 200만 원을 선뜻 빌려주었다. 오히려 시험 잘 봐서 그 지식을 회사를 위해 써달라고 부탁할 정도였다. 그만큼 내가 경제적으로 어려웠다. 어쨌든 친구 정민의 200만 원은 내 인생의 20억이나 다름없다. 만약 그때 비행기 값 때문에 미국에서 시험을 응시하지 못했다면 이 책을 쓰지도 못 했을 것이다. 만약 내가 백만장자가 되어서 투자를 하라고 한다면 친구 정민에게 하고 싶다.

또 다른 한 분은 현재 주식회사 빌마스터의 정문수 대표이사님이다. 정문수 대표님은 보험회사 직원일 때 나의 담당 파트너였다. 일도 잘하는 분이시지만 인격적으로도 매우 훌륭한 분이셔서 보험회사를 그만 두고도 지금까지 연락하고 있다. 사실 계속 보험회사에 계실 줄 알았는데 갑자기 소상공인을 위한 종합 비즈니스 컨설팅 서비스를 제공하는 회사를 창업하셨다. 전국적으로 소상공인 네트워크를 형성하고 소상공인들이 본연의 사업에 집중할 수 있도록 마케팅, 세무, 회계, 금융, 소프트웨어, 앱 등의 다양하게 필요한 것을 한 번에 해결할 있도록 돕는 회사이다. 정문수 대표님이 정말 감사한 이유는 내가 회계사 공부할 당시 춥고 배고플 때 문자 하나가 핸드폰에 입력되었다.

'김세종 FC님(내가 일하던 보험회사에서는 보험설계사를 FC라고 불렀다.), 공부하시는데 힘들죠? 제가 3만 원 보냈으니까 그걸로 맛있는 것 사 먹으세요.'

눈물 젖은 빵을 먹어보았는가라는 표현도 있지만, 그때 그 3만 원으로 500원짜리 주먹밥을 배터지게 마음껏 먹었다. 눈물까지는 나지는 않았지만 그때 3만 원은 사막에서 생존에 필요한 단비와 같은 큰 금액이었다. 너무 감사해서 아직도 그 3만 원의 감동을 잊지 못하고 있다. 요즘 와서 정문수 대표님께 그 때 일을 언급하며 감사의 표현을 하면 정문수 대표님은 되게 부끄러워하신다.

"김세종 회계사님, 제가 그때 30만 원을 드렸어야 했는데 너무 적게 드려서 오히려 죄송해요."

어떻게 보면 되게 없어 보이는 이야기이다. 아무리 없기로서니 그런 것으로 감동하다니…. 그래도 나름 가난 안에서 누리는 작은 행복들은 부잣집 아들들이 누릴 수 없는 특권이다. 누군들 부잣집 아들로 태어나고 싶지 않았겠는가? 태어나는 것이 어디 내 마음대로 되는가? 그냥 태어났으니까 내게 주신 환경과 사람들 안에서 만족하고 행복감을 느끼면 그게 다라고 생각한다. 나는 정말 행복하다. 인격과 물질의 부족함에도 주위에 좋은 사람들이 너무 많기 때문이다. 사람보다 더 귀한 것은 없다. 사람이 곧 재산이지 돈은 숫자에 불과하다.


## 3. 인생의 가장 큰 좌절
### – KBS 개그맨 응시 나이 제한

결과적으로 미국 회계사는 2010년 1월에 전 과목 응시하여 동년 3월에 세 과목 합격 통지를 받았고 2010년 8월에 나머지 한 과목을 응시하여 2010년 9월에 최종 합격하여 2010년 10월에 회계사 시험 합격증을 수령하였다. 2010년 1월과 10월 사이에 미국회계사 시험의 남은 한 과목을 합격하기 위해 공부만 하고 있었을까? Never.

미국회계사를 공부한 것은 회계사가 되기 위함이 아니고 한국 최초 미국회계사 출신 개그맨이 되기 위함이었다. 2010년 3월 KBS 개그맨 시험을 도전하기 위해 KBS 홈페이지를 방문하였다. 얼마나 개그맨이 하고 싶었는지 온라인 지원을 하기 위해 마우스를 움직이며 클릭할 때마다 심장이 두근거려서 참을 수가 없었다. 그러나 KBS 개그맨 공채 지원 창에서 내 이름 석 자 '김세종'을 치고 개인 인증을 위해 주민번호를 타이핑한 후 '입력' 버튼을 누르는 순간 내 인생의 가장 큰 좌절을 맛보고 말았다. 30년간 꿈꿔왔던 개그맨, 그리고 개그맨이 되기 위해 피나는 노력으로 미국회계사 시험까지 봤건만 만 30세 KBS 개그맨 연령 제한에 걸려 지원 자체가 안 된다는 팝업 창을 보게 된 것이다. 나는 설마 날짜 계산을 잘못했나 싶었다. 내 생일로부터 계산해보니 나는 만 31세였다. 이제껏 내가 만 30세라고 나이 계산을 잘못한 것이었다. 모든 것이 나의 과오였다.

'이렇게 될 줄 알았으면 한 살이라도 젊었을 때 KBS 코미디언 시험에 도전했어야 했는데…'

부모님이 운영하시는 백운장 여관 105호가 내 방이었는데 105호에서 방 불을 끄고 어두 컴컴한 구석에 앉아 혼자 흐느껴 울었다.

'김세종! 이 바보 똘아이 새끼. 이 멍청한 놈아. 이렇게 될 줄 알았으면 미국회계사 시험을 볼 필요도 없었잖아. 병신 새끼.'

교회를 10년 넘게 다녔으면서도 나이 계산 하나도 제대로 못한 나 자신이 너무 미웠다. 너무 슬프니까 나 자신한테 저렇게 가혹한 말들을 하게 되었다. 혼자서 한참 울었다. 일곱 살 때부터 개그맨을 꿈꿔왔고 만 31세가 될 때까지 그 꿈을 포기하지 못해 투자했던 시간과 물질, 특히 KBS 사장까지 도전했던 노력들이 한 순간에 물거품이 되어버리게 되니 인생이 너무나 허망하다는 생각이 들었다. 연예인이 되면 스캔들 생길 것이 두려워 일반인임에도 불구하고 20대의 피 끓는 성욕을 짓밟아가면서 여자도 함부로 사귀지 못한 천연기념물이었다. 이럴줄 알았다면 연애라도 진하게 해볼 것을 남들 다 하는 연애도 한 번 제대로 못 해보고 20대를 그냥 지나쳤다는 진한 후회가 가슴을 저리게 하였다. 남자도 슬프면 운다. 그중에서 나는 아주 서럽게 우는 남자였다. 백운장 여관에서 떠나갈 듯이 울었다. 부모님이 깜짝 놀라셔서 걱정스러운 눈빛으로 105호로 달려오셨다.

"어머니! 말 못할 상황에 처했으니 그냥 홀로 있게 놔두세요."

그래도 대성통곡하며 한참을 울고 나니 그래도 마음이 좀 진정이 되었다. 어차피 개그맨 시험 응시 자체를 못 하게 되었으니 남은 인생을 어떻게 살 것인지 고민해야 했다. 사실 회계사 시험을 보기는 했지만 회계사로는 성공할 자신이 없었다. 8개월 동안 미친 듯이 공부했지만 회계에 대한 이해보다 개그맨이 되고 싶다는 일념 하에 초능력을 발휘하여 부족한 뇌 용량에 회계사 시험 책을 마구잡이로 집어넣었다고 하는 것이 정확한 표현이었다. 그러니 시험을 합격하여 회계사 합격증은 받았지만 뇌 속에 들어있던 회계사 책들은 이미 바람에 날라간 뒤였다. 회계사지만 회계를 잘 알지 못하는 회계사였다. 물론 지금은 5년차 회계사가 되어서 회계사로서의 분위기가 나지만 여전히 나는 부족한 회계사임을 스스로가 잘 알고 있다. 5년차 회계사인데도 선배들에게는 탁월하고 스마트하다는 평가는 받아본 적 없고, 후배 회계사들에게도 회계사로서 실력으로 존경 받는 선배 회계사는 아니라고 생각된다. 그런 사실이 별로 부끄럽지 않기 때문에 정직하게 고백하는 것이다. 회계사로서의 전문성에 대한 시장의 평가와 평판은 이미 정해졌는데 군이 나를 좋게 포장한다고 해서 진실이 어디 숨겨지겠는가? 회계사 시험을 준비하는 이들은 평생 직업으로서 회계사 자격증을 취득한 전문가들이다. 나같이 개그맨을 하기 위한 예외적인 목적을 위해 회계사 시험을 준비한 사람은 전무하다고 봐야 한다. 5년 동안 여러 회계법인에서 근무를 했지만 다른 회계사들은 회계사 업무를 대하는 태도 자체가 나와 달랐다. 개그맨을 꿈꾸었던 사람이라 그랬는지 고객들이 나를 볼 때 가벼워 보이고 우스운 사람처럼 보이는 경우가 많은 것 같다. 남을 웃기려는 습관이 배어서 말실수도 많이 하고 멍청해 보이는 말들이 조건 반사가 아닌 무조건 반사적으로 나오기도 한다. 사실 어려운 회계보다 고객이나 후배 회계사들하고 농담 따먹기 하는 것이 훨씬 재미있는데 평생 직종으로 생각하는 다른 회계사들과 내가 경쟁이 되겠는가? 나는 후배 회계사들이 쉽게 뛰어넘을 수 있는 전형적인 마음만 착한 선배 회계사이다. 회계사는 업무 자체가 굉장히 골치 아프고 스트레스가 쌓이는 직업이라고 생각한다. 하루에도 몇 번씩 내가 왜 이런 자격증을 땄을까라는 후회를 한다. 남들이 보기에는 배부른 소리라고 하지만 남들은 나처럼 절박하게 개그맨이 되고 싶다는 꿈을 품고 있지 않다는 것을 고려하면 내 심정을 충분히 이해할 수 있다고 생각한다.

회계사 시험을 준비할 때는 최종 합격하더라도 회계사 경력을 조금만 쌓고 KBS 개그맨이 될 것이라는 생각만 했다. 그래서 처음 일했던 병원 원가 회계 전문 회계법인에서는 정말 배우는 것도 더디고 일을 못하는 무능한 회계사였다. 그러나 한국에서는 코미디언을 할 수 없는 상황이 되자 과연 어떤 방향으로 제2의 삶을 설계해야 할 것인가가 중요한 인생의 화두가 되었다. 회계사 업무를 해보니 나의 성격과는 정말 맞지 않는 직업이었다.

미국회계사 학원을 등록하기 전 2008년 5월에 '코아벨스'라는 미국 로스쿨 입학 컨설팅 회사인 미국법 연구소에 등록을 하였다. 개그맨을 하더라도 대중의 인기가 떨어지게 될 경우, 수많은 무명 개그맨들의 경제적 어려움은 익히 알고 있었기 때문에라도 은퇴 준비 차원에서라도 평소에 좋아하는 영어를 마음껏 활용할 수 있는 미국 변호사라는 직업을 고려하고 있었다. 또한 보험회사 영업사원으로서 다양한 집단에 속하는 것이 영업에 도움이 된다는 생각 때문에 공부를 집중적으로 한다는 생각보다는 코아벨스에 다니는 직장인들과 네트워크를 형성해서 보험 상품을 팔겠다는 얄팍한 영업 전략도 있었다. 보험 상품 자체는 인생에 도움이 된다는 확신이 있었기 때문에 주위 사람들에게 보험 상품을 소개하는데 자부심이 있었다. 그리고 코아벨스 대표이신 김영기 변호사님은 어떤 상황에서도 수강생들과의 관계를 부드럽게 유지할 수 있는 지혜를 갖추신 분이셨기 때문에 설령 내가 실수를 해도 별로 아랑곳하지 않으셨다.

2008년 5월에 코아벨스를 등록해서 몇 달간 다니다가 미국회계사 시험 준비 때문에 휴학 신청을 했다. 그리고 2010년에 KBS 개그맨 연령 제한 때문에 지원을 못하게 되면서 다시금 미국 변호사 준비를 해야겠다는 다짐을 하였다. 어차피 제대로 이해도 못하고 외워서 얻은 회계사 자격증이고 다른 회계사들과 경쟁해서 이길 자신이 없다면 회계사 경력을 어느 정도 쌓다가 궁극적으로는 미국 변호사로서 성공하자라는 생각을 하게 된 것이다. 숫자보다 영어를 좋아하고 미국인들과 논리적으로 법적 공방을 한다는 자체가 그냥 흥미로웠다.

회계사의 모습만 봤던 사람들이라면 그들은 나를 평가할 때 되게 어리버리한 사람으로 평가할 것이다. 그러나 그런 평가와는 다르게 나는 진정으로 좋아하는 일을 발견하면 결국에는 누구보다 잘할 수 있다는 내적 확신이 있었다.

그런 상황 가운데 코아벨스 대표이신 김영기 변호사님에게 이메일을 보냈다.

'변호사님, 제가 그렇게 꿈꾸었던 KBS 개그맨 시험에 불합격했습니다. 그런데 아쉬운 것은 나이 제한에 걸려 지원 자체를 못했어요. 억울하지만 현실이 그러한데 어떡하겠습니까? 저번에 휴학을 신청한 것은 미국회계사 시험 때문이었습니다. 현재 4과목 중에 3과목은 합격했고 나머지 한 과목이 남았으니 합격하는 대로 서울에서 직장을 구해서 코아벨스로 다시 복귀하도록 하겠습니다.'

이메일을 보내자마자 10분 뒤에 핸드폰으로 전화 한 통이 왔다. 연락처 이름은 '코아벨스', 순간 내 눈을 의심했다. 다시 봐도 '코아벨스'였다. 전화를 받아보니 김영기 미국 변호사님이셨다. 워낙 바쁘신 분이라 전화보다는 주로 이메일로 의사소통을 하시는 분인데 직접 이 미천한 제자 한 명, 그것도 휴학 중인 제자를 위해 전화를 주신 것이다.

"김세종 연구생, 이메일 내용이 정확히 무엇인가요? 개그맨이요? 하하하."

"변호사님, 저는 정말 슬픕니다. 7살 때부터 꿈꿔왔던 직업이거든요."

"그래서 앞으로 어떻게 하려구요?"

"뭐~! 이메일 드린대로 회계사 시험을 마무리 짓고 코아벨스로 복귀해야죠."

"김세종 연구생, 미국 변호사를 하겠다는 사람이 이런 상황을 그냥 넘겨서야 되겠습니까?"

예상치 못한 변호사님의 말씀에 깜짝 놀라 아래와 같이 질문했다.

"변호사님, 그러면 제가 여기서 무엇을 해야 하나요?"

변호사님은 친절하게 말씀을 이어가셨다.

"제가 보기에 KBS 개그맨 연령 제한은 명백한 평등권 위반입니다. 법적으로 보장되는 직업 선택의 자유를 침해한 것이기도 합니다. 법적 조치를 취해야지요?"

"변호사님, 제가 소송할 돈이 어디 있습니까?"

이런 걸 보면 나는 정말 무능했다. 거기서 돈 얘기가 왜 나온단 말인가?

"하하하, 김세종 연구생. 소송비용이 걱정되면 국가인권위원회 같은 곳에 민원을 제기하세요. 그리고 코아벨스로 복귀할 때 별도의 추가 비용을 낼 필요는 없습니다. 대신 열심히 공부하세요."

정말 김영기 변호사님은 지혜로운 은사님이셨다. 진짜 중요한 일에는 전화를 해서라도 제자의 어려움을 살펴주시는 분이었다.

"제가 한 번 민원 제기를 해보겠습니다. 감사합니다. 변호사님."

"김세종 연구생, 개그맨 시험에 떨어지고 국가인권위원회에 민원 제기하여 승소하면 오히려 나중에 전화위복이 될 수 있습니다. 너무 상심하지 마세요. 길게 보고 접근하세요."

전화를 끊자마자 너무 감격스러워서 홀로 눈물을 흘렸다. 사실 변호사님이 의도한 것은 나중에 미국 로스쿨 지원을 고려하여 하신 말씀인데 나는 당장 나이 제한을 없애면 다시 개그맨 시험에 도전할 수 있다는 근시안적 관점에서 희망의 빛을 보았기 때문이었다.

## 4. KBS 나이 제한을 철폐시킨 강적 '김세종'

코아벨스 미국법 연구소 대표이신 김영기 변호사님의 지시에 따라 감격의 눈물이 멈추자마자 국가인권위원회 홈페이지에 KBS 개그맨 공채의 연령 제한이 평등권 위반이며 직업 선택의 자유를 침해한다는 이유로 민원을 제기하였다. 민원을 제기한 지 2~3일 뒤에 국가인권위원회 담당자에게서 전화가 왔다.

"김세종 씨? 국가인권위원회의 OOO 조사관입니다. 민원 제기하신 내용 잘 접수했습니다. 구체적인 사실관계를 파악하고자 전화를 드렸습니다. 전화 가능하신가요?"

"네, 전화 가능합니다."

"우선 제가 가장 궁금한 것은 실제로 KBS에 나이 제한이 있다고 하셨는데 MBC나 SBS 같은 다른 방송국도 나이 제한이 있나요?"

"다른 방송국들은 나이 제한이 없습니다."

"그러면 다른 방송국의 개그맨 공채 시험을 도전하시면 되는 것 아닌가요?"

그 부분에서 조사관을 설득할 논리가 필요했다. 임기응변이 필요한 순간이었다.

"조사관님, KBS는 개그맨 양성 시스템이 3사 중에서 가장 잘 구축된 곳입니다. KBS 개그 콘서트가 부동의 1등 코미디 프로그램인 것 잘 아시잖아요? MBC와 SBS도 좋은 방송국이지만 KBS에서 시작하고 싶습니다."

"그렇군요. 알겠습니다. 제가 직접 각 방송사의 홈페이지에 방문하여 모집요강을 확인해보도록 하겠습니다. 전화 감사합니다."

그 뒤로 약 3개월간 담당 조사관으로부터 추가적인 전화는 오지 않았다. 나도 미국회계사 시험의 남은 한 과목을 정리하며 학원 강의를 하느라 정신없는 일정을 보내고 있었다. 그러던 중 국가인권위원회에서 전화가 왔다.

"안녕하세요? 김세종 선생님이시죠? 저는 국가위원회 ㅁㅁㅁ 조사관입니다."

"어? 담당 조사관님이 바뀌셨네요?"

"아~ 네. OOO 조사관이 미국 유학을 가게 되어서 김세종 선생님의 사건이 3개월 만에 종결되었습니다."

"그래요? 어떻게 결론이 났나요?"

"대부분의 일은 OOO 조사관이 진행했습니다. 본인 유학 일정 때문에 다른 민원들과 비교해봤을 때 굉장히 빠른 시정권고 결정을 받아내셨어요. 이미 KBS 측에 전화 연락을 해서 연령 제한을 폐지하라고 구두로 시정권고를 하였습니다. 동시에 공문으로 시정권고문을 전달하였습니다."

"우와! 제가 이겼네요. 감사합니다. 내년부터는 개그맨 시험에 다시 응시할 수 있겠네요?"

"예! 아주 잘하셨습니다. 해당 시정권고문을 집으로 발송해드릴 예정입니다. 수령하시는데 2~3일 정도 소요될 것입니다."

"감사합니다."

너무 기뻤다. 비단 KBS 개그맨이 되지 못하더라도 다른 노장 개그맨 지망생들이 끝까지 포기하지 않고 지원할 수 있는 토대를 형성한 선구자가 되었기 때문이다. KBS 개그맨은 되지 못했지만 KBS 코미디 역사에 유일무이한 연령 제한을 철폐시킨 응시자인 것도 개인적으로는 슬프지만 공익적 측면에서 매우 유익하다는 생각이 든다. 비록 연령 제한을 철폐하면서까지 개그맨 시험에 도전하려는 개인적인 욕심에서 시작한 일이지만 한국 사회에 존재하는 연령 차별을 해결했던 대표적인 사례이기 때문이다.

무엇보다 해당 시정권고가 KBS 연예부 담당 PD가 아닌 KBS 사장에게 직접 발송되었다. 한때 최연소 KBS 사장이 될 뻔(?)했던 KBS 사장 후보로서 연령 차별 개선을 위한 인권 개선 사례로서 역사적인 재평가를 받게 되리라 믿는다. 왜냐하면 이 책을 집필하는 저자는 아직 30대 중반의 젊은이(?)이고, 본인이 직접 경험한 KBS 개그맨 공채 연령 차별 사건을 통해 장기적으로 인권변호사로서 법에 근거한 인권 개선을 통한 인류 발전에 공헌하는 미래도 염두에 두기 때문이다. 그렇다고 반드시 인권변호사를 하겠다는 것은 아니었다. 그저 내가 잘 할 수 있는 것이 무엇인지 생각하는 가운데 내 안에 존재하는 싸움닭 기질과 한 번 물면 웬만해서는 포기하지 않는 진돗개 기질을 가장 잘 발휘할 수 있는 분야가 법적 분쟁이 아닌가 싶었다. 개그맨이 되고자 입학했던 법학과에서 학점 관리만 하고 사법고시를 준비하지 않았던 것을 처음으로 후회했던 때가 KBS 개그맨 공채 연령 차별 사건이 벌어진 때이기도 하다.

최종적으로 미국 회계사 시험에 합격하여 회계법인에 취업하여 근무하던 중 2011년 3월에 KBS 개그맨 공채 시험에 응시하였으나 지원은 가능하였으나 1차 서류전형을 아예 통과할 수 없었다. 혹자는 제출한 개그 대사가 재미없었던 것 아니냐고 반문할 수 있겠지만 1차 서류 전형은 대부분 통과하는 단계이다. 진짜 재미없거나 이력서를 잘못 쓴 경우만 불합격하는데, 2차 시험을 한 번 합격해보았던 경험이 있었기 때문에 2차 시험 합격 수준의 대사보다 잘 쓰면 잘 썼지 더 못 썼다고는 생각하지 않는다. 2차 3차 때 보여줄 코미디 연기를 100번씩 연습하며 때만 기다리고 있었다. 100번씩 연습하면서 마음 한 켠에서는 1차 서류 전형도 합격하지 못할 것이라는 것을 이미 예상은 하고 있었다. KBS 연예부 PD도 아닌 KBS 사장에게 직접 시정권고 명령이 들어갔으니 당연히 한국 특유의 '괘씸죄'를 나에게 적용하지 않았을까? 사실 내심 떨어지기를 바라는 마음도 있었다. 개인적으로 군대 문화를 너무 싫어해서 대기업 취업도 안 하고 자유로운 프리랜서를 했던 보험 세일즈맨으로서 32~33세의 나이에 20대 초중반의 개그맨 선배들에게 고개를 조아릴 자신도 없었다. 학군단 3학년 때도 합법적인 선배들의 지시에는 따랐으나 학군단 규정을 어기며 지시하는 선배들의 말은 어떤 쌍욕을 들어도 무시했던 강적이었기 때문에 개그맨 집단에 가서 선배들과 원만하게 지내려고 최대한 노력할 수도 있겠지만 만약 너무 불합리한 지시나 인격모독적인 발언 등을 하면 분명히 갈등이 일어날 것이 분명했다.

인권 변호사를 꿈꾸기 시작하면서 다른 꿈을 꾸기 시작하였다. 인권의 고귀한 가치를 몸소 경험하면서 평등권 보장과 같은 인권 개선을 위한 도전과 노력의 과정에서 얻어지는 결실은 돈과 바꿀 수 없는 명예라는 생각이 들었다. 무명이었고 책을 쓰는 지금도 무명이지만 KBS 개그맨 시험 연령 차별 철폐 사건은 김세종 한 사람의 존재 가치를 발견하게 하는 소중한 경험이었다. 인권 변호사가 되어 나로 인해 행복해질 사람들을 생각하면 벌써부터 가슴이 떨리고 그 어떤 어려움을 극복해서라도 나의 도움을 필요로 하는 사람들을 위해 내 삶을 불태울 준비가 되어 있다. 인권 변호사를 한다지만 정작 변호사가 되어서 인권 분야에 잘 진입할 수 있을지 미래는 확실하지 않다. 그러나 적어도 지금 확실하게 말할 수 있는 것은 어떤 방식으로든 나의 삶이 국적을 초월하여 인권 개선을 통한 인류발전에 기여하도록 노력할 것이며 그것은 나의 삶이 존재하는 이유가 되었다. 그런 의미에서 정치는 가장 효과적인 인권 개선의 수단이 될 것이다. 변호사라는 직업보다 많은 정치인들이 변호사 출신이어서 변호사가 되고 싶은 마음도 솔직히 없잖아 있다.

개그맨과 관련된 이야기는 이 페이지가 마지막으로 할애된다. 국가

인권위원회의 KBS 개그맨 공채 연령 차별 시정권고는 최초 국인권위원회 산하 조직인 홍보협력과 소속 박광우 선생님이 2010년 7~8월호 '인권'이라는 국가인권위원회 공식 잡지에 나의 이야기를 적어주셨다. 그 후 기자들 사이에서 삽시간에 소문이 퍼져 '미디어오늘'이라는 신문사에서 김수정 기자님이 2010년 8월에 인터뷰를 요청하셨다. 아래 내용은 해당 신문기사를 스크랩한 것이고 홈페이지 상에서 원문을 조회하고 싶으면 아래의 URL을 입력하면 신문기사를 직접 확인할 수 있다.

● 〈KBS 개그맨 공채 연령 제한 철폐 관련 인권 신문 기사〉

## "서른 살 넘으면 KBS 개그맨이 될 수 없나요?"

[인터뷰] KBS 공채 코미디언 나이차별 시정 권고 받아낸 김세종씨

▲ KBS 공채 개그맨 나이차별 시정권고 받아낸 김세종 씨.

그는 막 미국공인회계사 시험을 마치고 귀국하는 길이었다. 올 초 봤던 시험 중 한 과목이 아깝게 점수가 모자랐기 때문이다. 어깨에는 배낭이, 손에는 커다란 가방이 들려 있었다.

"시험은 잘 보셨어요?" 인사를 건넸더니 그는 "잘 마무리하고 왔다."며 "잘 되겠죠." 하고 답했다. 얼굴에는 웃음기가 가

득했다. 대화를 나눌수록 참 긍정적인 사람이구나 싶었다. 그래서였을까. 미국에 가서 공인회계사 시험까지 치른 그가 여전히 코미디언의 꿈을 접지 않은 것은….

지난달 26일 밤 10시, 서울 강남터미널에서 만난 김세종 씨(31). 고향 목포로 내려가는 막차 표를 끊어 놓고 인터뷰를 시작했다. 2시간 남짓 남은 시각이었다. 충분할 것 같았다. 하지만 그렇지 않았다. 결국, 막차 버스표를 취소하고 한 시간 더 애길 들었다. 인터뷰 내내 드는 생각은, "아! 이 사람 진짜 웃기다!"였다. 재밌지만, 그만의 진지한 방법으로 세상에 도전해 온 그의 별난 세상살이 이야기에 차부에서의 심야 인터뷰는 결국 자정을 한참 넘겼다.

그는 지난해 KBS 개그맨 공채 시험에 도전했다가 떨어졌다. 그래도 '최종'까지 갔으니 올해 좀 더 하면 되겠다 싶었다. 개그맨 시험만 매진할 수 없어, 미국공인회계사 시험을 함께 준비했다. 지난 1월 회계사 시험을 끝내고, 3월에 날 개그맨 공채 발표만을 기다리고 있었다.

그러나, 아뿔싸! 그에게는 청천벽력과 같은 시련이 닥쳤다. 응시할 자격이 안 된다는 것을 안 순간 멍해졌다. '만 30세 이하'라는 나이 제한에 걸린 것이다. MBC와 SBS에는 없지만, 유독 KBS만 공채 개그맨의 나이를 제한하고 있다. 그는 당시 만 30세였지만 KBS가 '1980년 1월 1일 이후 출생'으로 응시 자격을 제한하는 바람에 아예 지원조차 못 했다.

김씨는 "1년 동안 열심히 준비했는데 너무 아쉬웠다"며 "포기하려는데 주변에 계신 미국 변호사께서 그냥 넘어가지 말라고 조언해줬다"고 말했다. 이런 일이 발생하면 한국에서는 그냥 넘어가고 말지만, 미국은 그렇지 않다는 것이다. 나이 제한 때문에 꿈을 포기하는 이는 비단 자신뿐 아니리라. 생각이 그에 미치자 국가인권위원회에 KBS 공채 개그맨의 나이 차별을 바로잡아달라는 진정서를 냈다.

그가 개그맨에 필이 꽂힌 것은 7살 때였다. 심형래 씨의 개그가 그의 인생길에 이정표가 됐다. 고등학교 때 갑자기 공부를 잘하게 돼 한양대 법대에 입학했지만, 꿈은 여전히 개그맨이었다. 사법고시를 볼 생각은 전혀 없었다. '서울대 개그맨'은 있었지만 '법대 개그맨'은 없다는 꽤 '단순한(?) 생각'으로 법대에 들어간 그였다. 개그를 개발하는 것은 소프트웨어를 개발하는 것과 같다는 지론으로 '개그계의 빌 게이츠'가 되고 싶었다.

대학 2학년 때인 1999년 3월, KBS 개그맨 공채에 첫 지원했다. 1차는 서류심사. 2차에서는 준비한 개그로 3분 동안 심사위원을 웃겨야 한다. 열심히 준비했지만 심사위원들은 웃지 않았다. 좌절은 컸다. 개그맨은 포기해야 하나 싶었다. 그 후 한동안 '개그맨'에 대한 꿈은 잊고 살았다.

▲ KBS 개그콘서트. ©KBS

그런 그가 KBS와의 인연을 다시 맺게 된 것은 조금 엉뚱했다. 2006년 그는 KBS 사장 공모에 응모했다. 1인출판사를 운영하려 했던 때였다. 하지만, 대기업 신입사원 연봉으로 어느 세월에 출판사 운영자금을 만들까 싶었다. 그때 눈에 띄었던 게 KBS 사장 공모. 이거다 싶었다.

1차 합격 뒤 2차 경영철학 및 사업계획서를 준비했다. 3개월 동안 도서관에 살다시피 하면서 KBS에 대한 모든 책과 자료를 읽었다. 그때 KBS의 장단점과 정치적 독립성이 지켜지지 않는 구조적인 이유를 알게 됐다. 그러자 "나만큼 정치적 독립성을 지킬 수 있는 사람은 없다"는 자신감이 생겼다. 모두 무난히 통과해 최종면접까지 올랐다.

최종면접을 그는 지금도 생생히 기억한다. 면접장에 들어가자 심사위원이던 KBS 이사장의 첫 멘트는 "패기는 출중하나, 나이가 어리다"는 것이었다. 그가 최종면접까지 오른 것은 어쩌면 구색 맞추기용 들러리였는지도 모른다. 그러나 그는 꼭 그렇지만은 않다고 생각했다. 자신이 있었기 때문이다.

그런 그를 알아봐 준 이가 있었다. 남윤인순 이사였다. 그를 애송이 취급하던 이사들 사이에서 남윤 이사는 "후보님의 사업계획서를 검토해보니 내용이 참신하고 창의적이더라"며 "이것을 어떻게 구현할 것이냐"고 물었다. 준비한 질문이었다. 답변을 내놓자 이사들도 놀라는 분위기였다. 하지만 최종면접을 마칠 때 이사장은 "어려서 큰 회사를 맡길 수 있겠느냐"고 했다. 결과를 짐작할 수 있었다.

김씨는 "그때 나이가 능력을 판단하는 기준이 되는 것이 정당하지 않다고 생각했다"며 "조금씩 인권에 관심을 갖게 됐다"고 말했다.

다시 개그맨에 도전해야겠다는 생각이 든 것은 그가 28살 때였다.

꿈을 버릴 수가 없었다. 본격적인 준비에 착수했다. 개그학원에 등록했다. 개그에 이론이 있다는 것을 처음 알았다. 개그맨이 되려면 센스, 노력, 연기력이 필요하다는 것을 깨달았고, 요즘 PD들은 준비된 사람을 뽑는다는 흐름도 알게 됐다.

비장의 무기 '프레디 머큐리 개그'를 100번 넘게 연습하며 2009년 공채 개그맨에 도전했다. 거기에 KBS 사장 최종면접까지 갔던 경험을 더해 'KBS 사장 개그'를 더했다. 연기를 시작하자 '푸흡~'하는, 참다못한 웃음들이 터져 나왔다. 여기에 '김연아 댄스'로 쐐기를 박았다. 그야말로 '빵' 터졌다. 거의 개그맨이 된 것 같았다. 3차에서는 지정연기, 자유연기, 개인기를 본다. 그런데 준비한 것과 다른 시험문제가 나왔다. 최종에서 떨어졌지만, 그는 내년에 한번 더하면 되겠다 싶었다. 그런데 올해 나이 제한으로 시험에 응시조차 할 수 없게 됐다.

김씨는 그 특유의 익살을 섞어 "KBS 사장은 나이가 어려서 안 되고, KBS 개그맨은 나이가 많아서 안 되더라"고 했다. 그가 나이 제한 벽에 그냥 주저앉지 않은 이유일 터이다. 인권위는 KBS 공채 개그맨의 나이 규정이 차별이라고 시정권고 했다. 신인 개그맨의 능력보유 여부를 연령으로 재단할 수 없다는 것이다. 다른 방송사는 나이 제한이 없다는 것도 영향을 줬다. 개그맨 나이 차별 제한을 없앨지는 이제 KBS에 달렸다.

그는 "미국 공인회계사 출신 개그맨은 없지 않느냐"며 여전히 '미국 공인회계사 출신 첫 개그맨'의 꿈을 꾸고 있다.

**김수정 기자**

출처 : http://www.mediatoday.co.kr/news/articleView.html?idxno=90489

제 **3** 장

# 인권 변호사와 한국의 대통령을
# 꿈꾸기 시작하다

## 1. 백수 인생

2005년 6월 군대 제대 후 장교 월급을 차곡차곡 모아 만든 목돈으로 2005년 7월에 일본과 유럽 여행을 통해 견문을 넓혔다. 일본과 유럽 여행으로 인해 수중에 남은 돈이 얼마 되지 않아서 가지고 있는 자금으로 중국어를 공부할 수 있는 학교를 찾았다. 지인의 도움으로 중국 표준어를 사용하면서 물가가 낮은 치치하얼시에 소재한 치치하얼사범학교라는 전문대학에서 중국어 연수를 하였다. 어학연수 기간은 2005년 8월말부터 2006년 1월까지였다. 북경에서 어학연수 시 드는 비용의 절반 가격으로 중국어 공부를 할 수 있었다. (참고로 치치하얼시는 중국 흑룡강성에서 하얼빈 다음으로 큰 도시이다.) 어학연수 과정을 마치고 귀국하였지만, 군대에서 다양한 보직을 이행하는 과정에서 몸과 마음이 많이 지친 상태로 진행한 해외 여행과 어학연수였기 때문에 27세의 나이였음에도 불구하고 직장을 따로 구하지 않고 무작정 쉬고 싶었다. 취업도 쉽지 않았지만 일도 하기 싫었기 때문에 자발적 백수가 되었다. 이때부터 나의 화려한(?) 백수생활이 시작되었다. 백수 생활을 성공적으로 하는 전략은 간단하다. 눈치 보지 말고 쉬려면 과감하게 쉬기만 하든지 스스로가 불쌍하단 생각을 할 시간이 생기지 않도록 사회 봉사 활동에 최선을 다하라는 것이다.

백수생활을 했던 기간은 2006년 2월부터 2007년 3월까지였다. 실질적으로 1년 1개월간의 백수생활이었지만 재충전의 시기였기 때문에 2007년 3월에 직장을 구한 이후로 지금까지 엄청난 에너지로 사회생활을 할 수 있었다. 한국에서 군복무는 법적 의무이기 때문에 하고 싶지 않아도 해야 했지만 민간인이 되어 자유로운 몸이 된 후에도 여전히 하고 싶은 일을 하지 못하는 자신이 너무 불쌍했다. 백수 기간 동안 진정으로 하고 싶은 코미디언 시험을 다시 도전하는 쪽으로 가닥을 잡았고 출판에는 실패했지만 그 과정에서 1인 출판사도 설립해서 간증집도 최선을 다하여 써보았다. 더 나아가 출판사 대표라는 직함 덕분에 KBS 사장 공모를 도전할 수 있었다. 이때 다른 친구들처럼 대기업에 입사했더라면 출판사를 세워보거나 KBS 사장 공모 도전이라는 인생의 귀한 경험을 할 수 있었을까? 나는 그 기간 동안 학교나 군대에서 배우지 못한 창의력과 도전 정신이 무엇인지 몸소 배울 수 있었다.

백수 생활의 아지트는 부모님 집인 목포 백운장 여관 105호였다. 지금은 장가를 가서 105호가 많이 정리가 되었지만 백수 생활을 하던 당시의 105호는 방이라기보다 창고에 가까웠다. 책이나 각종 잡동사니들이 105호 안에 있었고 내가 잠잘 수 있는 공간은 그 넓은 방에서 고시원 방만한 공간이었다. 그러나 그 좁은 공간에서 세계적인 인물이 되고야 말겠다는 꿈을 키워나갔다. 어떻게 보면 개그맨의 꿈을 이루지 못한 인생의 낙오자이며 철저한 무명 인생 중의 하나일 수도 있다. 그러나 백수 시절의 나는 세계를 품은 대인이었다. 가난하고 작은 돈에 민감했던 볼품 없는 백수였지만 내 마음 안에는 열정과 비전 그리고 세계를 집어 삼킬 뿐 아니라 씹어 먹어버릴 것 같은 기백이 있었다. 목포에서 빛과소금교회를 다녔는데 집사님들이나 젊은 형제 자매들이 다들 나를 보고 기이하게 여겼다. 얼굴은 멀쩡하게 생겨가지고 직장 없는 백수라는 것을 납득할 수 없다는 눈치였다. 대학도 한양대 법대를 나와서 장교까지 했고 영어와 중국어를 구사할 수 있으면서 목포에서 백수로 있다는 사실이 그들의 상식으로는 이해가 가지 않았던 것이다. 물론 그분들은 아예 나에 대해 관심도 없었는데 내가 혼자 착각했을 수도 있다.

책에다 쓸 때는 되게 뭐라도 되는 것처럼 백수 생활을 거창하게 적고 있지만 현실은 냉정했다. 아무리 마음에 세계를 품은 청년이라 할지라도 부모님과 교회 형제 자매들의 말 한 마디에 상처받아 혼자 씩씩거리기가 한두 번이 아니었다. 부모님은 직장을 구하지 않고 창고같은 방구석에서 혼자 뒹굴뒹굴하면서 뭔가는 하는 것 같은데 돈 안되는 일만 하는 것 같아서 날마다 걱정하셨다. 그럼에도 불구하고 대학, 군대, 어학연수 등으로 부모님과 너무 오래 떨어져 살았던 것도 정신적으로 힘들었던 부분이었기 때문에 백수 생활 자체는 너무 행복했다. 그리고 어머니의 요리 솜씨가 탁월해서 하숙집 밥보다 어머니 밥을 많이 먹고 싶기도 했던 시절이었다. 고향집에서 부족했던 영양을 충분히 보충하면서 재충전을 하게 되자 백수일지라도 세상을 다 가진 것이나 다름없는 내적 강인함을 키웠던 시기였다. 그러한 자신감을 가지고 상대방과 인간관계를 형성하였더니 상대방도 백수라고 나를 함부로 대하거나 불쌍히 여기지는 않았다.

백수로서 남는 게 시간이었기 때문에 영어예배와 관련된 봉사활동은 모두 참석하였다. 대표적인 봉사활동은 외국인 대상 한글학교 강사였다. 한국말을 영어로 설명하면서 외국인들에게 한국어를 가르치면서 느낀 것은 외국인들은 한국어를 익힐 때 너무 어려워하고 쉽게 포기하는 경우가 많은데, 우리 한국인들은 영어나 중국어 등 외국어를 배우고자 하는 열정과 노력이 이와는 비교가 안 되니 한국인들이 얼마나 정신력과 생활력이 강한지를 깨달을 수 있었다.

다른 봉사활동은 필리핀 노동자들의 공장에 방문하거나 한국인 남편을 둔 필리핀 여성들의 가정을 찾아가 격려하고 필요한 것들을 지원해주는 것이었다. 영어 교사로 오거나 사업에 성공한 필리핀 여성 외에는 대부분 가난하고 어려운 환경에서 노동을 제공하고 사는 외국인 근로자들이었다. 백수이기도 했지만 나의 가정도 그리 부유하지는 않았기 때문에 그들이 외국인이라기보다 정말 동병상련을 느끼는 가족 같았다. 특히 임금이 체불되거나 법정 근로시간이 제대로 지켜지지 않는 것을 눈으로 목격하면 공장을 운영하는 한국인 사장과 같은 국적을 가진 한국인으로 내가 더 미안하고 부끄러운 감정이 들었다. 더 마음 아픈 것은 그러한 환경과 어려움이 있을지라도 계약 연장이 안 될까 봐 두려워했기 때문에 자신들의 권리를 주장조차 할 생각을 못 하는 것이었다. 그렇다고 해도 내가 도와줄 수 있는 부분은 아무것도 없었다. 그저 같이 마음 아파하며 옆에 있어줄 수밖에는 달리 할 수 있는 것이 전혀 없었다. 불쌍한 외국인 노동자들의 삶을 보면서 그들을 돕고 싶은 나머지 난생 처음 권력에 대한 강한 욕구를 느꼈던 때이기도 하다. 목포지역 대부분의 외국인 노동자들은 가족들은 본국에 두고 홀로 한국에서 노동을 하는 경우가 다반사였기 때문에 가족에 대한 그리움은 이루 말로 할 수 없을 정도로 커 보였다. 힘든 일을 마치고 밤이 되면 Skype만 붙잡고 가족들과 연락을 취하느라 여념이 없었다.

만약 이 책을 읽는 당신이 백수라면 교회 봉사이든 민간단체 봉사이든 본인이 관심 있는 분야의 봉사활동을 지금 당장 시작하라고 권장한다. 사실 그들에게 신뢰를 받기 위해 봉사한 것은 아니었고 백수로서 남아도는 시간이 너무 아깝고 심심해서 열심히 도왔는데 신뢰라는 무형자산으로 내게 환원되었다. 봉사활동은 곧바로 눈에 보이는 이익으로 실현되지는 않는다. 그러나 신뢰라는 무형자산은 어떤 형태로든지 유·무형의 이익으로 결국 자기에게 돌아오게 되어 있다. 봉사는 순수한 마음으로 해야 한다고 주장할 수 있다. 그러나 내 경험 상 어떤 이익이 없이 무작정 봉사하는 경우 투철한 사명감이 아니면 오래 지속할 수 없다고 본다. 현실적으로 단기적이든 장기적이든 어떤 봉사를 통해서 결국 나에게 어떤 이익이 될 것이라는 기대를 가지고 봉사를 하게 되면 봉사 활동을 더욱 의미 있고 활동적으로 할 수 있는 의지가 생긴다. 실제로 이때 했던 봉사활동 경험들이 미국 로스쿨 지원서에서 언급되어 풍성한 자기소개서가 되었기 때문에 봉사활동 당시에 아무런 이익이 되지 않아 보였어도 로스쿨 합격의 한 요소를 차지하게 되었다고 굳게 믿고 있다. 본인의 이익을 위해 봉사활동 하는 것도 크게 나쁘지는 않다고 본다. 봉사하는 사람이 어떤 사적 의도를 가졌든지 간에 법적으로 문제되는 것이 아니라면 봉사활동을 통해 결과적으로 봉사 받는 사람들이 혜택을 보는 것은 똑같기 때문이다.

그리고 나는 백수일 때 오히려 더 폭넓은 사회 생활을 하였다. 위에서 언급했던 1인 출판사도 그렇고, KBS 사장 공모 시 아깝게 최종 면접에서 떨어졌지만 포기하지 않고 호텔에서 KBS 사장 채용 면접을 보았던 경험들은 그 어느 누가 20대에 해봤겠는가? 솔직히 지금 다시 도전하라면 감히 엄두도 못 내겠다. 그리고 출판 비용을 마련하기 위해 세계에서 손꼽히는 부자들에게 투자를 권유하는 국제 우편도 발송해보았다. 그 대상은 빌 게이츠, 워렌 버핏, 짐 월튼 등 미국 최고의 부자들 20명과 한국 기업가들 중 기독교 사업가 50여명이었다. 투자 유치 편지를 보냈는데 어떻게 되었을까? 아쉽게도 아무도 연락을 주지 않았다. 그분들이 나에게 투자해줄 것이라 믿고 의심하지 않았는데 결과는 투자 유치 실패였다. 결과적으로는 실패 같이 보였지만 별로 실망하지 않는다. 미래에 세계적인 인물이 되어 그들 중 한 분을 만나게 되면 젊었을 때 투자 유치 편지를 보냈다고 얘기하면서 가벼운 농담을 주고 받으면 금방 친해질 수 있을 것이기 때문이다. 오히려 그들은 자신들이 왜 저자의 출판사에 투자하지 않았을까라는 말을 하게 하고 싶을 정도의 인물이 되는 것이 인생의 새로운 목표로 설정되었다. 한 가지 흥미로운 사실은 빌마스터(Bill Master) 주식회사 정문수 대표님이 이 책을 출판할 수 있는 비용을 투자하여 책을 출판하였다는 것이다. 아직 그가 세계적인 재벌은 아니지만 나는 책을 내도 세계적인 재벌들에게 투자를 유치했던 이력이 있기 때문에 정문수 대표님은 나에게만큼은 세계적인 부호라고 생각한다. 그에게는 작은 돈일 수 있으나 이 책이 출판되는데 지대한 역할을 했기 때문에 내게는 가장 값어치 있는 투자이다. 그가 세계적인 부호가 되는 것이 꿈이라면 그 꿈이 현실이 될 수 있도록 그의 비지니스 파트너가 되어줄 것이다. 이 사례만 보아도 투자 받아 출판하는 계획은 27세에 시도했고 당시에는 이루지 못했지만 불가능해 보이는 것도 상상하며 실행에 옮기니 다른 책일지라도 결국 투자를 받아서 이 책을 출판하게 되었다. 꿈은 포기만 하지 않으면 반드시 현실이 된다.


## 2. 바닥 인생

개인적으로는 당분간 목포를 떠나고 싶은 생각이 없었기 때문에 목포에서 할 수 있는 직장이 필요했다. 젊어서 반드시 세일즈 경험이 필요하다는 아버지의 권유로 나는 백수생활을 청산하고 ACE 생명보험회사(前 뉴욕라이프) 직원이 되었다. 보험회사 영업사원 자체는 참 좋은 직업이라 생각되는데 이상하게 나는 인생의 바닥을 경험하게 되었다. 외국계 생명보험회사는 보험 상품의 계약 건수나 보험료 크기에 따라 매달 정산되는 급여를 받는다. 따라서 매달 일정한 계약 목표를 달성해야만 재정적인 어려움에 빠지지 않게 된다. 그러나 매달 일정 수준의 계약 목표를 달성한다는 것이 생각보다 쉽지 않았다. 우선 보험은 장기금융상품이고 많은 사람들이 보험 혜택을 받음에도 불구하고 보험 약관 상 보험금이 지급되지 않는 경우에 대한 불만이 보험에 대한 부정적인 시각을 갖게 하는 측면이 있었다. 또한 한국에서는 보험 영업을 한다고 하면 사람을 낮춰보는 경향이 있었다. 더 나아가 보험은 눈에 보이는 상품도 아니고 계약서만 주고 받고 미래에 있을 질병, 사망, 노후 대책 등의 위험에 대한 관리이기 때문에 나이가 젊거나 건강할수록 보험 상품에 대한 필요성을 느끼지 않는 경우가 다반사여서 보험 영업이 쉽지 않았다.

보험 영업 사원은 개인사업자로서의 지위를 갖는다. 그리고 영업 시장 개발을 위해 지인 시장부터 판로를 뚫어야 했다. 아무 것도 없는 상태에서 눈에 보이지도 않는 상품을 어떻게 전혀 안면이 없는 사람에게 팔 수 있겠는가? 설사 그런 사람들에게 판다고 해도 일정 시간 공을 들여서 지인 관계를 형성한 다음 신뢰관계를 바탕으로 보험 판매가 이뤄진다고 봐야 한다. 나의 경우 목포에 계속 머무르고 싶은 마음에 보험 영업을 시작하였지만 공교롭게도 대부분의 지인들이 서울에서 살고 있었다. 고등학교는 목포에서 졸업했지만 우등생들만 모였던 비평준화 고등학교여서 공부를 잘 했기 때문에 동창들 대부분은 서울 경기도 지역 대학교로 진학하였다. 나도 서울에서 대학을 졸업했기 때문에 대학 동창들도 서울에 자리 잡고 있었다.

내가 알고 있는 모든 인적 네트워크를 동원하여 친척과 친구, 선배들에게 전화하였다. 이들 중 어떤 이는 보험 사업을 한다니까 아예 전화를 받지 않는 사람들도 있었다. 계약을 할 것 같이 이야기 하다가 마지막 계약 단계에서 마음이 바뀌어서 거절하는 사람들도 있었다. 전혀 예상치 못한 사람이 가입하는 경우도 있었다. 계약을 해주면 정말 감사했지만 설사 계약을 안 할지라도 관계를 끊을 필요까지는 없었는데 아예 관계를 단절하는 지인들도 몇몇 있었다. 가장 기분이 나쁜 경우는 처음 전화할 때는 친절하게 받다가 보험회사 직원이라고 하니까 그 다음부터는 일절 대답도 하지 않고 아예 의도적으로 전화를 받지 않는 매우 친했던 친구들이었다. 32살에 나이에 요절한 검사 친구가 하나 있는데 대학교 시절 제일 친했고 매일 농구도 같이 했는데 보험회사 직원이라고 연락했더니 아예 상종도 하지 않았다. 다른 친구들이 의도적으로 전화를 받지 않았을 때는 살짝 기분이 나빴지만 그 친구는 가장 친한 친구라고 여겼는데 의도적으로 피하는 것을 보고 정말 크게 상처를 받았다. 결국 그 친구를 마지막으로 본 것은 장례식의 영정 사진뿐이었다. 보험회사 직원이라고 나를 거절했을지라도 그는 나의 가장 친한 친구였기 때문에 의리 때문에라도 그의 관 앞에서 작별 인사를 하고 싶었다.

바닥 인생이었을지라도 보험영업을 했기 때문에 대기업에서 근무하는 친구들이 경험하지 못했던 놀라운 기적도 경험하였다. 보험회사를 2007년 3월에 입사하였는데 목포에서 가장 가까웠던 광주지점에 소속되어 한 달간 영업 관련 교육 훈련을 받고 4월부터 영업에 본격적으로 뛰어들게 되었다. 대부분의 친구들과 지인들이 서울에 근거지를 두고 있으므로 서울 영업활동은 주중에 진행하고 전남지역 영업활동은 주말에 목포에서 집중하기로 전략을 짰다. 그러나 당장 현실적인 문제는 서울에서 하숙집을 구할 돈도 없었다. 27세의 나이였지만 나의 전 재산은 40만 원 안팎이었다. 40만 원은 고객들을 만날 때 차나 식사를 대접해야 할 영업비였다. 부모님께 손 벌릴 나이는 아니었기 때문에 부모님께 별다른 말씀은 안 드리고 무작정 서울로 향했다. 목포에서 KTX를 타고 오후 4시쯤 되었을까? 용산역에 도착했으나 잠잘 곳을 찾아야 했다. 2시간가량 용산역 주위를 맴돌며 부동산 가게도 가보고 하숙집 정보도 알아보았다. 가장 싼 곳이 월 45만 원… 그렇다고 영업을 위한 양복을 입고 길에서 잘 수는 없는 노릇이었다. 저녁 6시쯤 되니 배도 고팠다. 용산에서 이태원 쪽으로 정처 없이 걸어갔다. 정 잠잘 곳이 없으면 여관에서 하룻밤 자볼까 하였다.

배고픈 허기를 달래고자 간단하게 저녁 식사를 해결하고 적당히 잠잘 곳이 발견되지 않자 너무 절실해서 기도하게 되었다.

'하나님, 제발 잠잘 곳을 주세요. 양복 입고 길바닥에서 잘 수는 없잖아요?'

이태원에서 1시간 정도 더 배회하는 과정에서 갑자기 대학교 때 다녔던 미국인 교회 성도인 존 벨로 형제가 생각이 났다. 보광동에 살고 있다는 생각이 들어서 그 집에서 신세 질 생각보다 그냥 인사라도 하고 싶은 마음에 전화했다. 군복무 때문에 미국인 교회를 떠났기 때문에 백수 생활까지 감안하면 약 5년 만에 전화를 했던 것이다. 필리핀계 미국인으로서 미국 정서보다는 한국의 정情 문화를 더 좋아했던 친구여서 굉장히 반갑게 맞이하여 주었다. 나는 전화상으로 집을 아직 구하지 못했고 이태원에 도착해서 존 벨로가 생각나서 전화했다고 에둘러 표현했다. 마침 이태원 역 근처에서 자신의 친구들과 성경공부를 하고 있다고 하루 이틀 정도는 자기 집에서 자도 되니까 성경공부에 참여하라고 했다. 하루 이틀도 어딘가? 우선 옷이랑 짐 놓을 곳이 필요했기 때문에 성경 공부하는 장소로 곧바로 달려갔다.

성경공부가 끝나고 외국인들끼리 모인 성경공부 모임에서 갑작스럽게 한국인이 한 명 불쑥 나타나니 삽시간에 관심의 대상이 되었다. 존 벨로도 내가 KBS 사장 공모에 도전했다가 아쉽게 최종 면접에서 떨어진 것을 알고 있었다. 미국 사람들이 다 그런지는 모르겠지만 존 벨로는 내가 KBS 사장이 될 수 있었는데 아쉽게 떨어졌다고 믿는 사람이었다. 당시 20대 후반에 KBS 사장에 도전했다고 하면 한국 사람들은 대부분은 미쳤다고 평가했지만 미국인 존 벨로는 나의 도전 자체를 굉장하게 여기는 것 같았다. 존 벨로가 미국인 친구들에게 소개를 시켜주면서 KBS 사장 도전 이야기를 재미나게 얘기해 주자 외국인들은 호감을 갖기 시작했다. 존 벨로는 내가 중국 어학연수에서 경험했던 이야기들을 직접 해달라는 요청을 했다. 성경 공부 모임이었기 때문에 중국 교회가 외국인들이 생각하는 것보다 정말 좋았다는 이야기를 해주었다. 대략적인 이야기가 끝나고 존 벨로는 내가 아직 집을 못 구해서 자기 집에 가서 1~2일 정도 잘 예정이라고 친구들에게 말하였다. 그 순간 성경공부에 참석하고 있던 영국인 한 명이 존 벨로와 나에게 특유의 영국 발음으로 꿈에서나 들릴 만한 이야기를 하기 시작했다.

"세종 형제, 오늘은 존 벨로 집에서 자고 내일부터는 우리 집에서 자도록 해요."

순간 솔깃했지만 내 귀가 의심 되어서 되물었다.

"실례지만 지금 뭐라고 했죠? 다시 한 번만 말씀해주실래요?"

"세종 형제, 내가 사는 집이 방이 2개인데 하나 비어있어요. 존 벨로는 가족이 있으니까 그냥 우리 집에 와요."

정말 그 순간 기적이라고 할 수 밖에 없었다. 너무 감사해서 얼굴에 기쁜 표정을 감출 수가 없었다.

"저기 혹시 한 달에 얼마 드리면 되나요?"

그 영국인은 다음과 같이 말했다.

"돈은 회사가 한 달에 4,000달러 이상씩 지불하니까 걱정 마요."

영국식 영어가 생소했기 때문에 4,000달러를 제대로 듣지 못하고 4라는 숫자만 어렴풋이 들을 수 있었다. 그리고 나는 바보 같은 소리를 해버렸다.

"그러면 제가 매달 40만 원씩 드릴게요."

영국인은 얼굴에 부끄러운 듯이 말했다.

"세종 형제, 돈 줄 필요 없어요. 회사에서 내준다니까요."

그제서야 그의 말을 이해하였다. 그리고 4,000달러면 한국 돈 400만 원이란 뜻이었는데 바보같이 40만 원으로 착각하여 실수로 말한 것이다. 집 주소는 존 벨로에게 이메일로 보낸다고 해서 피곤한 몸을 이끌고 존 벨로의 집으로 갔다.

"존 벨로, 고마워. 네 덕에 잠잘 곳 구했다."

"세종, 너 오늘 정말 대박 난 거야. 그 친구 집은 회사에서 마련해 준

호텔 레지던스야. 이메일로 보냈다니까 한 번 주소 확인해 보자구."

"말도 안 돼. 호텔 레지던스라고?"

존 벨로가 이메일을 열어보니 내가 가서 살 곳은 서머셋팰리스 호텔 레지던스라는 안국역 근처에 위치한 고급 호텔 레지던스였다. 하숙집만 생각했는데 호텔 레지던스라니 정말 인생은 한치 앞도 내다볼 수 없는 우연으로 가득한 시공간이란 생각을 했다. 아니 우연을 가장한 필연이라고 믿고 싶었다.

다음 날 부푼 기대감으로 서머셋팰리스 호텔 레지던스로 향했다. 지금이야 국제통상전문 회계사로서 해외 출장을 가게 되면 호텔에서만 숙식을 해결하지만, 그 때만 하더라도 허름한 여관에서 자랐고 타지 생활은 주로 하숙집에서 살았기 때문에 호텔 레지던스는 난생 처음으로 방문한 것이었다. 영국인의 배려로 방에 들어갔는데 건물 안으로 들어서니 대리석으로 인테리어 되어 너무 고급스럽고 깨끗해서 지상 낙원이란 생각이 들었다. 워낙 구질구질한 환경에서 자라서인지 너무 황홀해서 잠이 안 왔다. 같은 집에서 살게 해준 영국인이 말했다.

"세종, 여기서 1~2주 살다가 가도 되요. 집 천천히 알아봐요."

나름 영어를 잘 한다고 생각했는데 그의 영국식 발음이 잘 들리지 않았다. 그래도 영어를 곧 잘한다고 미국인들 사이에서 소문이 났었기 때문에 대충 알아듣는 척하면서 그냥 내가 하고 싶은 말을 해버렸다.

"언제까지 여기서 살아요?"

"이제 곧 결혼할 예정이라 3개월 뒤쯤 영국으로 돌아갈 것 같아요. 계약도 만료될 거예요."

"그러면 그냥 영국 가시기 전까지 같이 살면 되겠네요."

비록 민폐였지만 이럴 때 아니면 언제 호텔 레지던스에 살아보겠는가? 그냥 담대하게 내가 하고 싶은 말들만 했다. 영국인은 당황하는 빛이 역력했으나 이내 미소를 지으며 말했다.

"그래요. 그렇게 하도록 해요. 어차피 결혼은 영국에서 할 거니까 크게 문제없어요. 다만 제 여자 친구가 가끔 놀러 오니까 놀라지 마세요."

"감사합니다."

호텔 레지던스의 시설보다 감동한 것은 호텔 레지던스에서 뷔페식 아침을 제공한다는 것이었다. 그 영국인 회사가 지불하는 숙박비에 아침 식사 비용이 포함되어 있기 때문에 마음껏 먹어도 아무런 하자가 없다고 했다. 그저 식당에 들어갈 때 방 번호만 언급하면 그만이었다. 아침 식사 첫날 식당 위치를 알려준다고 처음이자 마지막으로 영국인과 아침 식사를 하였다. 그의 앞에서 아침 식사임에도 불구하고 다섯 접시 정도 먹고 너무 배가 불러서 걷기도 힘들었는데 그 앞에서 배 안 부른 척하면서 태연히 걷기가 너무 힘들었던 기억이 난다. 말은 안 해도 영국인도 사람인데 얼마나 나의 모습이 무식하고 웃겨 보였을까? 그래도 행복했다. 돈이 어설프게 있었다면 호텔 레지던스에서 살 수 있었을까? 그 영국인 친구와 연락을 하고 싶지만 그의 연락처를 분실했다. 정말 다시 만나게 된다면 그때 도와주어서 너무 고마웠다고 무릎이라도 꿇고 감사를 표시하고 싶다. 그 덕분에 분에 넘치는 삶을 3개월이나 살았고 그 사이에 어느 정도 돈을 모아서 하숙집을 구할 수 있었다.

한편, 보험회사의 영업 경험은 사람을 바라보는 나의 관점을 근본부터 다르게 보게 만들어주었다. 사법고시는 안 치렀을지라도 명문대 법학과를 졸업하여 장교로서 리더십을 키웠기 때문에 무의식중에 교만이 자리 잡고 있었다. 나도 내 자신이 교만한 마음을 갖고 있다고 생각하지 못했다. 그러나 보험 영업을 하면서 고객들에게 보험회사 직원이라고 하대를 받으며 영업하는 나 자신과 좋은 대학을 나와도 별 볼일 없는 월급을 받으며 생활비에 전전하는 내 모습은 대학 때 그리던 성공적인 인생과는 거리가 멀었기 때문에 더욱 겸손해질 수밖에 없었다. 백수일 때는 내 마음에 존재하는 교만을 발견하지 못했지만 보험 영업을 하는 과정에서 교만을 발견하고 그 교만을 100% 제거할 수 있었던 기간이었다. 지금은 회계사로서 전문직에 속하여 적지 않은 급여를 받고 있지만 그때 보험 영업 때 겪었던 마음고생과 비참했던 삶의 경험들은 절대 잊지 않으려고 매일매일 나 자신에게 더욱 겸손해야 한다는 메시지로 마음을 다잡는다. 전문직이 되고 나니 인생의 바닥 경험이 없는 능력 있는 전문가들을 다양하게 만나게 되었다. 그들을 만날 때마다 그들의 태도에서 느껴지는 것은 그들이 과연 사회적 약자들을 가슴 깊이 이해할 수 있을까라는 생각이었다. 소위 세상에서 성공하는 사람들의 말투, 행동, 다른 사람들을 대하는 태도 등을 살펴보면 개인적으로 대놓고 말은 하지는 못하지만 그들이 좀 더 겸손하게 사회적 약자를 생각해준다면 더 큰 성공이 그들의 품으로 들어올 거라는 생각을 하게 된다. 나는 스스로가 사회적 약자라고 생각하기 때문에 사회적 약자를 이해하는 수준

그 이상의 동질감을 가지고 살아가고 있다. 아무리 돈이 많아도 나는 강자보다 약자들의 친구가 되고 싶다. 강자들은 나를 필요로 하지 않지만 약자들은 나를 필요로 할 것이기 때문이다.

보험 영업을 했던 3년이라는 짧지 않은 시간은 성공적으로 사업하였던 다른 보험 영업인과 달리 상대적인 관점에서 나 자신의 최하류 인생을 만난 때라고 생각된다. 하지만 실질적으로는 인적 네트워크라는 가장 큰 무형 자산이 형성되었던 가장 중요한 시기이기도 하다. 보험 영업을 하면서 알게 된 고객들 중 일부는 아직까지 연락을 주고 받고 있고 인생의 갈림길에서 큰 도움을 받고 있다. 아무것도 가진 것 없는 내가 어떻게 이 책을 출판할 수 있었겠는가? 보험 영업을 하는 과정에서 보험 고객이 되어주신 민병철스피킹웍스의 송준태 대표이사님이 나의 책 출판을 적극적으로 후원해 주셨다. 한 대형 출판사도 지정해서 직접 원고를 넘겨주셨다. 비록 소개 받았던 대형 출판사에서는 최초에 작성되었던 이 책의 초안을 보고 나서 저자의 인지도나 책 내용의 시장성에 대해 의문부호를 달아서 기획 출판이 거절되었지만 그 거절 덕분에 2부에 '자기계발'이라는 제목으로 시장성까지 갖춘 책을 만들게 되었다. 그리고 그 추가된 자기계발 내용 덕분에 이 책이 세상에 나올 수 있도록 빌마스터의 정문수 대표님이 출판 투자를 결정하셨다. 개인적으로 안전에 문제가 있는 지역을 제외하고 중국을 필두로 해서 미국, 태국, 일본, 기타 아시아 국가, 유럽 국가 등 이 책을 세계적으로 출판할 목표를 가지고 있다. 나는 아무리 하찮은 일이라도 무조건 국제적인 목표를 가지고 일을 계획하고 추진한다. 이 목표를 달성하기 위해 가장 먼저 중국에서 출판이 현실화되어야 한다. 혹시나 중국 출판과 관련하여 도움을 받을 수 있는 지인을 소개 받고자 문의 드렸는데 민병철스피킹웍스 송준태 대표님이 영어 교재를 중국에서 출판하기 위해 중국 출장 업무를 다녀오셨다며 흔쾌히 중국 출판을 도와주시겠다고 약속하셨다. 내 개인의 힘으로는 불가능한 일들이 모두 가능하게 된 것은 모두 보험 영업 덕분이 아니겠는가? 보험 영업을 하지 않았다면 절대로 민병철스피킹웍스 대표님 같은 분을 개인적으로 알 수 있었을까?

그 뿐만이 아니다. 앞에서 언급했던 정민이란 친구도 보험 고객이었는데 보험으로 맺은 인연이 나와 함께 사업을 하는 것으로 발전된 케이스이다. 미국회계사 공부할 때나 인생의 어려움에 닥쳤을 때 조언과 물질적 도움을 주셨던 빌마스터 정문수 대표님도 보험회사에서 나의 영업담당 파트너였다. 하지만 반대로 나도 부족한 사람이기 때문에 보험 고객들 중에는 나의 서비스에 대한 불만을 가지고 관계가 소원해진 분들도 있다. 그러나 그런 경우는 극히 소수에 불과하며 다시 만나게 되면 용서를 구하고 좋은 관계로 발전시키고 싶다. 보험에서 만난 고객들의 대부분은 정말 좋은 인적 자산이 되어서 회계사로 활동하는 지금도 연락을 주고 받으며 끊임없이 서로에게 윈윈하는 관계가 유지되고 있다.

보험을 통해 몸소 경험한 것은 고객이 왕이지만 그 고객이 인생의 조력자가 되면 돈보다 더 큰 자산을 얻게 된다는 것이다. 다시 말하지만 돈은 숫자에 불과하다. 하지만 사람은 돈과 바꿀 수 없는 소중한 가치와 경험을 각자 지니고 있다. 사람의 소중함을 깨닫게 되면 그 어떤 사람도 허투루 대할 수 없다. 당장 주위에 있는 사람들을 둘러보라. 당신을 무시하는 사람이 있다면 무시하게 내버려 두어라. 그는 당신의 현재 모습만 보고 소중한 당신의 미래를 놓치는 사람이기 때문에 안타까운 마음만 가져주면 된다. 대신 당신은 당신을 무시하는 사람들을 절대 무시하지 말고 친절하고 상냥하게 대해주면 그는 당신의 미래를 놓쳤지만 당신은 그의 미래를 잡은 사람이기 때문에 결국 당신이 인생의 종반 레이스에서는 더 큰 승리를 거둘 수 있을 것이다. 윗사람이든 아랫사람이든 사람의 직업이나 외적인 조건 때문에 상대방을 업신여기는 사람은 아무리 높은 지위에 있거나 부유할지라도 결국 실패하게 되어 있다. 세상은 안 보는 것 같지만 다 지켜보고 있기 때문이다. 주위에 바닥 인생을 사는 불쌍한 사람들이나 자신보다 더 멍청하다고 생각되는 사람들이 있는가? 그런 사람들을 절대 무시하지 않기를 바란다. 무시를 당해봤던 사람으로서 지금도 특정인들에게 그런 무시를 당하는 사람으로서 나 같은 바닥 인생을 살았던 사람도 희망찬 미래를 기대하며 살기 때문에 인격적인 대우를 해주기를 부탁한다. 나는 굉장히 평범한 사람이지만 내가 상상하는 미래는 평범한 삶 가운데에서 평범하지 않은 것들로 가득하다.

## 3. 목숨과도 바꿀 수 있었던 영어 예배 봉사 활동
### (외국인 노동자와 필리핀 부녀자들)

시간이 남아돌았던 백수 인생과 바닥 인생일 때 틈틈이 시간을 쪼개어 빛과소금교회에서 한글학교 교사, 외국인 노동자 및 부녀자들을 지원하는 봉사를 최선을 다해 도와주었더니 영어예배 담당자들의 전폭적인 지원 아래 전혀 생각지도 못했던 놀라운 기회가 찾아왔다. 그 기회는 '영어 예배 설교'였다. 신학을 공부해 본 적도 없고, 유학파도 아닌 내가 원어민들 앞에서 간단한 영어 회화도 아니고 영어로 설교를 할 기회를 얻게 되었다. 토종 한국인으로서 콩글리시가 난무하는 나의 부족한 영어 실력에도 불구하고 영어 설교를 하였다. 이전에 영어 설교를 담당하셨던 세파스(Cephas) 목사님(국적 : 가나)이 한국으로 유학을 오셔서 신학을 공부하셨는데 신학교 졸업과 동시에 본국으로 복귀하게 되어 설교자 자리가 공석이 되었다. 새로운 목회자를 모시기 위해 영어를 구사할 수 있는 한국인 목사님과 다양한 국적의 외국인 교역자가 다녀갔으나 내부적으로 성도들의 전체적인 동의를 구하지 못하여 선불리 후임 목사님을 선택하지 못하는 상황이었다. 2개월 가까이 영어 예배의 설교자가 정해지지 않은 상태로 진행되자 영어 예배 성도들이 불안감을 느끼기 시작했다. 성도 수가 점차 줄어드는 것을 가만히 잠자코 있을 수 없었다. 나는 용기를 내어 다음과 같이 얘기했다.

"권사님, 제가 한 번 영어 설교를 해보겠습니다. 영어 예배 성도들이 너무 불안해 하네요. 어차피 지금 저의 직업은 보험회사 영업사원이기 때문에 개인시간을 마음대로 조정할 수 있습니다. 열심히 준비하면 원어민 수준은 아닐지라도 어느 정도 구색은 갖출 수 있다고 봅니다."

권사님은 담임목사님과 회의를 거친 후 교회의 승인을 득하였지만 다음과 같은 조건을 말씀하셨다.

"좋습니다. 김세종 형제님이 영어 설교를 하는 것으로 하지요. 다만, 1~2주 정도 해보고 성도들의 반대 의견이 없으면 새로운 목사님이 부임하시기 전까지 영어 예배 설교를 맡기도록 하겠습니다."

당시에는 영어 예배의 한 일원으로서 어떻게든 불안정한 영어 예배의 안정화를 위해 돕고자 하는 마음뿐이었다. 첫 영어 설교는 2007년 7월 중순경이었다. 보험회사에 입사한지 만 5개월쯤 되었을 때였는데 이 시기는 지인들에게 소개 받은 신규 고객들을 개발해야 하는 가장 중요한 시기였다. 그래서 매일 하루에 3명 이상을 만나는 영업적 노력이 필요했다. 그러나 나의 마음 안에는 생업보다 영어 설교를 완벽하게 하고픈 욕구가 있음을 발견하였다. 고객의 마음은 들여다볼 수 없어서 보험 상품을 가입할지 안 할지 알 수가 없었지만 영어 설교는 내가 준비한 만큼 완성도가 높아지기 때문에 외부 변수에 영향을 받지 않는 것이었다. 더욱이 영어 실력을 향상시키고 싶었지만 뭔가 부족함을 느끼던 상황이었기 때문에 주어진 기회를 놓치고 싶지 않았다. 영어예배 리더들이 새로운 목사님을 찾기 위해 무던히 애쓰던 시기였지만 1~2주간 주어진 영어예배 설교를 잘 준비하면 계속적으로 영어설교를 할 것 같은 뭔가 모를 내적 확신이 있었다. 그래서 주어진 1주일 간 보험 영업보다 설교 준비에 만전을 기했다. 먼저 빛과소금교회 담임 목사님의 국문 설교문을 받았다. 부족한 영어지만 열심히 기도하면서 최선을 다해 영문으로 번역하였다. 용산에 소재한 미국인 교회를 섬겼던 마이클 밀러 목사님에게 영문 설교문 교정도 요청하였다. 콩글리시를 잉글리시로 전환하는 교정 작업은 상당한 비용을 들여야 한다. 그러나 마이클 밀러 목사님은 매주일 무료로 영문 교정 작업을 해주었는데 한 마디의 불평 불만 없이 도움을 주셨다. 물질은 부족했을지 몰라도 나에게는 밀러 목사님 같이 너무나 좋은 분들이 여러 모양으로 도움을 주어서 그 은혜를 절대 잊지 않고 살아가고 있다. 교정 받은 영어 설교문을 수십 번 반복해서 소리 내어 읽었다. 누가 보면 미친 놈 같이 보였을 정도로 혼자서 영어로 중얼중얼거렸다.

　역사적인 나의 첫 영어 예배 설교 시간, 모든 것을 쏟아 부어서 최고의 설교가 될 수 있도록 혼신을 다하여 모든 에너지를 집중하였다. 개그맨 지망생이어서 그랬는지 모르지만 설교 중에 웃길 의도로 무엇인가 얘기하면 영어예배에 참석하던 외국인들이 많이 웃어주었다. 혹시 나의 개그가 한국인보다 외국인들에게 더 먹히는 것 아닐까 하는 착각을 했을 정도였다. 개그맨 시험을 준비할 때는 주로 바보같이 보이는 몸 개그를 추구했는데 가만히 서서 말로 하는 설교로도 상대방을 웃길 수 있는 재능이 있다는 것을 발견했다. 영어 설교에 대한 성도들의 피드백은 매우 긍정적이었다. 두 번째 주일도 보험 영업은 제쳐놓고 영어 설교 준비에 대부분의 시간을 할애하였다. 두 번째 설교도 대성공. 영어 예배를 마치고 권사님이 다음과 같이 제안하였다.

"세종 형제님, 영어 설교가 가능하신 목사님들은 목포까지 와서 사역을 할 생각은 없으신 것 같아요. 계속 알아보고 있으니 영어 예배 설교가 가능한 목사님이 오시기 전까지 잠시 세종 형제님이 맡아주시는 것이 좋을 것 같습니다."

너무 기뻐서 기쁨을 감추지 못했다. 보험 영업을 할 때는 고객들이 나를 하대하는 경우가 있었지만 영어 설교를 할 때만큼은 착한 외국인 및 한국인 성도들이 미천한 저자를 목사급으로 존중해 주었다. 사람은 기본적으로 무시당하기보다 존경을 받고 싶은 욕구가 있다. 신앙심을 떠나서 인간적으로도 일주일 내내 고객들에게 조아리며 하대 받으며 얻은 스트레스는 영어예배 설교 한 번이면 모든 것이 씻은 듯 잊혀졌다. 또한 그때에는 총각이었기 때문에 그런지는 몰라도 영어예배 참석하는 사람들이 내 가족보다 더 소중하게 느껴질 정도로 애착을 가졌다. 20대 후반, 친구들이 장가갈 준비를 하려고 최선을 다하여 경제생활을 할 때, 그들과 달리 나의 대부분의 시간과 열정을 영어 설교와 영어 예배 성도들을 섬기는데 쏟아 부었다. 빛과소금교회 영어 예배를 위해 내 인생 전체를 걸었다고 해도 무방했다.

영어 설교를 하면서 잊혀지지 않는 3가지 사건이 있다.

첫째, 이혼소송 사건. 갑자기 이혼소송을 언급하니 깜짝 놀랐는가? 당시는 결혼 전으로서 총각이었기 때문에 내가 이혼소송을 당한 것은 아니었다. 한국인 남편이 영어예배에 출석하던 필리핀 여자에게 이혼 소송을 청구한 것이다. 남편 하나 바라보고 국제 결혼한 여인이 변호사를 고용할 자금이 있었겠는가? 그나마 법학과를 졸업했다는 이유만으로 필리핀 성도를 위해 법원에서 통역을 해달라는 부탁을 받았다. 법대를 졸업했지만 코미디언을 지망했던 사람이라 학점 관리만 했을 뿐 법에 대해 아는 것이 별로 없는 사람이었다. 한 사람의 인생이 달린 문제인데 혹시라도 잘못 되면 어떻게 할까라는 두려움이 앞섰다. 나는 정직하게 말했다.

"죄송하지만 자신이 없습니다."

그러나 그 여인은 너무 절박했다.

"세종 형제님, 통역만이라도 해주세요. 법원에서는 다 한국말이라서 말을 못 알아듣겠어요."

법원에서 따로 통역사가 준비되지 않은 모양이었다. 피고가 한국어를 모르는데 재판을 진행하다니 개인적으로 도무지 이해할 수 없었다. 법에 대해 별로 아는 게 없었던 법대 출신으로서 학부 때 법 공부를 충실히 하지 않은 것을 이때 가장 깊이 후회하였다. 영어가 가능한 성도들은 대부분 개인의 업무 시간과 재판 시간이 겹쳐서 그나마 보험 영업을 하면서 개인 스케줄을 마음대로 조절할 수 있는 내가 그 필리핀 여성에게는 유일한 희망이었다. 자의 반 타의 반 그 여인을 위해 법원에서 동시통역을 하게 되었다. 법대를 졸업했지만 정작 법원 재판에 참여한 것은 이 책을 쓰는 순간까지는 그때가 처음이자 마지막이었다. 재판장의 엄숙함이 느껴졌다. 순간 움찔하며 주눅이 들었다. 저자가 은근 소심한 구석이 있어서 정말 잘 해낼 수 있을까 하는 두려움도 있었다.

재판이 시작되었고 원고와 피고가 각자의 입장을 주장하였다. 물론 피고 측에서는 내가 모든 말을 한국어로 답변하였다. 재판을 하는 과정에서 잠자코 관찰해 보니 한국인 남편은 성에 대한 변태적인 집착을 보였다. 부부간의 성행위를 비디오로 촬영하고 필리핀 부인을 감금까지 하였다. 감금당했던 그녀가 기지를 발휘하여 집을 빠져 나와 도망쳤던 것이다. 자기 하고픈 대로 성생활을 했으면서 왜 이혼소송을 제기했는지 같은 한국인 남성으로서 도무지 이해할 수가 없었다. 동시통역만 해야 했으나 필리핀 여인을 변호하는 수준의 발언들을 조심스럽게 추가하였다. 판사님은 분명 영어를 알아 들었으리라 생각되지만 나의 추가적인 변호 발언에 대해 크게 문제 삼지는 않으셨다.

그러나 개인적으로 가장 곤혹스러웠던 순간은 증거를 확인할 때였다. 한국인 남편이 아내와의 성생활을 찍은 동영상이 피고측, 즉 필리핀 자매로부터 제출되었는데 증거 확정을 위해 남편과 아내의 본인 확인 절차를 거쳐야 했다. 나는 총각이기도 했고, 필리핀 여성이 나의 영어 설교를 듣는 분이었기 때문에 진심으로 절대 보고 싶은 마음은 없었다. 판사님은 원고와 피고측 동영상을 틀어서 원고와 피고가 동영상 속의 인물들이 자신들인지 확인하라고 명령하셨다. 판사님의 지시대로 하라고 필리핀 여성에게 알려주고 나는 당연하다는 듯이 동영상을 외면하며 자리에 앉아있었다. 우선 판사님이 최초 확인하고 서기가 확인하고 원고가 확인하였다. 피고가 확인하려는 순간 판사님은 갑작스럽게 나를 호명하셨다.

"통역하는 분은 왜 자리에 앉아있지요?"

나는 혹시나 필리핀 여성에게 피해를 줄까 하여 긴장하며 답하였다.

"피고에게 동영상의 본인 여부를 확인하라고 전달했습니다."

"통역하시는 분은 피고의 대리인 아닙니까? 통역하시는 분도 증거를 확인하기 바랍니다."

순간 뒤통수를 맞은 기분이었다. 이 동영상을 봤다가는 그 필리핀 여자분이 수치심을 느껴서 영어 예배를 영영 떠나버릴까 겁이 났다. 그렇다고 판사의 지시를 거절했다가 이혼 소송에서 패하여 한국 국적을 상실하고 본국으로 돌아가게 하는 것도 아니다 싶었다. 결국 마지못해 보는 듯한 표정을 지었다. 본의 아니게 다른 부부가 했던 성생활의 동영상을 법정에서 보게 되었다. 정말 형언할 수 없을 정도로 너무 민망했다. 판사님이 나를 놀리는 것은 아니었겠지만 그런 상황이 웃겼는지 웃음을 참는 듯한 의성어를 내면서 애써 웃음을 참으려 안면 근육을 어색하게 찌푸리는 표정을 보이셨다. 기분이 나빠서가 아니라 웃음을 참으려고 억지 표정을 지으셨는데 이것을 어떻게 글로 표현할지 모르겠다. 결과적으로 이혼소송에 승리하여 한국 국적도 유지하게 되었고 그 필리핀 여인도 교회도 떠나지 않았다.

둘째, 영어 예배의 양적 성장. 2007년 8월, 영어 설교를 시작한지 6주 정도 지났을 때 30여명 정도 나오는 영어 예배를 부흥시켜야겠다는 마음을 먹었다. 사실 교회 성도가 늘어난다고 해서 부흥이라고 할 수는 없지만 그래도 사람이 많으면 더 좋을 것 같았다. 그래서 설교 시작 전이나 설교를 마치고 강단에서 내려오기 전에 영어 예배 성도들에게 다음과 같이 주장하였다.

"우리 전도합시다. 지금은 30명 정도 나오지만 전도를 열심히 해서 이곳을 꽉 채우면 공간이 부족해서 3층 대성전으로 갈 수 있으리라 믿습니다."

성도들은 모두들 귀를 쫑긋 기울였다. 그들이 열심히 전도할 것이라 기대했다. 그러나 성도들의 숫자는 그대로였다. 그래서 그 다음 주일에 다시 똑같은 주장을 하였다.

"우리 전도합시다. 전도해서 3층 대성전으로 갑시다."

성도들은 동일하게 귀를 쫑긋 기울였지만 예배 참석 숫자는 그대로였다.

결국 내가 먼저 말을 꺼냈으니 먼저 솔선수범을 보이자고 결심했다. 보험회사에 가서 담당 파트너에게 다음과 같이 요청하였다.

"파트너님, 2개월간 영업활동을 잠시 중지하는 것을 허락해주세요. 휴직 신청은 아닙니다. 적은 월급이라도 받아야 생활이 되니까요."

"김세종 FC님, 갑자기 왜 그러세요?"

휴직은 하지 않고 영업만 하지 않겠다는 나의 제안에 파트너님이 깜짝 놀라셨다. 왜냐하면 일정 기간 계약을 하지 못할 경우 회사에서 해고 조치를 할 수 있기 때문이다. 영업은 언제든지 시작할 수 있지만 총각일 때 전도에 모든 힘을 쏟고 싶었다. 독자들 중에 나의 행동이 이해가 가지 않는 분이 있을 수 있다. 그러나 아이러니컬하게도 전도하려고 영업을 2개월 중단했을 때 나는 보험회사에서 일했던 기간 중 가장 많은 소득을 올렸다. 모든 것을 버리고 광신도처럼 행동한 것은 아니니까 끝까지 인내심을 가지고 읽어주시길 부탁드린다. 나의 보험회사 영업 담당 파트너님은 최대한 부하직원들의 의견을 존중해주시는 분이었기 때문에 강하게 반대하지는 않으셨다. 그러나 마음 한 구석에서는 많이 답답하셨을 것이다. 이러한 전도활동은 딱 2개월만 하기로 약속했고 영업을 다시 시작하게 되면 최선을 다하겠다고 약속하였다.

  집으로 돌아와 전도계획을 짰다. 그때 내가 따르기로 한 법칙은 '대수의 법칙', 이른바 묻지도 말고 따지지도 말고 무조건 많은 사람을 만나는 것이었다. 처음 시작할 때는 전략 같은 것은 없었다. 그냥 영어 예배 광고지를 들고 걸어가다가 사람 보이면 무조건 정중하게 다가가 영어 예배에 대해서 설명했다. 하루 이틀 정도 그렇게 했는데 생각보다 쉽지 않았다. 가을이었지만 낮에는 햇볕이 따가웠고 목포는 서울과 달리 대중교통이 발달된 곳이 아니어서인지 도보로 활동하기에는 물리적인 제한 사항도 있었다. 그렇다고 다들 생업에 종사하는데 전도를 같이 하자고 말할 수도 없었다. 그러나 영어 예배 설교자로서 많은 사람들이 영어예배를 참여하면 정말 행복할 것 같다는 생각 때문에 힘들어도 꼭 참고 진행하였다. 그렇게 1주일을 열심히 돌아다녔지만 생각보다 사람 만나는 것이 쉽지 않았다. 아무리 길에서 무턱대고 다가가 영어 예배 광고지를 준다고 하지만 그것도 사람을 봐가면서 해야지 영어에 전혀 관심 없는 사람들에게 줄 수는 없었다. 그래서 주로 학생들과 영어에 관심 있을 것 같은 외모(?)를 가진 사람을 찾기 위해 하루 종일 동분서주했다. 그런 방식으로 진행해보니 하루에 고작 10명 정도에게 교회 전단지를 줄 수 있었다. 그렇게 해서는 대수의 법칙을 지킬 수 없다는 위기의식이 들었다. 보험영업을 포기하면서까지 영어 예배 참석자들을 늘리기 위한 인생을 건 도전을 하고 있었는데 결과물이 없을 거라는 두려움은 나로 하여금 잠을 못 이룰 정도의 스트레스를 받게 하였다.

그래서 생각해 낸 것이 학교 방문이었다. 목포 시청의 주도 하에 캐나다와 미국에서 원어민 교사들을 데려와 목포지역의 초·중·고등학교들을 대상으로 학교별로 원어민 교사 한 명씩을 배정하였다. 대학교들은 필요한 인원만큼 원어민들을 고용하였는데 목포지역 학교들이 대략 50~60개 정도 되었기 때문에 학교에 있는 원어민들만 다만나도 벌써 50명이 넘어갔다. 게다가 사설 학원에서 가르치는 원어민 교사까지 하면 족히 100명 정도는 될 것이란 생각이 들었다. 길거리에서 아무나 붙잡고 영어 예배 오라고 해도 결국 언어라는 장벽때문에 선뜻 온다고 결정을 내리지 못하는 경우가 많았던 반면, 보다적은 인원을 만날지라도 영어를 사용하는 사람들 위주로 만난다면실질적으로는 더 많은 사람이 영어예배를 참석하게 되는 효율성이있다고 판단한 것이다.

처음에는 초등학교부터 방문하여 원어민 선생님들을 접촉하였다. 쉬는 시간에 5분 정도 시간을 내달라고 공손히 부탁을 한 다음 영어예배에 대해 짧게 소개하였다. 적지 않은 원어민 선생님들은 한국인으로서 한 젊은 청년이 영어를 구사해서 신기했는지 대부분 긍정적인 반응을 보여주었다. 거절하는 원어민 교사들도 있었지만 끝까지 포기하지 않고 목포 시내에 있는 모든 초등학교들을 모두 방문하였다. 그중 캐나다에서 온 부부 교사를 만나게 되었는데 안 그래도 자신들도 영어 예배를 찾고 있었다고 하면서 나의 방문 자체가 하나님의 은혜라고 고백하였다. 그 부부 교사는 곧바로 영어 예배에 참석했으며 얼마 되지 않아 자신들과 친구인 미국인 부부까지 교회로 데려왔다. 원어민을 만나기 위해 초등학교를 방문하는 과정에서 가장 중요하게 깨달은 부분은 거절할 것이 두려워서 아예 시도조차 하지 않는 것보다 거절을 당하더라도 용기를 내어 사람을 접촉하는 것이 다른 사람을 움직이게 하는 시발점이 된다는 사실이었다. 가만히 있으면 그 어떤 사람도 움직이지 않는다. 상대방에게 얻고자 하는 것이 있다면 만나서 이야기를 해야 한다. 설령 상대방이 거절할지라도….

초등학교들의 방문을 마치고 중학교와 고등학교를 방문하게 되었다. 그중 한 중학교에서는 원어민 교사를 만나기 위해서 교장 선생님을 먼저 만나서 승인을 득한 후에나 만날 수 있다고 하였다. 본의 아니게 교장실로 들어가게 되었다. 막상 만나보니 그냥 옆집 아저씨 같은 분이셨다. 교장 선생님은 나에 대한 경계심을 가지셔서 외국인 교사를 만나는 것을 허락하지 않았다. 그러나 그때 나는 괜찮은 아이디어가 하나 떠올랐다.

'그래. 내가 왜 이 생각을 못했지? 그냥 교장 선생님들을 만나자. 만나서 학급별로 5분 정도만 쉬는 시간이나 자율학습 시간에 들어가서 영어 예배를 홍보할 수 있게 해달라고 부탁해야겠어.'

원어민 선생님들이야 쉬는 시간에 만나니까 별로 어려움은 없었다. 그리고 한 학교 당 한 명씩만 근무했기 때문에 그 한 명을 만나기 위해 자동차도 없이 학교 간의 이동을 하는 것은 체력적으로도 많은 부담이 뒤따랐다. 결혼하기 전까지 운전면허를 따지 않았기 때문에 뚜벅뚜벅 열심히 걸어 다니며 전도하느라 하루 종일 전도하고 집에 오면 땀이 범벅이 되어 샤워하자마자 기절하듯 잠들었다. 결국 교장 선생님을 만나 학교 전체 학생들을 만나게 해달라고 요청하기로 결심했다. 결심한 후 곧바로 실행에 옮긴 것은 양복을 입는 것이었다. 그래도 학교의 장 아니던가? 예를 갖추기 위해 양복을 갖춰 입고 학교를 찾아갔다. 교장실 문을 무작정 두드렸다.

"누구세요?"

문을 열고 들어가 나를 소개했다. 교장 선생님들에게 생각할 틈을 주지 않기 위해 최대한 나를 고급스럽게 포장하여 설명하였다.

"안녕하세요? 저는 빛과소금교회 영어 설교자입니다."

교장 선생님들은 대부분 영어 설교자라는 단어 때문에 나에 대해 호기심을 가졌다.

"목사는 아닙니다. 그래서 한글 설교를 번역하여 영어로 설교하는 역할을 하고 있습니다. 저는 유학 한 번 가본 적 없지만 영어 예배를 통해서 영어를 배워서 설교까지 하고 있기 때문에 학생들에게 영어 예배를 소개해주고 싶습니다. 괜찮으시다면 쉬는 시간이나 야간 자율학습 시간에 각 학급에 들어가게 허락해 주십시오."

나는 굉장히 당당하게 얘기하였다. 사실 처음에는 설마 허락해 줄까 하는 마음도 있었지만 막상 얼굴을 마주하며 얘기해보니 의외로 긍정적으로 검토해주시는 교장선생님들이 많았다. 정명여고에서는 한 학급 당 수업 시간을 1시간씩 할애해 주어서 영어예배뿐만 아니라 고등학교 재학 시 6개월 만에 꼴등에서 2등으로 성적을 급상승시킨 학습 노하우를 알려주었다. 학생들의 반응은 폭발적이었다. 게다가 여자 고등학교였기 때문에 20대 후반의 싱싱한 총각을 봤으니 여학생들이 얼마나 좋았겠는가? 나 혼자만의 착각일 수도 있지만 여고생들에게 인기가 너무 좋아서 정명여고를 가면 여학생들이 연예인을 대하는 것처럼 환호성을 질렀다. 개그맨들은 이런 맛으로 삶을 사는 것 아닌가라는 상상을 해보았다. 한편, 덕인중학교 교장 선생님은 전교생이 모인 가운데 10분 정도 영어예배를 소개할 수 있는 자리를 마련해 주셨다. 처음으로 600여 명 앞에서 길지 않은 시간이었지만 연설을 하게 되었는데 아직도 그 느낌을 잊을 수가 없었다. 중학생들이었지만 내가 뱉는 말들을 그대로 흡수하는 듯한 기분을 느꼈다. 나는 수백 명의 대중들 앞에서 연설하는 것을 굉장히 좋아한다는 것을 이때 처음 알았다. 개인적으로는 개그 연기보다 연설하는 것이 더 욕심이 생길 정도였다. 그만큼 대중들 앞에서 자신의 생각을 선포하고 주장하는 것은 돈이나 명예 등으로 바꿀 수 없는 영향력이라고 생각하게 되었다.

덕인중이나 정명여고는 사실 기독교 학교이기 때문에 나의 제안을 흔쾌히 수락해주었다. 그러면 기독교 학교가 아닌 곳들은 어떠했을까? 내가 졸업했던 목포고등학교는 그 제안을 거절하였다. 교장 선생님은 수락하셨지만 교감 선생님이 반대하였다. 정작 모교에서 거절당하고 교무실 밖을 나오는 순간 고등학교 재학 시절 수학을 가르치셨던 선생님을 우연히 만나게 되었다. 다시 목포고등학교로 부임하셔서 후배들을 가르치고 계셨는데 우연히 마주친 것이다. 나를 알아보시고 왜 왔냐고 물어 보시길래 영어예배를 소개하러 왔다가 교감선생님께 거절 당해서 집으로 돌아가는 중이라고 간단하게 답변했다. 그런데 수학 선생님은 갑자기 이렇게 제안하셨다.

"그래도 졸업생이 왔는데 이렇게 마냥 보낼 수 있나? 영어공부도 할 수 있고 좋겠네. 오늘 밤에 와서 야간 자율 학습 시간에 잠깐 소개해 봐. 교감 선생님은 걱정하지 말고."

모교인 목포고등학교가 기독교 학교는 아니었지만 졸업생의 특권으로 교감 선생님 모르게 야간 자율학습 시간을 활용하여 전 학급을 방문하면서 영어 예배를 소개하였다. 그뿐만이 아니다. 그 외에도 적지 않은 학교들의 교장 선생님들은 쉬는 시간이나 야간 자율학습 시간을 이용해서 영어 예배를 소개할 수 있도록 허락해 주셨다. 만약 내가 불가능한 도전이 아닐까라는 생각 때문에 교장 선생님들을 만나지 않았다면 이런 기적들이 가능했을까? 그러한 노력 덕분인지 하늘이 감동해서인지는 모르겠지만 영어 예배는 2개월 만에 30명에서 100명이 넘어가서 예배당에 사람들이 꽉 차게 되었다. 30명 앞에서 설교하는 것과 100명 앞에서 설교하는 것은 천지차였다. 30명 앞에서 설교할 때는 긴장한 적이 없었다. 그러나 100명이 예배당이란 공간에 빽빽이 들어 앉으니 너무 긴장해서 식은땀이 저절로 나올 정도였다. 긴장도 했거니와 좁은 공간에 사람들이 꽉 차니 열기 때문이라도 땀이 나왔다. 물론 가을 날씨에 사람들은 가만히 앉아서 이야기를 들어서인지 다들 땀을 흘리지는 않았지만 설교했던 나는 그들이 내뿜는 이산화탄소 덕분인지 무척 더웠던 것으로 기억한다.

셋째로 잊을 수 없는 추억은 영어 예배 홍보를 위해 보험 영업을 하지 못한 2개월이 3년간의 보험 영업 기간 중 가장 많은 월급을 받았던 두 달이었다는 것이다. 영어 예배 성도들이 30명에서 100명에 다다르게 되니 너무 기뻤다. 보험 영업을 할 수 없어서 경제적으로 어려움에 처할 것이라 예상해서 대출을 고려하고 있었다. 그런데 영업 활동을 정지하고 있던 상황에서 몇 달 전부터 고객으로 관리하고 있던 의사 부인으로부터 연락이 왔다.

"세종 씨, 우리 남편 이름으로 종신보험 하나 가입하고 싶어요."

지성이라면 감천이라고 했던가? 내가 잠시 영업활동을 멈춘 상태였기 때문에 뭐라 딱히 말할 수도 없었지만 가입을 하겠다는데 어떻게 말리겠는가? 나는 곧바로 청약서를 작성해서 의사 부인에게로 달려갔다. 남편 되시는 의사 선생님의 동의를 받아야 가입할 수 있었기 때문에 그리 순조로운 과정은 아니었지만 광주지점에서 가장 큰 금액의 종신 보험을 가입해 주셨다. 의사 부인 덕분에 보험 영업 기간 중 가장 큰 월급을 받는 달이 되었다. 아이러니하지 않은가? 영업을 안 했는데 오히려 가장 큰 계약을 하고 가장 많은 월급을 받게 되었으니….

단순히 그런 사건이 한 번이라면 이 책에 적기 굉장히 민망할 것이다. 그런 계약을 지속적으로 하는 보험 에이전트들이 있기 때문에 이런 글을 보면 콧방귀를 뀔 수도 있다. 그러나 영어 예배 홍보를 위해 영업을 멈추었던 두 번째 달에는 영어예배를 참석하던 치과의사 선생님으로부터 전화가 왔다.

"김세종 형제님, 변액보험 하나 가입하고 싶네요."

대박! 영업을 멈춘 지 2개월째, 그런데 또 하나의 고액 보험 고객이 유치되었다. 영업을 멈추었던 2개월간 한 달에 한 건씩밖에 계약을 못 했지만 매우 큰 보험료로 가입했기 때문에 엄청나게 많은 월급이 들어왔다. 돈 걱정 때문에 과연 영어 예배 홍보활동을 잘 할 수 있을까 했지만 결국 돈 걱정 없이 영어 예배 홍보에 모든 역량을 집중할 수 있었다.

중간에 개인적인 사정으로 영어 예배를 잠시 떠났지만 2009년 12월에 빛과소금교회 담임 목사님의 개인적인 요청에 의해 다시 영어 예배에 복귀하게 되었다. 그때는 미국 회계사 시험 준비를 마무리하던 시기여서 개인적으로 가장 바쁜 시기였지만 시험 공부도 하면서 매주일 서울과 목포를 오가며 열심히 봉사하였다. 미국 회계사 시험에 최종 합격하여 서울에서 직장을 구했지만 주말마다 목포를 방문하였다. 일요일 새벽 5시에 집에 나서서 KTX를 타고 목포역에 도착하면 도착하자마자 택시 정류장으로 달려가 택시를 탔다. 곧바로 교회에 도착하면 아침 8시 50분, 1부 예배가 9시에 시작할 때 찬양팀에서 드럼 연주를 해야 했기 때문에 8시 50분부터 9시까지 10분 정도 찬양팀 멤버들과 살짝 연주해보고 9시부터 찬양을 부르며 드럼을 연주했다. 10년 이상 교회에서 드럼을 쳤기 때문에 그렇게 오래 연습하지 않아도 될 준 프로급 드러머가 되었다. 찬양을 마치고 기도할 때 부리나케 가방에서 노트북을 꺼내 예배를 드리면서 목사님의 설교 중 중요한 부분을 열심히 타이핑했다. 예배가 끝나면 아침 10시 20분 정도 되는 데 그때부터 중보기도실에서 엄청난 집중력으로 목사님의 국문 설교를 영어로 번역했다. 이때는 어느 정도 영어가 상당 수준에 도달했기 때문에 굳이 마이클 밀러 목사님의 영문 교정을 따로 할 필요가 없었다. 그리고 나 자신도 더 이상 무보수로 다른 사람에게 일을 시킬 나이도 아니었기 때문에 미안한 마음이 들어서 더 이상 교정을 요청할 수가 없었다.

오후 1시에 시작하는 영어예배 전까지 미친 듯이 영어 설교문을 완성하였다. 점심을 먹지 못할 때도 다반사였다. 그렇게 준비된 영문 설교문을 들고 오후 1시 영어예배가 시작되면 영어 찬양이 끝나자마자 영어 설교를 시작하였다. 영어 예배가 끝나면 오후 2시 30분쯤 되었는데 부모님 집에 들러서 잠깐 얘기를 나누고 오후 4시 KTX 기차를 타고 서울로 향했다. 이런 생활을 2년 정도 하였다. 2011년 결혼 후에도 이런 생활이 지속되었는데 신혼에 아내 혼자 주일마다 서울에 두고 혼자 목포를 왕복하는 것이 바람직하지 않다는 생각이 들어서 영어 예배 봉사를 멈추게 되었다.

흔히들 봉사활동은 내가 가진 재능이나 물질을 다른 사람을 위해 베푸는 것이라고 생각한다. 나도 처음에는 그런 생각으로 봉사활동을 시작하였다. 그러나 봉사활동은 내가 주는 것보다 더 위대한 경험과 인생에 대한 안목을 제공해 주었다. 봉사활동은 남을 돕는 것이 목표지만 실제로는 타인을 돕는 과정에서 자기 자신을 돕는 유익한 활동이라고 개인적으로 정의하고 싶다. 지금은 국제통상 전문 회계사로서 너무 바빠서 봉사활동을 예전처럼 못 하지만 이제는 시간을 적게 투여하면서 더 넓은 범위의 효과를 볼 수 있는 봉사활동에 참여하고 있다. 이 책을 읽는 여러분 중 혹시 봉사활동을 하나도 하지 않는 사람이 있다면 본인이 지속적으로 할 수 있는 봉사활동을 하나 찾아서 참여하길 권장한다. 봉사활동은 여러분의 인생을 보다 풍성하게 하고 추억으로 가득 채워 줄 중요한 부분이 될 것이다.

영어 예배 설교 당시 사진

# 4. 바늘구멍보다 더 작은 회계법인 취업 구멍

회계사가 되려고 했던 원래 목적은 한국 최초 회계사 출신의 코미디언이 되는 것이었다. 그러나 궁극적으로 꿈꿔왔던 코미디언의 꿈을 달성하지 못하게 되자 현실이 눈에 들어오기 시작했다. 어느덧 나이는 31세가 되었는데 회계사 시험은 합격했지만 결혼할 준비가 전혀 되어 있지 않았던 나는 신용카드 빚쟁이였다. 신용등급은 날로 악화되어 갔다. 결국 회계사 자격증으로 밥벌이를 해야 했다. 미국회계사 자격증도 일종의 자격증이니 직장은 쉽게 잡히겠지 생각했다. 그러나 현실은 녹록하지 않았다. 회계사가 되고 나서 제출했던 이력서만 해도 수십이 아닌 수백 장은 될 것이다. 물론 5년 내내 백수는 아니었다. 5년 동안 회계사로서의 경력을 쌓았지만 이직하거나 직장을 그만 두었을 때 새로운 직장을 잡기 위해 얼마나 많은 노력을 기울였는지, 취업 준비생의 비애를 누구보다 잘 이해하게 되었다. 회계사 자격이 있으면 뭐하겠는가? 31살에 신입 회계사가 되니 신입 사원이나 마찬가지였고 오히려 상대적으로 많은 나이 때문에 대부분의 회사가 채용하는 것을 꺼려하였다. 코미디언도 나이가 많다고 지원이 안 되더니 일반 회사들도 나이가 많다는 것이 큰 걸림돌이 되었다. 코미디언 연령 제한과 한국의 취업 시장에서 너무나도 나이를 따지는 것을 보고 인권에 대한 더 심도 깊은 고민을 하게 되었다.

회계사 자격을 취득하고 수십 군데의 회사들을 지원하여 서울 마포에 소재하고 있는 병원 원가 회계 전문 회계법인에 어렵게 취직하게 되었다. 다른 회계법인들은 나이가 많다고 아예 면접 기회조차 주지 않았지만 이 회계법인은 면접 기회를 주었다. 심지어 목포에서 서울까지 면접 보러 왔다고 하니까 교통비까지 지급해 주었다. 그 회계법인의 대표님과 이사님 2분이 면접을 진행하였는데 내가 나이가 많은 것에 대해 오히려 더 많은 경험을 가진 회계사가 아니겠냐고 하면서 일할 기회를 주셨다. 지금 돌이켜보면 겨우 시험만 합격했지 정말실력 없는 회계사를 뽑아서 기초부터 가르쳐주셨으니 정말 고마운회사이다. 솔직히 코미디언을 꿈꾸던 사람이 어설프게 회계를 공부하여 회계사가 되었으니 회계사로서 실무능력이 있었겠는가? 게다가한국회계사도 아닌 미국회계사였기 때문에 내겐 한국 회계 용어가처음 접한 외국어 같았다. 영어로만 공부하던 회계 지식들이었고 급하게 공부하여 합격한 시험이었기에 회계 지식들이 온전히 체화되지않은 상태에서 영어가 아닌 한국어로 작성된 회계 문서들을 접하게되니 너무 골치가 아팠다. 회사에서는 내가 나이도 있고 경험도 많다고 생각해서 굉장히 자신들의 업무를 잘 따라 잡을 줄 알았다.

그러나 첫 입사하게 된 회계법인의 업무는 정말 쉽지 않은 일이었다. 원가회계의 한 분야인 활동원가계산(Activity based costing)은 시험 공부용 지식으로는 그렇게 어렵지 않았지만 실무로 접한 병원 원가 회계는 전혀 다른 세계였다. 제조업체에서도 원가 계산 시 원가의특성에 따라 자신들에게 맞는 원가회계계산방법을 사용한다. 제조업체의 경우 생산과 영업이 이원화되어 관리되기 때문에 활동원가계산뿐만 아니라 다른 원가계산기법들을 동시에 적용한다. 하지만 병원은 한 건물에서 사람과 장비의 활동에 의한 의료서비스라는 생산과 환자 유치라는 영업활동이 동시에 이뤄지고 사람이나 장비를 중심으로 한 서비스 중심의 사업이기 때문에 활동원가계산이 여러 원가계산 기법 중 그나마 가장 병원에 적합한 원가계산이라고 할 수 있다. 그렇다고 병원 내에서 이루어지는 활동들이 어디 간단하게 기술될 수 있는 것들인가? 병원 원가회계를 이해하기 위해서는 진료과의 구체적인 활동들과 간호사 일반 사무직 등의 제반 활동들을 이해하고 있어야 했다. '회계사는 회계만 공부하면 되는 것 아닌가?'라는 생각이 아주 잘못된 생각이었음을 그 회사에서 깨닫게 되었다.

난생 처음 의료 지식을 공부하게 되었다. 그전까지는 의사라는 직업을 별로라고 생각했는데 병원 원가회계 업무를 접하면서 의사들을 존경하게 되었다. 기본적인 의료 지식만 공부했는데도 머리에서 쥐가 날 정도였다. 외울 것도 너무 많았다. 그 회사가 더 대단한 것은 활동원가계산 서비스를 제공하기 위해 자체 원가계산 패키지를 개발하였다는 것이다. 심지어 SAS 못지 않은 통계 프로그램까지 자체 개발하여 운영하는 회사였기 때문에 정말 지식과 정보 산업을 중심으로 하는 현 시대에 딱 맞는 비즈니스 구조를 가지고 있었다. 단순히 회계서비스만 제공한 것이 아니라 IT 기술까지 갖춘 회사였다. 그렇다고 회사가 많은 직원들을 보유한 것도 아니었다. 그만큼 많지 않은 인원이었지만 회계법인의 구성원들이 모두 탁월한 역량을 지녔고 무엇보다 한국에 있는 대부분의 대형병원들은 모두 그 회사의 고객들이었다. 그곳에서 일하면서 어떻게 나 같이 부족한 사람이 이와 같이 훌륭하고 탁월한 사람들과 함께 일할 수 있게 되었을까 계속 생각하였다. 공부도 정말 많이 시켰다. 병원 지식뿐만 아니라 심지어 통계학까지 공부시켰다. 이때 배운 통계학 지식들이 이 글을 쓰는 당시 일하고 있는 다른 회계법인에서 사용될 정도로 정말 귀중한 지적 재산을 물려받은 곳이었다. 배우는 것이 너무 많았기 때문에 장기적으로 근속하고 싶었지만 개인적인 사정으로 이곳에서 1년 정도만 일하게 되었다. 회사 입장에서는 채용했던 직원들 중에 가장 무능한 회계사를 뽑았겠지만 내 회계사 인생에서 가장 많은 것을 배웠던 첫 회계법인이기도 하다. 지금까지 일하면서 만났던 회계법인 대표님들 중에서 첫 회계법인에서 만난 한 대표님은 회계사로서 내가 가장 존경하는 대표님이시기도 하다. 여러 회계사들을 만나 보았지만 내가 만났던 회계사들 중에서는 최고의 실력과 훌륭한 인격을 동시에 갖추신 탁월하신 분이시다.

첫 회계법인을 그만 두고 나서 한동안 직장이 없었다. 결혼도 하게 되었지만 직장을 그만둔 상태에서 아내에게 임신 중독증이 생겨서 1.4 kg의 아들이 제왕절개로 태어나게 되었다. 우리 부부는 최초 출산 예정일보다 3개월 앞당겨진 미숙아 출산으로 부모로서 전혀 준비가 되지 않은 상태에서 아이를 만나게 되었다. 직장을 구하는 중이었지만 양가 부모님이 모두 목포에 계신 관계로 서울에서 나 홀로 아내와 아이를 돌봐야 했다. 그러나 현실은 건강이 악화된 아내가 남편과 아이를 돌보는 형국이 되었다. 미숙아를 돌보기 위한 양육비도 만만치 않았기 때문에 직장을 하루 빨리 구해야 했다. 또 이력서를 수십 군데 회사에 발송했다. 34세가 되니 더 직장을 잡기 힘들었다. 그래도 어떻게든 가족을 부양해야 했기 때문에 회계법인이 아닌 일반 회사에도 무작정 지원했다. 그러나 면접 기회조차도 얻기 힘들었다. 경제적으로 어려운 삶을 전전하다가 겨우 대전에 있는 예교회계법인에 계약직 회계사로 근무하게 되었다. 2012년 1~2월은 감사 시즌이라 감사 업무가 집중적으로 몰려서 회계법인의 일손이 부족했다. 그래서 그 기간 동안만 같이 근무할 회계사가 필요했던 것이다.

미국회계사였지만 예교회계법인에서 많은 배려를 해주어서 처음으로 감사 업무를 수행하였다. 첫 회계법인에서 원가회계, 의료지식 및 통계학 등을 배웠다면 예교회계법인에서는 회계사의 기본 업무에 해당하는 감사업무를 경험할 수 있었다. 그러나 대전에서 근무하게 되면서 주말 부부가 되어야 했기 때문에 미숙아인 아들을 생각하면 몸은 대전에 있었으나 마음은 항상 서울에 있어서 편치 않았다. 예교회계법인에서 감사 경력을 쌓고 서울에 있는 선진회계법인에서 잠깐 근무하게 되었다. 선진 회계법인도 3개월가량 계약직으로 근무했지만 정말 많은 것을 배웠던 곳이다. 선진회계법인에서 회계, 기장대리, 세무 신고, 내부 감사 등 폭 넓은 회계사 업무를 경험하였다.


## 5. 부담스러운 군대 문화

보험회사는 3년간 근무하면서 비교적 오랜 기간 회사생활을 하였다. 그러나 미국 회계사가 되어 하게 된 회계법인 근무는 첫 회계법

인 1년 정규직, 예교회계법인 1개월 계약직, 선진회계법인 3개월 계약
직 등이었다. 회계사가 되었지만 정규직은 고작 1년이었고 계약직 회
계사로 생계를 걱정해야 했던 안타까운 자격증 소지자였다. 모든 문
제는 회사에 있었던 것이 아니고 나에게 있었다. 나와 함께 일했던
사람들은 대부분 해당 회계법인에서 성공적인 커리어를 쌓아가고 있
다. 계약직으로 회계사 업무를 했지만 내가 겸손하고 탁월한 회계사
였다면 계약기간이 만료되어도 같이 일하자고 하였을 것이다. 회계법
인 대표님들은 모두 아버지 같이 온화하고 후덕한 분들이셨다. 여러
분은 나와 같은 실패를 겪지 말라는 의미로 이 부분을 정직하게 작
성하는 것이다. 앞에서도 말했지만 나의 인생은 성공보다 실패가 더
많았다고 했다. 나의 회계사 생활은 실패로 시작했고, 지금도 사실
어떤 측면에서는 성공보다 실패를 계속 경험하고 있다고 생각한다.
자격증도 자신에게 맞는 자격증이 있다.

　우선 실패 경험을 공유하는데 앞서 그 근본적인 원인을 먼저 언급
하고자 한다. 가장 큰 근본적인 문제는 장교로서의 군대 경험이었다.
대부분의 내 ROTC 동기들은 군대를 제대하고도 사회 생활에 잘 적
응하였다. 적어도 내가 아는 친구들은 잘 적응하는 것 같이 보였다.
그러나 나의 경우 장교로 근무할 때 정말 내 마음대로 군 생활을 했
던 장교였다. 오만하거나 교만하지는 않았지만 대대장님의 신임을 받
았기 때문에 병사들이나 동료 선배 장교들에게도 거침이 없었다. 다
른 사람들의 아래에 있기보다 높은 위치만 누리다가 군생활을 마친
상태에서 대기업으로 가지 않고 보험업을 선택하였다. 보험업은 완전

개인 사업이라고 보면 된다. 그리고 보험회사에서 담당 파트너는 자신을 상관의 위치에 두지 않고 겸손한 자세로 대해주었기 때문에 나는 실질적으로 회계사가 되기 전까지는 남 밑에서 일을 제대로 배워 본 적이 없었다. 군 생활에서 리더로만 생활하고 보험업에서 개인 사업자로서의 지위를 누리다 보니 남에게 지시만 할 줄 아는 부담스러운 군대문화에 젖어있던 시한폭탄이었던 것이다.

이런 상태에서 적지 않은 나이에 회계사가 되어 신입사원으로 회계법인에 들어갔으니 나의 윗사람들이 나를 얼마나 부담스럽게 여겼겠는가? 나는 게다가 눈치도 없고 고집도 센 후배 회계사였기 때문에 가르치기도 쉽지 않았다. 또 나이 어린 선배 회계사들에게 그렇게 제대로 된 선배 대접도 잘 못하는 나이만 많고 실력 없는 후배 회계사였다. 어찌 되었든 기존의 회사 방식에 따라 배워야 하는데 남에게 무슨 지시를 받는 것이 쉽지 않은 태도를 지닌 회계사였다. 그리고 항상 남다르게 생각하고 행동해야 한다는 것이 습관이 되어 있어서 보수적인 회계사 집단에 전혀 어울리지 않는 이단아였다. 다른 사람의 지시에 따라 순종하는 훈련이 되어 있지 않다 보니 회사 생활 자체가 너무 힘들었다. 게다가 술과 담배도 못하는 후배였으니 탁 터놓고 얘기하기도 힘든 스타일이었다. 정말 내가 생각해도 나는 진상 회계사였다.

그리고 개인적으로 무엇보다 힘들었던 부분은 나보다 나이 어린 선배 회계사들의 지시를 들어야 하는 것이었다. 나는 후회를 했다. 차라리 병사로 군생활을 했다면 이런 상황들을 슬기롭게 극복했을 텐데 괜히 장교로 다녀왔다는 생각을 했다. 그러나 내 친구들은 장교여도 모두들 그런 스트레스가 없이 잘 사는 것 같았다. 결국 내 자신이 문제였던 것이다. 병원원가계산 컨설팅을 제공하는 첫 회계법인, 예교회계법인, 선진회계법인에서 배운 것들이 너무 많아서 항상 감사한 마음을 가지고 살고 있다. 다만 나의 인격적 부족함으로 인해 이들 회사들에 크게 도움이 되지 못한 것 같아서 참 많은 미안함과 부채 감정을 가지고 여태껏 살고 있다. 나이 제한 때문에 직장을 구하지 못했다고 인권에 대한 깊은 고민을 하면서도 정작 나 자신은 나이 때문에 발생하는 개인적인 내적 갈등에 굉장히 예민했고 이는 쉽게 해결되지 않는 딜레마였다.

그래서 이때 경험했던 것을 바탕으로 다음과 같은 삶의 원칙들을 정하게 되었다. 첫째, 상대방의 나이가 많든 어리든 가족이 아닌 이상 무조건 존댓말을 한다. 둘째, 회사를 세우게 된다면 연봉만이 직급의 차이를 보일 뿐 문화는 절대 수평 구조로 조직을 구축한다. 셋째, 상대방이 선배이든 후배이든 인간의 존엄성에 입각하여 무조건 존중하고 절대로 하대하거나 무시하지 않는다. 넷째, 어떤 사람을 만나든지 상대방을 나보다 더 훌륭한 사람이라고 생각하고 만난다. 다섯째, 내 사전에 선배나 후배는 없다. 그저 모두 동일한 인격을 지니고 있고 나이나 서열은 그저 숫자에 불과하기 때문에 나보다 나은 부분이 조금이라도 발견되면 나보다 나은 부분에 대해서만큼은 나의 스승으로 여긴다. 그 이외에도 여러 가지 원칙들이 내 마음 안에 내면화되어 있지만 굳이 이 책에 모두 적을 필요는 없을 것 같다.

# 6. 자랑스러운 국제통상전문 회계사

세 군데의 회계법인을 거치고 드디어 내가 꿈꿔왔던 국제통상전문 회계사가 되었다. 지금 와서 돌이켜보면 국제통상전문 회계사가 되기 위해 세 군데의 회계법인에서 인격적인 부분이나 실력적인 부분 등에서 여러 가지 훈련을 받은 것이 아닌가라는 운명론적 사고를 하고 있다. 그렇다고 해서 세 살 버릇 여든까지 갈까? 하루 아침에 나의 인격이 고품격이 될 수 있을까? 결코 변하지 않았고 여전히 나는 변해야 하고 발전해야 하는 부족한 5년차 회계사에 불과하다. 그리고 무엇보다 회계사로서 남들 앞에서 떳떳하게 "나는 실력 있는 회계사입니다."라고 자신할 정도의 전문적 수준에 도달하지는 못 했다고 생각한다. 그러나 이러한 개인적인 부족함에도 불구하고 현실의 나는 자랑스러운 국제통상전문 회계사로 자리매김하게 되었다.

회계사면 회계사지 국제통상전문 회계사는 또 무엇일까? 얼마나 대단한 직책이라고 내 스스로 자랑스러워할까? 지금 내가 하는 일은 여러분도 뉴스나 신문에서 한 번 들어보았을 만한 단어들에 기반한 일을 하고 있기 때문이다. 그 단어들은 다음과 같다.

'반덤핑, 상계관세, FTA, 원산지 관리, 환경 등등'

위의 단어들은 지금 현재 내가 근무하고 있는 강남에 소재한 더인터내셔널트레이트컨설팅(THE ITC)에서 전문가 자문 서비스를 제공하는 전문 업무 분야들이다. 동 회계법인은 탄소배출권과 관련된 환경 컨설팅도 제공하지만 가장 큰 주된 업무가 반덤핑 컨설팅이다. 반덤핑은 WTO 체제에서 자유 무역과 공정 무역이라는 두 이념을 달성하기 위해 만들어진 국제통상법 분야이다. 판매 비용들을 차감하여 공장 출하 시점의 조정 후 수출가격과 내수가격의 비교를 통해 수출 시장에서 내수 시장보다 더 낮은 가격에 팔았다는 혐의가 있는지 규명하여 긍정 판정이 내려지게 되면 수입국이 수출국 관련 기업들에게 반덤핑 관세를 부과하게 된다. 수출을 하는 기업 입장에서는 높은 반덤핑 관세를 부과받게 되면 회사 경영에 치명적인 결과를 가져올 수 있기 때문에 반덤핑과 같은 국제통상마찰이 빚어질 시 우리와 같은 국제통상전문가들이 해당 분쟁에서 효과적으로 대처할 수 있도록 고객에게 필요한 회계와 법률 자문을 하는 전문 영역인 것이다. WTO 국제통상법이라는 용어를 쓰니까 변호사들이 대부분의 업무를 하는 것처럼 보일 수 있으나 실질적으로는 회계적인 내용이 주를 이루며 회계지식에 기반한 국제법 분쟁이기 때문에 회계사들이 대부분의 실무를 진행한다고 보면 된다. 사실 이전에 근무했던 회계법인들은 업무적으로는 많은 것들을 배웠지만 영어에 강점이 있는 미국 회계사로서의 역량을 발휘하기에는 국내 산업 위주의 회계 서비스 제공이라는 태생적인 한계를 극복하기 어려웠다. 다시 말하여 개인적으로 영어를 함께 사용할 수 있는 회계 업무를 하고 싶었는데 그곳들은 영어를 전문적으로 사용할 필요가 없는 회계법인들이었다.

그러던 과정 가운데 국제통상업무는 운명처럼 내 인생에 찾아왔다. 사실 이 회사에 이력서를 제출했던 것은 2011년도에 첫 회계법인을 다닐 때였다. 그러나 그 당시에는 면접 기회조차도 부여받지 못했다. 그로부터 1년이 지난 2012년 8월경 수십 군데의 회사에 이력서를 제출하는 과정에서 현재 일하는 회계법인에 지원하게 되었다. 나 자신도 2011년에 지원했던 이력을 기억하지 못했지만 회사도 그런 사실을 전혀 기억하지 못했다. 그러나 2012년에 다시 지원했을 때 다행히 면접 기회를 얻게 되었다. 면접 시험도 무리 없이 잘 진행되어서 34세라는 적지 않은 나이에 경력직이라는 명목상의 타이틀을 가지고 입사를 했지만 하는 일은 신입사원이었다. 34세의 막내 회계사… 개인적으로는 참 쉽지 않았다. 그러나 어찌하랴? 꿈꾸었던 코미디언이 되지 못했으니 제2의 인생을 시작해야 하지 않겠는가? 내 나이 정도면 10년차 회계사가 되어야 맞다. 그것도 한 분야에서 전문성을 쌓은 회계 전문가여야 했지만 입사 당시 3년차 회계사였지만 실력은 신입 회계사였다.

그래도 이전의 회계법인에서 여러 시행착오를 겪었기 때문일까? 나이가 같거나 어린 선배들도 있었지만 나를 더욱 낮췄다. 처음에 회계사가 되어 이 회사를 입사했다면 1년도 못 버텼을 것이다. 그렇다고 인간적인 스트레스가 없는 것은 아니다. 그리고 반덤핑 업무 자체가 굉장히 어려운 분야라서 사실 내 능력으로는 하루하루 버티는 것도 힘들 때가 많다. 사실 지금도 일 자체는 굉장히 어렵다. 반덤핑 업무가 너무 어려워서 그만 두고 싶은 마음은 여러 번 했지만 역설적으로 어렵기 때문에 더욱 매력 있고 오래 하고 싶은 일이기도 하다. 반덤핑 업무는 국제통상분야이기 때문에 외국 출장도 자주 가고, 영어로 대부분의 일을 처리한다. 내가 그렇게 꿈꿔왔던 것이 영어로 모든 일을 처리하는 전문적인 업무를 하는 것 아니었던가? 정작 그 꿈을 이루었건만 인간이란 존재가 이렇게 나약하고 이기적이기 때문에 올챙이 적 시절을 잊어버리기 쉽다. 선배나 후배 회계사 등을 떠나서 어느 집단에 가도 다들 나보다 실력 있고 능력 있는 사람들이 아니었던가? 바닥 인생도 살아보았고 백수 인생도 경험했는데 전문가들 집단에서 꼴등이면 어쩌랴? 그 집단 내에 속해서 하고 싶은 일을 한다는 자체가 정말 감사한 일이라고 생각하며 하루하루 살아가고 있다.

우리나라에서 반덤핑 업무를 전문적으로 하는 사람들이 몇 명이나 될까? 대한민국 전체에서 50명이 채 안 되는 사람들이 해당 분야에서 종사하고 있다. 회계 감사는 대부분의 회계사들이 하는 업무이다. 그래서 회계 감사분야는 회계사로서 희소성이 부족하지만 반덤핑 컨설팅 업무는 그 많은 회계사들 중에서도 매우 적은 인원들이 종사하는 분야이기 때문에 남다른 일을 좋아하는 저자로서는 그 집단 안에 소속되어 있다는 자체가 너무 행복하다. 일은 힘들다. 나이 많은 신입 사원급 회계사라 선후배들 대하는 것이 너무 어렵다. 선배만 어려운 게 아니라 후배도 어렵다. 그러나 반덤핑이라는 특수화된 전문가 집단에 속해있다는 희소성 프리미엄과 영어로 회계사 업무를 할 수 있다는 목표 달성 때문에 업무 외의 인간 관계에서 오는 스트레스나 환경적인 부분은 사실 크게 문제가 되지 않고 있다. 일 자체에 만족을 하게 되니까 다른 외적인 스트레스는 작은 문제가 되어버린 것이다.

그런데 국제통상전문 회계사로서 이들 집단에서 나는 정말 꼴등일까? 사실 상대방과 비교하는 사고 방식은 입시 위주의 교육에 찌든 한국인의 특성 때문이 아닐까? 저자도 그러한 비교의식을 벗어나지 못하는 것을 보면 참으로 불행한 일이 아닐 수 없다. 선배들은 후배들을 평가할 때 누가 누구보다 잘하고 못한다는 말을 주고 받는다. 후배들도 보이지 않는 곳에서 선배들을 비교 평가한다. 그러나 나는 그럴 때마다 내 입을 굳게 다무는 쪽으로 입장을 바꾼다. 한 사람이 모든 것을 다 잘할 수는 없기 때문이다. 다양성 측면에서 서로를 바라보는 것이 좋지 않을까? 나 자신은 회계사이지만 회계 지식은 다른 회계사들보다 뛰어나다고 생각하지 않는다. 돈키호테와 같은 이상주의자이지만 현실적인 부분을 부정하지 않는다. 그러나 한국에서 미국 상무성의 'Target dumping(표적 덤핑) 이론'만큼은 내가 제일 전문적으로 잘 알고 있다는 확신이 있다. Target dumping은 덤핑마진을 산정하기 위해 내수가격과 수출가격을 비교하기 전에 가격간 비교를 평균 가격이라는 동일한 기준으로 비교할 것인지 수출가격은 개별 가격으로 남겨두고 내수가격을 평균가격으로 하여 다른 기준으로 비교할지 의사결정을 하기 위한 사전 절차이다. 따라서 Target dumping이라고 하면 수출데이터만 가지고 수출가격 내에서 수요가, 지역, 기간 등의 조건으로 통계적 기법에 따라 가격의 패턴이 비정상적으로 달라지는 부분이 있는지 평가하는 것이다. 문제는 통계적 기법인데 이전에는 표준편차 테스트, T-test 등의 다양한 방법을 사용하다가 최근에는 Cohen's d test라는 방법을 사용하여 Target dumping test를 진행하고 있다. 이제는 그 이름마저도 Target dumping test가 아닌 Differential pricing analysis(차별가격분석)라는 표현으로 바뀌었다. 이렇게 Target dumping test가 계속 바뀌는 이유는 무엇보다 미국 상무성에 반덤핑 답변서를 제출해야 하는 답변 업체들의 반발이 거세기 때문이다. 결과적으로 Target dumping test를 적용하게 되면 덤핑 마진 계산 시 답변 업체들에게 불리한 결과를 가져올 확률이 높기 때문에 현재 가장 첨예한 반덤핑 이슈들 중 하나이다.

비록 국제통상회계사로서 경력은 그리 길지 않지만 Target dumping 이론의 최고 전문가가 되었고, 국제통상전문 회계사로의 희소가치가 있는 전문직 업무에 대해 충분히 만족하고 있다. 그런 내가, 왜 갑자기 미국 로스쿨을 도전하게 되었을까? 나이 때문에 많은 상처를 받았음에도 아이러니하게도 나의 나이 때문에 미국 로스쿨 도전을 더 이상 늦출 수가 없었다. 미국 로스쿨은 짧게는 1년 길게는 3년이란 세월을 학교에서 보내야 한다. 그리고 원어민과 경쟁하기 위해서는 최소 2~3년은 미국법 선행학습을 해야 하는데 책을 쓰는 지금 내 나이가 벌써 만 36세임을 감안하면 아무리 빨라도 40살은 되어야 미국 변호사가 된다는 계산이 나왔다. 현실적으로 국제통상전문 회계사를 10년 이상해야 진정한 전문가라고 인정받을 수 있다. 하지만 미국 변호사가 되어서 가난한 사람을 돕고 싶은 인권 변호사로서 국제통상 관련 지식도 해박한 변호사가 되어 회계관련 자문도 같이 제공하며 활동하면 되는 것 아닌가라는 생각을 하게 되었다. 내가 미국 변호사가 된 이후 미국에 있는 반덤핑 전문 로펌에 취직하거나 창업할 수도 있겠다라는 생각을 했다. 워낙 희소하기도 하지만 회계를 이해하는 국제통상전문 변호사가 회계사보다 더 희소성이 있기 때문이다.

그리고 국제통상업무를 하면서 인권에 대한 더 깊은 고민을 하게 된 것도 미국 로스쿨을 지원하게 된 이유가 되었다. 국제통상과 인권이 전혀 무관해 보이겠지만 저자는 반덤핑 실무를 하면서 인간 냄새가 나는 인권법을 더욱 공부하고 싶었다. 사람은 누구나 잘하는 것이 하나 정도는 있다. 회계사는 개그맨이 되기 위해서 공부하게 되었지만 회계사를 오래 하면 할수록 최고의 회계사가 되겠다는 확신은 전혀 들지 않는다. 어느 정도 명함은 내밀 수 있는 실력은 되겠지만 결론적으로 나에게 맞지 않는 옷을 입은 것이다. 같은 회계사인데도 같은 시간을 일해도 결과가 탁월한 회계사들이 있다.

나는 회계사 5년차에 접어들면서 연설로 대중을 움직이는 정치인이 되어야 한다는 강한 확신을 갖게 되었다. 내가 잘하는 것을 해야 한다. 정치인이 된다고 해서 대통령이 된다는 보장은 없지만 한 가지 확실한 것은 회계사를 오래 하면 평범하게 잘 살 수 있지만 정치나 인권 변호사 쪽을 하면 최고의 전문가로 성장할 수 있다는 내적 확신이 들었다. 반덤핑 실무는 회계 지식을 기반으로 해서인지 기술적인 부분이 실무의 중심을 이룬다. 그래서 업무 자체에서 인간미를 느끼기는 쉽지 않다. 무엇보다 기업의 이익을 보호하기 위한 일종의 비즈니스일 뿐이다. 반덤핑 업무는 영어로 하는 회계업무라서 행복했지만 동시에 인간 냄새 나는 법 분야에서 타인의 존엄성을 보장하기 위해 인권 변호사가 되고 싶다는 강한 동기부여를 제공해 주기도 하였다. 그리고 회계 전문 지식을 갖춘 희소성 있는 국제통상전문 변호사로서 활동하면서 돈을 벌고 무료나 저가의 수임료로 인권 관련 변호 서비스를 제공하는 변호사가 된다면 돈을 떠나 정말 풍요롭고 가치 있는 인생을 살 수 있을 것 같다는 생각이 들었다. 어렵게 획득한 회계사 자격증을 완전히 버리지는 않는다. 왜냐하면 변호사가 되어도 회계 또한 결국 법률의 테두리 안에서 이뤄지는 업무이기 때문에 변호사가 된다고 해서 회계사 경력이 삭제되지 않는다. 오히려 회계사와 변호사를 같이 하게 되면 더 큰 시너지와 차별화된 지위를 회계와 법률 시장에서 누리게 될 것이다.

그리고 나는 남 밑에서 일하면 굉장히 수동적이고 바보 모드가 되지만 회사를 창업하거나 조직의 리더가 되면 잠재력이 폭발하게 된다. 나도 내가 왜 그런지 모르겠다. 남 밑에서 일하면 그냥 주눅이 든다. 성격적인 결함일 수도 있지만 어쩌겠는가? 이렇게 태어난 것을 어찌할 수가 없다. 나를 부하직원으로 썼던 사람들은 하나 같이 내가 어리석게 보일 것이다. 그 부분을 부정할 수가 없는 것이 정말 상관이 옆에 있거나 책임자가 따로 있으면 나의 두뇌 활동은 거의 정지하게 된다. 책임을 회피하는 것이 아니라 그냥 무의식중에 눈치를 보는 것 같다. 그리고 상관을 너무 의지한다. 나는 조직을 창출하고 이끌고 책임지는 것을 좋아한다. 그리고 남들 눈치를 보지 않고 어려운 과업을 스스로 만들어 개척하는 것을 좋아한다. 30대 중반이 되고 나서야 진정으로 내가 원하는 것이 무엇인지 알았기 때문에 인권 변호사가 되고 내 사업을 하고 조직의 리더가 되는 것이 나의 타고난 성격과 잠재력을 극대화시킬 수 있는 길이라면 한 나라의 수장인 대통령에 도전하는 것으로 인생의 방향을 재설정하였다. 짧은 인생, 이제부터라도 내가 제일 잘 할 수 있는 일만 하고 싶다.

제 **4** 장

# 예일대 로스쿨 JD 지원하기

# 1. 코아벨스
## — 세계 최고의 미국 변호사 양성 컨설팅 기관

대학 재학 시절 연이은 코미디언 공채 시험 낙방으로 깊은 좌절감을 맛보았지만 인생 자체를 포기할 수는 없었기 때문에 대학 졸업 후 어떤 분야로 나아갈지 심사숙고했다. 그때 코아벨스의 대표이신 김영기 미국 변호사님이 집필하신 『미국 국제변호사 되는 길』이란 책을 접하게 되었다. 그 책을 읽고 이거다라는 생각이 들었다. 만약 코미디언이 될 수 없다면 미국 변호사를 하는 것이 그나마 전공을 살릴 수 있는 길이라 여겼다. 사실 진짜 전공을 살린다면 한국의 사법고시를 했어야 했다. 하지만 대학 졸업반일 때는 이상하게 한국 변호사보다 미국 변호사에 매력을 느꼈다. 영어 실력은 턱없이 부족했지만 영어로 법률 자문을 한다는 것 자체가 어린 나이에 너무 멋있어 보였던 것이다. 무엇보다 아버지의 다르게 생각하고 다르게 행동하라는 가르침 덕에 친구들이 대부분 한국 변호사를 도전하니까 친구들과 달리 미국 변호사의 길을 가고 싶었다. 이 책을 읽는 사람들은 다양한 배경의 사람들로 예상되기 때문에 미국 변호사가 되고 싶다면 『미국 국제변호사 되는 길』이란 책을 꼭 한 번 읽어보기 바란다. 물론 나도 이 책에서 미국 로스쿨을 어떻게 합격했는지 그 드라마 같은 과정들을 상세히 나열하겠지만 그것은 어디까지나 '나'의 성공이라서 이 책을 읽는 모든 이들에게 적용될 수 있는지는 잘 모르겠다. 나 같이 부족한 사람도 미국 로스쿨에 당당히 합격했기 때문에 독자 여러분은 나보다 훨씬 잘 될 것이라는 격려의 메시지를 전달하고 싶다는 마음뿐이다.

한편, 1990년대 말에 이미 사법고시 인원을 1,000명으로 늘린다는 소문을 법대 교수님들을 통해 들었기 때문에 한국 변호사의 희소성이 갈수록 떨어질 것이라는 예측을 했다. 2000년대 초반에는 우리와 같은 대륙법계인 일본이 미국의 로스쿨 제도를 도입하면서 한국도 일본처럼 되는 것 아닌가라는 생각을 하게 되었다. 그러나 정직하게 표현하면 저런 이야기들은 모두 핑계일 뿐이고, 대학 재학 중에는 사법고시 자체가 싫었다. 코미디언 시험 준비를 하는데 공부가 제대로 되었겠는가? 나의 학점이 4.5 만점에 3.57인데 굉장히 평범한 학점이지만 개그맨을 준비했던 열등생 치고는 굉장히 잘 나온 것이라 생각한다. 아무튼 하기 싫은 것은 목에 칼이 들어오면 억지로 하겠지만 목에 칼이 안 들어와서 절대 하지 않았다. 그리고 2000년대 후반에 한국도 결국 로스쿨 제도를 도입하여 이제는 매년 1,500여명가량 되는 한국 변호사가 배출되는 것으로 알고 있다. 내 요점은 한국 변호사가 별로라는 의미가 아니다. 희소성 문제를 떠나 한국 변호사가 되면 나쁠 것이 무엇이 있겠는가? 당연히 한국 변호사가 되면 가문의 영광이라고 생각하는 사람이다. 그보다 기존의 사법고시는 암기할 것이 너무 많아서 지레 겁먹고 도전하지 않았다. 전공 과목의 중간/기말 고사만 봐도 암기해야 할 부분이 산더미 같았는데, 나 스스로의 암기력이 탁월하지 않다는 것을 잘 알았기 때문에 사법고시는 나에게 맞지 않는 시험이란 결론을 냈다. 더 나아가 대학교 재학 당시의 법학과 수업은 법대 교수님들의 일방적인 설명을 듣는 방식이라 수동적인 학습 때문에 전공 과목 자체의 흥미를 잃어버렸다.

하지만 미국 로스쿨은 딱딱한 법조문보다 사례 중심으로 공부하고 수업도 모의법정 스타일의 토론수업이라고 알고 있었다. 실제로 미국 변호사가 되고 싶어서 처음 실행에 옮겼던 행동은 2003년 대학 졸업 후 보험 영업을 하던 2008년 5월말의 코아벨스 등록이었다. 코아벨스는 미국 변호사가 되기 위해 미국 로스쿨로 입학하기 전까지 미국 법 실무를 할 수 있도록 훈련시키고 미국의 변호사시험을 합격할 수준으로 만든 상태에서 미국 로스쿨로 입학시키는 컨설팅 회사였다. 한국에 있는 기타 미국 로스쿨을 준비시키는 학원들은 안 다녀봐서 모르겠지만 가장 오래된 역사, 놀라운 미국 변호사 시험 합격률, 국내 유일의 JD(Juris Doctor, 법학박사)와 같은 방식의 커리큘럼 등 다른 곳과는 큰 차이로 비교우위에 있었다. 코아벨스는 미국법 실무를 할 수 있는 능력을 키우는데 중점을 두는 변호사 시험 합격 후의 미래를 생각하여 연구생들을 준비시키는 과정을 채택한 곳이었으므로 다른 곳을 고려하지 않았다. 코아벨스 출신들이 미국 로스쿨에서 수석 졸업생이 되거나 다수의 학생들이 Dean's List (우등생)에 오를 뿐만 아니라 코아벨스 과정을 제대로 마친 학생이라면 로스쿨 졸업 후에 미국 변호사 시험을 전부 합격했다. 실패자들이 있기는 하다. 그러나 그 실패자들도 김영기 변호사님의 조언을 제대로 따르지 않았던 소수의 사람들이었다. 미국 변호사시험을 불합격한 사람들은 극히 소수이고 그 소수도 코아벨스 과정을 제대로 이수하지 못한 경우

일 뿐이었다.

　나 또한 코아벨스 덕분에 다수의 미국 로스쿨들을 합격했고 대부분의 학교에서 장학금을 제안받았다고 생각한다. 2008년 5월에 등록했기 때문에 2014년 9~10월경에 미국 로스쿨을 지원한 것을 감안하면 등록한지 6년 3개월 만에 미국 로스쿨을 지원한 셈이다. 사실 코아벨스 과정을 제대로 이수한다면 오프라인 강의를 들을 경우 2~3년 정도 선행학습을 한 후 미국을 가면 된다. 만약 미국을 빨리 가고 싶다면 온라인 강의가 있기 때문에 오프라인과 병행하면 1년 이내에 미국법 15개 과목을 이수할 수 있다. 다만 나의 경우는 직장인이기도 했지만 원어민들과의 경쟁에서 밀리지 않기 위해 미국 로스쿨을 가기 전 일종의 차별화된 나만의 무기로서 미국회계사 자격을 취득해야겠다는 생각을 했기 때문에 2009년 봄에 휴학을 신청했다. 2010년 10월에 미국회계사 시험을 합격하여 코아벨스에 재등록하려고 했으나 회계법인 취업이 제때 이뤄지지 않아서 코아벨스로 복귀할 수 없었다. 겨우 취업에 성공하고 코아벨스를 기웃거렸지만 성과는 없었고 대신 2011년 5월, 만난 지 2개월 된 여자친구와 결혼식을 올렸다. (러브스토리는 마지막 장에 적었으므로 끝까지 인내를 가지고 읽어주기 바란다.)

　신혼여행을 갔는데 곧바로 임신을 했다. 그런데 아내가 임신 중독증에 걸려 아내뿐만 아니라 태아까지 같이 죽을 수 있다는 청천벽력 같은 의사의 진단을 받게 되었다. 곧바로 서울의 제일병원 응급실로 입원하여 2012년 1월 2일 밤 11시경에 수술이 개시되었다. 아이는 1.4Kg의 저체중 미숙아로 태어나서 곧바로 인큐베이터로 향했다. 아내는 마취상태였기 때문에 아이를 보지 못했지만 1.4Kg의 미숙아라는 생각보다 둘 다 죽지 않아서 다행이라는 안도감만 가졌다. 죽지 않으면 그만인 것이다. 아이가 장애아일 수도 있었지만 그것은 생명이 유지되었을 때 고민해야 할 문제였다. 다행히 장애는 없었지만 양가 부모님이 모두 목포에서 개인 사업을 하셨기 때문에 서울에 살고 있던 우리를 따로 돕기가 어려운 상황이었다. 마침 1년 동안 근무했던 회계법인을 그만 두고 직장을 구하려고 했던 상황이라 이번에는 가정이 있는 백수로서 아내와 아이를 돌보게 되었다. 미숙아여서 병원 인큐베이터에 있었다. 아내는 병원 측에서 제공해준 위생 비닐 팩에 모유를 모아서 냉동시켰다. 나는 냉동된 모유를 하루에 한 번씩 병원으로 배달해야 했다. 아내도 임신중독증 후유증으로 몇 개월간 안정을 취해야만 했었다. 이런 상황에서 물질적인 문제는 둘째 치고라도 가족이 건강치 못하니 아무것도 할 수가 없었다. 결국 코아벨스에 몇 번 가기는 했지만 다시 휴학을 해야 했다. 그리고 회계사가 되어서 미국법 공부를 같이 병행하려고 했으나 회계 분야도 만만치 않은 전문분야라서 코아벨스에서 미국법을 공부하면서 일을 한다는 것이 내 능력으로는 어려운 일임을 깨달았다.

결국 5년의 휴학 끝에 가족의 건강도 완전히 회복되고 회계사로서의 입지도 어느 정도 다져져 자신감을 회복하고 나서야 비로소 2014년 9월에 다시 복귀했다. 5년 만에 복귀하니 예전에 공부해서 나름 잘할 줄 알았는데 오히려 퇴보한 나 자신을 발견했다. 그래도 코아벨스 복학 전에 5과목을 이수했는데 1과목은 우등생은 아니었지만 코아벨스 기말고사에서 당당히 통과했고 4과목은 1등에서 3등을 할 정도로 최우수 성적을 받은 상태였기 때문에 복학하면 당연히 잘할 것이라 생각했다. (참고로 코아벨스의 기말고사는 미국의 변호사시험보다 더 어렵게 출제된다.) 그러나 막상 공부를 다시 시작하려고 봤더니 예전에 배웠던 것이 하나도 기억이 안 났다. 그냥 처음에 코아벨스에 등록했을 때와 별반 차이가 없었다. 그렇게 될 수밖에 없는 것은 코아벨스만의 차별화된 교육 방식 때문이다. 코아벨스는 미국 로스쿨과 동일한 '소크라틱메소드'를 사용한다. 소크라틱메소드란 말 그대로 철학자 소크라테스가 제자들을 가르칠 때 사용한 방식을 법학 교육에 접목한 것이다. 소크라테스는 질문의 토론을 통해 제자들이 스스로 깨우칠 수 있도록 능동적인 학습을 유도했다. 처음에 들었을 때 그럼 교수님은 물어보기만 한다는 것인가라는 오해를 했다. 오랜 기간 코아벨스를 기웃기웃하다 보니 정확히 깨닫게 된 것은 미국법을 정확히 이해하고 있지 않으면 학생들이 토론해야 할 부분을 질문할 수도 없다는 것이다. 코아벨스의 대표이신 김영기 교수님이 학생들에게 소크라틱메소드로 질문을 했을 때 답변하는 것은 굉장히 어려운 작업이다. 그러나 학생보다 더 위대한 것은 학생의 답변을 이끌어내고 주제에서 벗어나지 않게 수업을 리드하고 질문하는 것으로 미국법 이해를 넘어서 최고의 경지에 다다랐을 때만이 능수능란하게 가르칠 수 있다.

2014년 12월 현재 김영기 교수님은 16년 동안 미국법을 가르쳐왔다. 그것도 미국법 15개 과목을 혼자서 다 소화하고 계신다. 15개 과목을 가르칠 때 과목별로 중요한 케이스를 선별하여 한 케이스를 2~3시간씩 분석한다. 미국 로스쿨은 한 과목에 1,000페이지 넘는 분량을 한 한기만에 끝내야 하기 때문에 한 케이스 당 할애되는 시간이 30분을 넘을 수 없다고 들었다. 그러나 김영기 변호사님의 전략은 어차피 학생들이 미국 로스쿨에 진학하여 폭넓게 배울 것이기 때문에 코아벨스에서 미국법을 연구할 때는 핵심적이고 역사적인 케이스들을 선별하여 깊이 있게 분석하는 토론수업을 통해 연구생들의 미국법 이해를 돕는 것이었다. 비록 이 글을 쓰는 저자는 아직 미국 변호사가 된 것도 아니고 고작 미국 로스쿨을 합격한 자에 불과하지만 코아벨스 김영기 교수님은 정말 존경하는 은사님이시다. 그리고 그는 한국뿐만 아니라 세계 최고의 미국법 전문가임을 저자가 보증한다. 물론 저자가 인증할 수 있는 법적 권한은 없지만 자유민주주의 사회에서 존경하고 인정한다는데 그걸 가지고 뭐라 할 사람이 있다면 그 사람은 아직 진정한 스승을 못 만난 불행한 사람이라고 생각된다. 수업을 들어보면 안다. 여기에 코아벨스의 웹사이트 주소 및 전화번호와 김영기 교수님의 이메일을 기재할 테니 궁금한 사항이 있으면 직접 연락해보길 바란다. (Website : www.koabels.com / Email : koa-bels@hanmail.net / 전화번호 : +82-2-562-4307) 이 책은 다양한 독자를 위해 썼지만 미국 변호사를 준비하는 학생들을 위해서도 쓴 책이기도 하기 때문에 내가 미국 로스쿨을 합격한 성공 전략을 공개하는 책이라서 코아벨스에 대해 소개한다. 1998년에 코아벨스가 설립되었을 때는 한국 학생이 미국 로스쿨을 진학하고 성공적인 변호사가 될 수 있도록 돕는 것이 주된 김영기 변호사님의 주된 관심사였다. 하지만 영어로 진행되는 수업인데 굳이 한국인만 와서 교육을 받으라는 법이 있는가?

무엇보다 이번에 미국 로스쿨을 지원하면서 알게 된 것은 코아벨스가 일반 학원들과 달리 컨설팅 회사이기 때문에 Law School Admission Council(LSAC: 로스쿨 입학위원회)에서 First degree in law(법학학사)를 부여할 수 있는 교육기관으로 등록되어 공식적인 성적표로 인정을 받을 수 있다는 사실이었다. 정말 놀라운 점은 대학도 아니고 법대도 아닌데 법학사 수여기관 리스트에 올랐으므로 학위수여기관의 권위가 있다는 사실이었다. 다른 미국 로스쿨 학원을 다녔다면 그냥 학원만 다니고 입시 준비만 했을 뿐 학점까지 인정을 받지는 못했으리라. 한양대학교 법학과에서 발급한 성적표뿐만 아니라 코아벨스의 성적표까지 제출했으니 미국 로스쿨 입장에서는 미국 로스쿨 입학을 위해 더 많은 준비를 한 학생처럼 보였을 것이다. 이것이 코아벨스의 가장 큰 장점이다. 최초 설립 때에는 다른 학원들과 지위가 별반 차이가 없었으나 코아벨스 출신들이 미국 로스쿨 합격뿐만 아니라 변호사시험 합격과 실무에서 탁월한 능력을 발휘했기 때문에 LSAC에서 코아벨스에서 수여하는 학위를 공식적으로 인정하는 교육기관의 지위를 얻게 되었다. 이 책은 전 세계 출판을 목표로 하고 있기 때문에 국적을 불문하고 외국에서 살면서 미국 로스쿨을 준비하는 학생들도 코아벨스를 통해서 성공적인 미국 로스쿨 입시 준비 및 변호사로서의 역량을 기르기 바란다. Skype로 라이브 수업을 참여하거나 온라인으로 수업 동영상을 볼 수도 있고 영어로 수업이 진행되므로 국적에 관계없이 수업에 참여할 수 있다.

그러나 코아벨스를 잘 모르는 사람들은 이렇게 반문할 수 있다. 그냥 혼자 잘 준비해서 미국 로스쿨을 가서 잘하면 되는 것 아닌가? 미국 로스쿨 과정은 그리 만만한 과정이 아니다. 특히 외국인으로 영어가 모국어가 아닌 나 같은 사람들은 아무런 준비 없이 미국을 가게 되면 원어민들과 경쟁하는 것이 거의 불가능하다고 생각된다. 단순한 어학연수가 아니다. 영어에서도 전문 영어에 해당하는 미국법이기 때문에 어차피 미국 로스쿨을 진학하려면 독학을 해도 1~2년 정도 소요된다. 내가 만약 미국 변호사를 꿈꾸는 여러분이라면 코아벨스를 병행하면서 미국법도 미리 공부하고 미국 로스쿨에 진학하여 우등 졸업을 목표로 하겠다. 실제로 김영기 교수님의 조언을 잘 따르지 않았던 지원자들은 대부분 로스쿨에서 저조한 성적을 얻어서 변호사 시험에 실패하거나 설사 시험은 통과해도 실무에서 인정을 못 받아 경쟁력 없는 변호사가 된 경우가 다반사라고 한다.

한편, 나는 토플 점수가 95점이라 다른 경쟁자에 비해 불리한 입장이었다. 명문대 로스쿨들은 토플 100점을 입학을 위한 최저 점수로 요구한다. 그리고 일부 미국 로스쿨에서 LSAT 점수도 없이 합격할 수 있었던 것은 김영기 교수님의 추천서가 큰 역할을 차지했다. 휴학은 했지만 수년간 연락의 끈을 놓지 않았던 탓에 나의 근황을 대부분 잘 파악하신 상태에서 추천서를 친히 작성해 주셨다. 코아벨스 출신의 성공적인 미국 로스쿨 생활 선례 덕분에 코아벨스에 대한 명성은 미국 로스쿨들이 잘 알고 있었다. 실제로 저자도 미국 로스쿨 입학 사정관과 Skype 면접을 하게 되었는데 코아벨스 출신들이 자기네 학교에서 공부하고 있다고 말들을 자주 들었다.

무엇보다 로스쿨 입학 과정에서 궁금한 사항이 있거나 고민되는 사항을 이메일이나 전화로 물어볼 때 오랜 경험이 묻어 나오는 김영기 변호사님의 짧은 조언 한 마디 한 마디는 로스쿨 합격에 절대적으로 필요한 부분이었다. 만약 김영기 변호사님의 조언이 없었더라면 그렇게 많은 학교를 합격할 수도 없었을 것이다. 대부분의 학교에서 부분 또는 전액 장학금을 제안했는데 김영기 교수님의 지도가 없었더라면 합격은 했더라도 장학금까지 받을 수는 없었을 것이다. 앞에서 언급했던 KBS 개그맨 연령 차별 철폐 사건도 어떻게 보면 김영기 변호사님의 작품이다. 내가 KBS 개그맨 연령 제한 때문에 실의에 빠져서 울고만 있을 때 김영기 변호사님은 인권위원회에 민원을 제기하라고 조언해 주셨고 그 일로 인해 전화위복이 될 수 있다고 하셨다. 정말로 나의 로스쿨 합격에서 신문이 주는 위력은 생각보다 막강했다. 그 부분에 대해서는 바로 다음 장에서 기술할 예정이다. 아무튼 나는 코아벨스가 아니었으면 미국 로스쿨 합격은 불가능했다라고 보는 사람이다. 그래서 코아벨스의 광팬이기도 하다. 만약 유능한 미국 변호사를 꿈꾼다면 나는 코아벨스를 통해 꿈을 이루라고 말하고 싶다.

## 2. 소심한 미국 로스쿨 지원자

적지 않은 로스쿨로부터 합격 통지서를 받았다. 그리고 장학금을 주겠다는 학교들이 안 주는 학교들보다 더 많았다. 한 학교당 입학원서비용은 평균 110달러 정도가 필요하다. 전형료가 80달러 정도 하고 Law School Report(로스쿨 리포트)라고 해서 LSAC에 제출한 개인 성적표, 추천서, 입학 원서 등을 공인된 Report 형태로 발급하는데 학교당 28달러를 지불해야 하기 때문이다. 지원했던 학교들 수만 해도 대략 40군데가 넘었기 때문에 지원비용만 해도 4,000달러 정도 소요되었다. 한국 돈으로 400만 원이 그냥 현금으로 지불된 것이다. 물론 신용카드로 결제했지만 어차피 결제일이 다가오기 때문에 지원 자체도 경제적으로 부담이 많이 되었다. 그러나 이렇게 많은 학교에 지원하게 된 것은 사실 불합격이 두려워서 그중 한 군데라도 합격하고자 하는 강한 열망과 전액 장학금 때문이었다. 지금까지 읽어본 내용에 따르면 내가 굉장히 대범하게 도전을 즐기는 사람 같지만 사실 굉장히 소심한 구석이 있어서 내가 할 수 있는 최선의 방법은 최대한 많은 학교들을 지원해서 장학금을 노리는 것이었다. 전액 장학금 없이는 도저히 유학을 갈 수 없는 재정상황이었기 때문에 지푸라기라도 잡는 심정으로 지원했다. LLM(법학석사)에 합격했지만 너무 많은 학교들에 합격해서 나에 대한 오해가 생길 것이 두렵기도 했다. 그러나 미국 유학비가 없어서 장학금을 받기 위한 확률을 높이기 위해 지원했던 것이니 미국 로스쿨 입학 담당자들이 나에 대한 오해가 없었으면 하는 바람이다. 개인적으로 죄송하다는 메일은 다 보냈지만 이 책을 통해서 다시 한 번 사과의 말씀을 보낸다.

부끄러운 또 다른 소심함은 LSAT 시험을 응시할 자신이 없어서 JD는 지원조차 할 생각을 못 했다. LSAT 시험은 일종의 미국법학적성 시험으로서 한국의 LEET와 같은 시험이다. 한국의 LEET 시험은 정말 어려운 시험이다. 저자도 한 번 시험 삼아 보긴 했지만 평균 점수에도 미치지 못하는 저조한 점수를 받았다. 물론 직장을 다니면서 공부했다지만 다른 직장인들도 동일한 조건에서 공부해서 시험을 본 것이기 때문에 변명의 여지가 없다고 본다. 어쨌든 LEET 시험이 어렵다는 것을 깨달은 이상 그와 같은 시험을 국어가 아닌 영어로 본다니 시험 보기 전부터 겁이 나서 도저히 JD는 꿈도 꿀 수 없었다. LSAT의 부담을 덜고자 외국에서 법학사를 가지고 있을 경우 1년 법학 석사과정인 LLM을 LSAT 없이 지원하는 미국 로스쿨 제도가 있다. LLM만 나와도 뉴욕과 같은 특정 주에서는 미국 변호사를 응시할 수 있기 때문에 단순히 미국 변호사 자격증만 노리는 요령으로 LLM만 바라보았다.

LLM이 1년 과정이라고 하지만 유학비용이 만만치 않다. 학비만 해도 5~6천만 원에 아내와 아이를 데려가면 생활비만 3,000만 원 정도가 더 필요하기 때문에 1년 유학비용을 감당할 만한 현금은 지금 책을 집필하는 이 순간에도 준비되지 않았다. 그래서 내가 선택한 것은 LLM을 최대한 많이 지원하는 것이었다. 최초 계획은 50개의 학교에 지원하는 것이었다. 미국에 300여 개의 로스쿨이 있다고 들었는데 그중 1/6을 지원하려 했던 것이다. 그러나 현실적으로 원서 제출 비용도 만만치 않아 30군데 정도만 지원했던 것이다. 그 돈도 아까워서 원서비가 무료인 학교들을 최대한 찾아서 지원했다. 처음에는 JD 지원은 꿈도 꾸지 않았고 오직 LLM 전액 장학금 합격만을 생각하며 모든 역량을 집중했다. 지성이면 감천이라고 했던가? 2014년 10월 중순 쯤에 30군데의 LLM 지원을 마무리했다. LLM 지원 후 2주도 되지 않아 LLM 합격 소식이 이메일로 전달되었다. 첫 합격은 Case West-ern Reserve라는 로스쿨이었는데 오하이오주의 명문 대학이었다. 첫 합격 소식 후 일주일에 2~3군데씩 합격 소식이 이메일로 전달되었다. 참 놀라운 결과였다. 나는 대부분 불합격하고 몇 군데만 될 줄 알았는데 계속해서 합격소식이 들렸고 심지어 장학금을 제시하지 않으면 이상하게 보일 정도로 성공적인 결과를 얻게 되었다.

독자 입장에서 잠시 생각해 봤을 때 어떻게 미국 로스쿨을 30군데나 지원할 수 있을까라는 의구심을 가질 수 있다. 왜냐하면 학교별로 자기소개서, 추천서, 성적표 등을 제출해야 하는데 학교별로 모두 제출하는 것으로 보일 수 있기 때문이다. 사실 원칙적으로 학교별로 모두 개별 문서로 제출해야 한다. 1년에 딱 2군데만 로스쿨을 지원할 수 있는 한국과 달리 미국은 지원비만 있다면 무제한으로 지원을 할 수 있기 때문에 추천서나 성적표 등을 LSAC에 제출하고 Law School Report 금액만 지출하면 지원 학교에 해당 자료의 사본을 발송해준다. 자기소개서나 에세이 등은 대부분의 학교가 비슷한 질문들을 하기 때문에 공통 질문들을 모아서 샘플 자기소개서를 작성한 후 학교별 질문에 맞춰서 편집만 하면 짧은 기간 안에 다양한 학교들을 지원할 수 있다. 따라서 지원 자체보다 샘플 자기소개서를 작성하는데 대부분의 시간을 보내는 것이 바람직하다. 자기소개서는 변호사로서의 자질을 보여주는 것이므로 간략하면서도 논리적으로 글을 구성해야 한다. 샘플 자기소개서를 이 책에 별첨으로 붙여놓았으니 로스쿨을 생각하는 사람들은 해당 내용을 참고하기 바란다.

## 3. LLM이냐? JD냐? 그것이 문제로다

정작 꿈꾸었던 미국 로스쿨 LLM 합격이 생각보다 너무 쉬웠다. 대부분 불합격하고 일부 합격할 줄 알았던 내 예상이 보기 좋게 빗나가자 행복한 얘기 같을 수도 있지만 나는 진심으로 인생의 허무함을 느꼈다. 내가 이렇게 쉽게 합격하려고 지난 수년을 고생했던가 하는 생각에 나 자신이 얼간이처럼 느껴졌다. 사실 토플 성적도 그리 높지는 않았기 때문에 LLM을 합격하리라고는 전혀 예상치 못했다. 그냥 못 먹는 감 찔러나 보자는 식의 무모한 도전이었다. 그러나 그런 나의 두려움을 비웃기라도 하는 듯 계속해서 합격소식과 심지어 장학금까지 줄 테니 자기네 학교로 오라는 면접관들의 태도에서 합격에 대한 기쁨보다 이렇게 쉬운 결과를 얻을 수 있었던 것을 너무 어렵게 생각한 내 자신이 안타까웠다.

그 순간 내 머리 속에 스쳐 지나가는 한 가지 아이디어가 떠올랐다.

'LLM이 아닌 JD 도전'

그러나 앞에서도 언급했듯이 LSAT 응시에 대한 부담감 때문에 쉽게 결정을 내릴 수 없는 아이디어였다. LLM을 졸업하면 뉴욕이나 워싱턴과 같은 소수의 주에서만 변호사시험을 응시할 수 있다. 대부분 3년 JD과정을 마치고 변호사 시험을 응시하는데 1년 과정인 LLM만으로 미국 변호사 시험을 합격할 수 있을까? 물론 현실적으로 무리다. 아무리 서울법대를 졸업하여 사법고시 출신으로 미국 최고 명문대학의 LLM 과정을 밟을지라도 한국과는 다른 법체계이기 때문에 결코 쉽지 않다. 그래서 LLM 출신들의 미국 변호사 합격률은 JD에 비해 매우 저조하다. 코아벨스 출신의 LLM 졸업자들은 코아벨스에서 미국 JD 과정보다 더 깊게 공부하여 아예 미국 변호사시험을 합격할 수준의 준비된 상태에서 LLM 과정을 이수하기 때문에 LLM에서 수석으로 졸업하거나 미국 변호사 시험은 바로 합격하는 것이다. 그 만큼 LLM만으로 미국 변호사 시험을 합격하는 것은 언어적인 문제도 있기 때문에 결코 쉽지 않다. 문제는 그렇게 미국 변호사를 취득해도 JD보다 취업이 상대적으로 어려운 것이 현실이다. 코아벨스 출신들은 로스쿨 진학하기 전에 실무 능력을 함양하기 때문에 다른 LLM 졸업자들보다는 법률시장에서 우위를 선점한다. 그러나 JD에서 좋은 성적으로 졸업한 변호사들과 초기 시장에서 경쟁하는 것은 상대적으로 어려움이 있다고 들었다.

법률시장의 현실이 그렇다고 할지라도 LSAT이 너무나 큰 장애물이었다. 생각해보라. 한국어로 그런 시험을 봐도 어려운데 미국에서 한 번도 공부한 적 없는 목포 촌놈이 영어로 LSAT을 응시하면 어떤 결과가 나오겠는가? 뻔하지 않은가? 소심한 성격 탓에 지레 겁먹고 JD 지원자들은 다른 세계의 인물들로 분류했다. 계속 고민만 하다가 결국 코아벨스 대표님이신 김영기 변호사님에게 소심한 이메일 하나를 보냈다. 요지는 미국회계사 자격으로 일을 하면서 한국회계사와 동일한 대접을 받지 못해서 상처도 받은 적이 있었는데 미국에서 JD가 아닌 LLM 출신이라고 하면 같은 변호사인데 동일한 대접을 못 받는 것이 아닌지에 대한 문의였다.

변호사님의 답변은 의외로 간단했지만 굉장히 현실적인 대답이었다.

"김세종 회계사, 이 세상에 차별이 없는 곳은 없답니다."

변호사님의 이메일 문구 한 마디에 JD 지원을 결심했다. JD 지원 결심은 2014년 11월 중순경이었는데, 응시기간이 종료되어 12월에 있을 LSAT 시험은 응시할 수조차 없었다. 막상 JD 지원을 결심했지만 LSAT 준비가 가장 큰 문제였다. JD 지원은 2014년 9월부터 2015년 3월 이내로 원서를 제출해야 했는데 Harvard 같은 로스쿨은 2014년 12월 성적까지만 인정해주고 2015년 2월 성적은 원서 제출 종료일 때문에 인정하지 않았다. 결국 Harvard JD는 지원할 수 없었다. 변호사님께 문의하여 어떻게 LSAT 준비를 해야 하는지 물었다. 그 순간 변호사님께 상상치도 못했던 아이디어를 하나 듣게 되었다.

"김세종 회계사, JD에 지원할 때 군이 LSAT을 안 봐도 됩니다. 물론 LSAT을 안 보고 JD를 가는 것이 쉽지 않지만 미국이란 나라는 기회의 나라입니다."

변호사님께 어떻게 LSAT도 없이 JD를 지원할 수 있는지 문의했다.

"JD는 3년 과정이지만 Advanced standing JD 또는 Accelerated JD라 불리는 일명 AJD라는 2년 속성 JD 과정이 있어요. 경우에 따라서는 1년 6개월 만에 졸업이 가능합니다."

"변호사님, AJD 지원 자격은 무엇인가요?"

"외국에서 변호사로 활동하고 있는 법률 전문가에게 부여하는 특별 입학전형입니다."

나는 법률시장에서 JD보다 더 불리한 자격인 것이 아닌지 되물었다.

"김세종 회계사, AJD는 법 실무를 해본 법률 전문가라고 인정될 때 지원을 허용하는 것이라서 일반 JD 입학생보다 더 높이 평가 받는 것입니다. 그리고 무엇보다 짧은 기간에 JD와 동일한 학위를 받을 수 있다는 장점이 있고 LLM과 달리 JD 졸업자들과 동등한 지위에서 모든 주의 변호사 시험 응시가 가능합니다."

그러나 한 가지 걸리는 부분이 있었다. 나는 변호사가 아닌 회계사였기 때문이다.

"변호사님, 그런데 결론적으로 저는 변호사가 아니잖아요. 저는 회계사입니다."

"김세종 회계사, 지금 당신이 있는 곳이 어디입니까? 어디에서 미국법을 연구하고 있죠?"

"변호사님, 당연히 저는 변호사님에게 코아벨스에서 미국법을 배우고 있잖아요."

"네, 작년에 코아벨스의 한 연구생이 와슈 로스쿨에 AJD로 합격했어요. 그는 변호사가 아니었습니다. 단지 코아벨스에서 미국법 15과목을 이수했다는 이유만으로 AJD에 입학하게 되었습니다. 코아벨스가 설립된 이래로 최초로 AJD 합격자가 나온 것입니다. 김세종 회계사 정도면 충분히 가능합니다. 도전하세요. AJD는 법학적으로 탁월한 지원자들에게 LSAT 면제를 시켜주는 것이기 때문에 어떤 관점에서는 JD보다 더 어렵지만 LSAT도 생각보다 만만치는 않아요. LSAT을 준비할 시간도 충분치 않으니까 AJD에 도전하십시오."

그 얘기를 듣자 칠흑 같은 어두움 가운데 광명을 보는 기분이었다. 와슈 로스쿨은 미국 로스쿨 랭킹 18위에 해당하는 명문대학이었다. 랭킹 20위 안에 드는 JD 과정에 진학하려면 LSAT 180점 만점 기준으로 170점 정도를 맞아야 한다. 이 점수가 얼마나 위대한 점수인지 아는가? LSAT은 객관식 100문제와 에세이(Essay)로 구성되어 있는데 객관식 100문제를 90% 이상 맞춰야 170점을 넘을 수 있다. 참고로 내가 집에서 처음으로 혼자서 LSAT을 풀었는데 객관식 4 Section 중 첫 번째 Section은 3분의 2가량 풀다가 시간이 종료되었고, Section 2와 3은 절반 정도 푸니까 시험시간이 종료되었고, Section 4는 4분의 1을 풀고 나니까 시험 시간이 종료되었다. 너무 처참해서 채점을 할 수도 없었다. 저게 다 맞는다고 쳐도 50문제도 제대로 못 풀었으니 150점도 안 되는 성적이 나온 셈이다. 참고로 LSAT을 모두 틀려서 0개를 맞추면 120점을 취득하게 된다. 그래도 감사하게 0점이 아니라 120점이라도 주니까 다행이란 생각이 들었다. 한국 토종으로서

LSAT은 커다란 산이었다. 그런데 JD학위를 LSAT 없이 받을 수 있는 방법이 있다니 내 귀를 의심할 수밖에 없었다. AJD에 대해 곧바로 인터넷 검색을 했다. 300여 개 정도 되는 미국 로스쿨들 가운데 LSAT 없이 AJD를 인정하는 학교가 그리 많지는 않았다.

대부분의 AJD는 분명히 LSAT을 요구했다. 그러나 정말 피나는 인터넷 검색 끝에 LSAT 시험이 면제되면서 가고 싶은 AJD 학교들을 선정할 수 있었다. 와슈, 에모리, 애리조나, 리치먼드 로스쿨 등의 학교들을 지원했다. 50개 주와 1개의 특별구로 이뤄진 미국이란 나라에서 랭킹 50위 안에 드는 JD 로스쿨들을 지원했다는 것은 정말 엄청난 도전이었다. 사실 미국의 어떤 주는 한국보다 더 땅도 크고 인구도 많기 때문에 실질적으로 각 주의 1등 학교들만 모아도 벌써 50개가 되어버린다. 그래서 어디를 합격하든 위에서 언급한 AJD 학교들 중 하나만 합격해도 정말 감사한 도전이었다. 그리고 LSAT을 최소 160은 넘어야 지원할 수 있는 명문대 로스쿨들이었다. 집에서 홀로 비공식적으로 푼 것이라지만 나의 LSAT 점수로 저런 학교들을 지원할 수 있고 또 합격할 수 있다는 것은 내 나라는 아니지만 미국의 힘을 느끼게 하는 경험이었다. 생각해보라. 내가 한국 로스쿨을 간다면 우선 나이도 많은 편이고 법학적성시험을 응시해야 하는데, 어렸을 때 개그맨을 꿈꾸며 독서를 많이 못 해서인지 그 시험은 나에게는 너무 어려운 시험이라서 정말 가고 싶은 로스쿨에는 지원도 할수 없었다. 무엇보다 1년에 딱 2군데의 로스쿨만 지원할 수 있는 현재의 한국 로스쿨 입시제도는 가고 싶은 대학을 지원하는 기회 자체를 박탈하는 제도라고 생각되었다. 미국 로스쿨처럼 대학에 자율권을 주어서 다양한 학생들을 뽑을 수 있는 환경을 마련해주는 것이 좋지 않을까라는 생각도 한다. 이 책에서 더 이상 한국 로스쿨 제도에 대한 비판은 따로 하고 싶지 않다. 왜냐하면 내가 한국 로스쿨 과정을 밟지도 않았으면서 비판하는 것은 비겁한 자세라고 생각되기 때문이다.

LLM이 아닌 AJD로의 지원으로 급선회하면서 SUNY Buffalo Law School(뉴욕 주립대 버팔로 로스쿨)과 LLM 면접을 할 때 궁금한 것이 있으면 물어보라고 하자, 나는 주저함 없이 혹시 AJD 지원이 가능한지 물어보았다. SUNY Buffalo Law School 입학 사정관에게서 나 정도면 충분히 지원 가능하다는 긍정적인 답변이 왔다. 1주일 정도 더 검토해보고 연락을 주겠다는 긍정적인 답변이었다. 그로부터 1주일 뒤 SUNY Buffalo Law School로부터 AJD 합격 통보가 왔다. 심지어 장학금 18,000불까지 제안했다. 코아벨스의 김영기 변호사님은 LLM 면접으로 AJD를 합격한 것은 코아벨스 역사상 최초라고 흥분을 감추지 못하셨다. 아무 생각 없이 그냥 툭 던진 말이었는데 덜컥 합격한 것이다. 생각지도 못 한 학교에서 합격을 하게 되자 자신감으로 충만해졌다. 그 뒤 며칠 되지 않아 오전 11시쯤에 내 핸드폰으로 미국 발신 번호가 뜨면서 전화벨이 울렸다. 회사에서 전화를 받게 되어서 살짝 놀랐지만 Richmond Law School(리치먼드 로스쿨) 입학 담당자가 약간 흥분된 목소리로 합격 소식을 통보했다.

"세종, 당신의 입학 원서들을 쭉 검토했는데 정말 놀라운 삶을 살았더군요. Richmond Law School에서는 당신에게 입학을 허가합니다. 당신 같은 분이 저희 학교를 지원해서 굉장한 자부심을 느낍니다."

어떻게 보면 별 것도 아닌 지원자를 위해 먼 미국 땅에서 전화까지 주고 미국 시간으로는 밤 9시라고 하는데 한국의 일과 시간을 고려하여 배려하려는 담당자의 자세에 큰 감동을 받았다.

SUNY Buffalo와 달리 실제로 AJD를 염두에 두었던 Richmond Law School이 합격하자 더 큰 자신감을 갖게 되었다. 예일 로스쿨도 AJD가 있지만 LSAT 없이 지원할 수 있는 줄로 착각하고 실수로 지원했다. 마침 예일 로스쿨 측에서 LSAT을 응시하라는 요청이 왔다. 예일 로스쿨 지원을 포기하려고 했으나 기왕 AJD를 합격한 것, 정식으로 LSAT을 봐서 JD까지 지원해보기로 마음을 고쳐먹었다. LSAT 점수가 어떻게 나오든 상관없이 도전이라도 해봐야 나중에 후회를 하지 않겠다라는 심산으로 불과 두 달 남은 LSAT 시험이지만 Top 10 이내에 드는 로스쿨들의 JD 과정에 지원했다. 0.1% 정도의 가능성이라도 있으면 도전하는 것이 내 인생 아니었던가? 다 떨어지는 한이 있어도 후회 없는 인생을 살기 위해 합격할 수 있겠다라는 착각을 하면서 최선을 다해보기로 결심했다. 합격하면 학비는 어떻게든 해결되겠지 하는 마음으로 1년 LLM 과정을 할 학비도 없지만 3년 JD 학비를 생각하면 더 골치가 아프니까 돈 문제는 합격하고 나서 생각하기로 하고 그냥 지원했다. LSAT 점수를 제출하는 조건으로 지원한 JD는 Yale(예일)을 포함한 Michigan(미시간), Columbia(컬럼비아), Pennsylvania(펜실베이니아), Virginia(버지니아)였다. Illinois(일리노이)

대학의 경우 Top 10 이내에 들지는 않았지만 지원비가 무료라서 그냥 같이 지원했다. Illinois 대학도 미국에서 유명한 명문대이기 때문에 지원비가 무료인데 굳이 지원을 포기할 이유가 없었다. AJD와 JD를 지원한 학교들에는 KBS 개그맨 나이 제한 철폐 내용이 담긴 인권 관련 신문 기사를 영문으로 번역하여 입학 원서에 포함시켰다. LLM 지원의 경우 처음에는 해당 신문 기사를 첨부하지 않았으나 랭킹 14위에 해당하는 Georgetown Law Center(조지타운 법률 센터) LLM에서 처음으로 불합격 통지를 받게 되자 랭킹 높은 대학에서 불합격할 확률이 높다는 심적 부담 때문에 Georgetown Law Center보다 랭킹이 높은 대학들 위주로 LLM에도 그 신문 기사를 보냈다. 그 신문을 보내자마자 내용이 흥미롭다며 하루 만에 합격 통지가 온 곳이 University of Illinois at Urbana-Champaign(일리노이 주립대학)이란 명문대의 LLM이었다. 김영기 변호사님 말씀대로 KBS 개그맨 관련 사건이 최소한 미국 로스쿨 입학에서는 전화위복이 되었다.

이 책을 쓰는 순간에도 일부 학교들의 LLM, AJD, JD 합격 결과를 기다리고 있다. 이제 남은 학교들은 미국 최고의 명문 대학들뿐이다. 사실 LLM도 합격이 쉽지 않은 학교들이다. 일부 LLM를 지원한 학교들 중에서는 불합격 소식도 왔다. 신이 아닌 이상 지원한 모든 학교들을 합격하는 것은 불가능하다. 불합격해도 실망하지 않고 담담하게 받아들였다. 로스쿨 랭킹 1위인 예일 로스쿨의 LLM 같은 경우 27명만 합격시키는데 그중 한국인은 2~3년에 1명꼴로 뽑힌다고 한다. Yale LLM에 지원하는 분들은 판사, 검사, 변호사들이 대부분이며 토플 100점 이상은 기본이다. 그런 사람들과 경쟁해야 한다. Yale 같은 대학은 LLM도 쉽지 않다. 나는 판사, 검사, 변호사도 아니다. 그냥 지원하고 싶었다. 그래도 지원은 해야 후회하지 않을 것 같았다. Yale LLM뿐만 아니라 Yale JD까지 지원한 것도 같은 이유였다. 하고 싶은 것을 지레 겁먹고 포기하기 싫었다. 불합격해도 좋다. 나는 도전했기 때문에 그것으로 만족한다. 이 책을 집필하는 시점에는 예일 로스쿨의 합격 여부를 알 수 없겠지만 출판 후 조만간 결과가 나올 것이다.

## 4. 예일 로스쿨에 LSAT 대신 한국전통무용 공연 DVD를 보냈어요

결과를 떠나 명문대 로스쿨 LLM 합격의 자신감을 바탕으로 2개월 간 준비하여 2015년 2월 LSAT 응시에 도전하기로 결심했다. 2개월간 LSAT 시험을 준비했다고는 하지만 사실상 막중한 회사 업무, 육아, 집 안일(빨래, 설거지 등), 교회 봉사 등 개인적인 일들 때문에 절대적인 공부시간이 턱없이 부족했다. 공부라기보다 그냥 문제가 어떤 형태인지 느끼기만 하고 시험을 본다는 것이 더 정확한 표현이다. 환경이 어떻다 한들 예일 로스쿨에서 LSAT을 봐야만 지원할 수 있다는 이메일 통보가 왔기 때문에 이미 원서비까지 제출한 이상 밀져야 본전이라는 심정으로 LSAT 원서를 제출했다. 과연 나의 공식적인 LSAT 점수는 몇 점이 될까? 180점 만점에 최소한 170점을 넘겨야 예일 로스쿨을 지원하여 합격을 기대할 수 있다. 2015년 2월 8일 처음으로 LSAT 시험을 보았지만 결과는 3월이 되어야 알 수 있기 때문에 이 책이 출판되기 전까지는 나도 나의 LSAT 점수를 알 수 없는 상황이다.

대부분의 학생들은 학교에서 요청한 원서자료들을 제출했을 것이다. 처음에는 예일 로스쿨 JD는 아예 생각지도 못 했다. AJD를 지원할 수 있는 학교를 찾는 과정에서 예일대도 AJD 정보가 있었기 때문에 무턱대고 지원한 것이었다. 예일대 입학 요강에는 필수 자료 면제도 주장할 수 있다는 문구가 있어서 LSAT 시험을 면제해 달라고 신청했다. LSAT은 Eligibility라고 해서 지원 자격에 해당하고 Requirement는 필수 제출 자료라는 의미였는데 Requirement 면제를 주장할 수 있다는 의미였지 Eligibility 면제를 주장할 수 있는 것은 아니었다. 한 마디로 이것은 저자가 영어의 뉘앙스를 정확히 이해하지 못하고 Requirement와 Eligibility를 같은 범주로 판단하여 Eligibility 면제를 주장한 실수의 결과물이었다. 즉, 실수로 예일 로스쿨 JD에 지원하게 되었다. 그 과정에서 예일 로스쿨 JD 입학처는 나의 주장에 대해 상당한 고민을 했지만 결과적으로 LSAT을 응시하라는 통보가 왔다.

이왕 지원하는 것, 다른 경쟁자들과 차별화된 능력을 보여주고자 입학원서와 함께 대학 때 촬영한 한국무용 공연을 DVD로 제작해서 보냈다. 내가 예일 로스쿨을 가고 싶었던 이유는 예일 로스쿨을 졸업하면 혹시라도 50대의 나이에 대통령 선거에 출마했을 때 다른 대통령 후보들과 차별화할 수 있는 경쟁력이라고 생각했기 때문이다.

대학 재학 당시 개그맨을 꿈꾸면서 개그 소재를 발굴하기 위해 다양한 타전공 수업을 들었다. 디자인 수업을 들으며 의상 디자이너로서 재능이 있는지 확인하려고 했고, 무용과를 찾아가 교수님께 부탁해서 2년간 무용과 학생들과 한국무용을 배웠다. 대학교 3~4학년 때 학기당 1학점씩 2년간 총 4학점을 이수하면서 한국무용을 연마했다. 2년간 4학점밖에 되지 않았지만 무용 연습은 무용 전공 학생들 수준으로 했기 때문에 1주일에 거의 10시간 이상 한국 무용을 연마했던 것으로 기억한다. 무용과 학생들이 나를 보면 킥킥대고 웃었다. 법대생이 교양 수업도 아니고 전공수업으로 배우고 있으니 얼마나 웃겼을까? 그러나 나는 먼 미래를 바라본 투자였다. 분명 나는 세계적인 인물이 될 것이란 확신이 있었기 때문에 개그 소재로도 사용할뿐더러 외국인들에게 매력을 발산할 수 있는 무기라고 생각했다.

공교롭게도 대학교 3학년은 학군단 과정이었기 때문에 한국무용에 빠져있는 나를 보고 우습게 생각하는 학군단 선배들도 있었다. 4학년 학군단 선배들에게 비공식적인 얼차려는 받지 않겠다고 거절한지라 가뜩이나 미운털이 박혀있는 상황에서 한국무용에 빠져있었으니 그들에게 나란 존재는 독특하다기보다 학군단과 어울리지 않는 후보생일 뿐이었다. 남들이 뭐라 하든 나는 꿋꿋하게 한국무용에 심취했다. 전공이었던 법학보다 더 큰 애착을 가지고 최선을 다하여 한국무용 수업에 참여했다. 그렇게 한국무용을 배운지 1년이 지나서 250여 명 앞에서 공연을 하게 되었는데 그때 '삼고무'라는 한국전통 북춤을 공연하게 되었다. '삼고무'는 한국의 전통 북 3개를 고정시킨 상태에서 무용수가 북을 추면서 춤을 춘다. 굉장히 역동적이고 현란한 몸동작을 기반으로 하지만 한국 특유의 정적인 움직임이 가미된 아름다운 전통무용이다. 나는 전문 무용수는 아니었지만 한국 전통무용을 전공으로 하는 남학생들과 함께 '삼고무'를 공연했다. '삼고무'를 연마하기 위해 2001년 겨울방학 내내 매일 3시간씩 구슬땀을 흘리며 연습했던 기억이 난다. 공연 후 전혀 생각지도 못 했는데 무용과 학생들이 비디오로 촬영하여 나에게 선물을 주었다. 정말 감동적인 순간이었다.

2002년도에 공연했던 비디오를 DVD로 제작했다. 그리고 예일대 입학처장인 Asha Rangapha(아샤 랑가파) 교수님에게 해당 DVD를 보냈다. 그리고 나는 그녀에게 다음과 같은 메시지를 보냈다.

"Asha Rangapha 교수님, 입학원서 자료로서 제가 공연했던 '삼고무' 한국전통무용 DVD를 제출합니다. DVD를 보시며 한국전통무용을 즐기세요."

# 제 5 장

# 미국 로스쿨 이후의 꿈
# - 한국의 오바마를 꿈꾸다

# 1. 한국에서 대통령 되기 프로젝트 1
## ― 중국 법학 박사 과정

앞에서 언급했지만 나의 어릴 적 꿈은 개그맨이 되는 것이었다. 현실적으로 그 꿈을 이루지는 못했다. 하지만 30대 중반이 된 나는 개그맨과 전혀 관계없는 다른 꿈을 갖게 되었다. 그 꿈은 바로 '한국의 버락 오바마'.

대부분 내가 만난 사람들은 하나같이 다음과 같은 말을 했다.

"나이를 먹을수록 꿈이 현실적이고 작아지는 것 같다."

그러나 나는 그런 이야기들을 들으면 들을수록 오히려 반대로 생각하게 되었다.

'어, 이상하다. 나는 갈수록 꿈이 커지는데…'

현실을 바라보고 있자면 절대 이룰 수 없을 것만 같이 보이는데 이상하게 마음 안에 자라고 있는 씨앗은 거대한 나무가 될 것이란 확신을 가지게 만든다. 나도 나를 모르겠다. 미쳤다고 할 수도 있겠지만 미쳤다고 하기에는 외적인 특성들이 지극히 평범한 회사원으로 보이고 사이코와 같은 눈빛은 보이지 않기 때문에 스스로 미친 사람이라고 평가하고 싶지는 않다.

지금은 오히려 코미디언이 되지 않은 것이 더 행복할 정도이다. 물론 코미디언이 되었다면 부와 명예를 더 쉽게 누리겠지만 지금 내가 추구하는 인생의 가치는 코미디언이 되지 못했어도 전혀 후회스럽지 않을 정도이다. 지금까지의 인생 경험은 나로 하여금 한국을 더 나은 사회로 만들어야겠다는 의지를 형성시켰다. 내적 불만이 쌓여서 그런지도 모르겠다. 그러나 적어도 내 아들에게만큼은 내가 겪은 사회 문제들을 경험하게 하고 싶지 않다는 생각이 들기 시작했다. 실제로 귀여운 아들을 갖게 되니 나의 열망은 점점 강화되어 이제는 죽을 때까지 도전해서라도 대통령이 되어야겠다는 생각을 하게 되었다. 나는 반드시 대통령 선거에 출마할 것이다. 물론 대통령이 되는 것은 정말 쉽지 않은 일이지만 적어도 대통령이 되기 위한 과정 자체가 유익하고 한 번 제대로 살아봐야겠다는 의지를 불러일으키기 때문에 그냥 하루하루가 행복하고 즐겁다. 그 어떤 어려움이 와도 과감하게 극복할 수 있는 정신적 강인함을 제공해주는 것이 한국의 대통령이 되겠다는 목표인 것이다. 한국의 대통령이 되고 나면 국제연합과 같은 국제정치에서도 인권 발전을 위해서 인류에 공헌하는 삶을 살고 싶다. 설령 대선에서 실패할지라도 미국과 중국 유학과정을 잘 마치면 국제기구에서 일하는 것은 대통령 되기보다 더 수월할 것이라는 예상도 하고 있다.

한 나라의 대통령이 되려면 무엇보다 국민들에게 국가의 비전을 제시할 수 있어야 한다. 대한민국 국민들이 가장 안타까워하는 것은 무엇인가? 정치 지도자들이 제대로 된 국가의 비전을 보여주지 못하기 때문 아닌가? 그렇다면 내가 대한민국 국민들에게 비전을 제시할 수 있을까? 현재까지의 현실적인 답은 아니오이다. 대통령은 되고 싶지만 지금 이 상태로는 그 누구도 나를 찍어주지 않을 것이다. 대통령으로서 국가의 비전을 제시하려면 우선 선명한 국가의 운영 철학을 세워야 한다. 대한민국이 국제 사회에서 차지하는 위상과 역할, 대한민국 국민의 정체성, 대한민국을 지탱하는 정신적 기반을 제대로 정의한 철학적 기반 위에서 국가의 비전을 제시하는 것이 대통령의 가장 큰 역할이라고 생각한다. 대통령이 되고자 하는 사람은 당리당략에 휘둘려서도 안 된다. 반대세력마저도 품을 수 있는 뜨거운 용광로 같은 존재가 대통령은 되어야 한다. 나는 단순히 한국의 용광로 수준이 아닌 세계의 용광로 같은 존재가 되고 싶다. 그런 의미에서 약 10~12년의 장기적인 계획을 설정했다. 동 계획은 실질적으로 대통령이 되기 위해 열심히 공부하는 기간이다. 30대 후반을 향해가는 저자가 돈은 안 벌고 공부를 하겠다니 상식적으로 이해가 가지 않을 수 있다. 그러나 어쩌랴? 대학교 때 개그맨이 되겠다고 공부를 소홀히 한 관계로 무늬만 대학 졸업이지 무엇을 제대로 공부해본 적이 없었다. 한 나라의 대통령을 꿈꾸는 자가 너무 무식하면 국민들이 나를 대통령으로서 신뢰할 수 있겠는가? 그리고 그러한 공부 계획은 대한민국의 정책 방향과 비전 제시를 위해 개인적으로 정치적 구상을 하는 시기라고 봐주었으면 한다.

아무튼 미국 로스쿨에서 열심히 공부하고 미국 변호사가 되면 3~4년의 시간이 지나간다. 미국 로스쿨에서 미국의 역사를 이해하고 인권법 분야에 많은 관심을 두면서 그 이면에 있는 민주주의와 철학적 배경을 열심히 연구할 예정이다. 예일대 로스쿨 졸업 후 수중에 돈이 없다면 미국 변호사 실무를 해야 하겠지만 여유자금이 있다면 중국으로 건너가서 중국 법학 박사과정을 밟을 것이다. 당장 미국

갈 돈도 없다는 사람이 여유자금 운운하니까 좀 웃기지 않은가? 책을 쓰고 있는 지금은 돈이 부족하지만 앞으로도 계속 없을까? 돈 없다고 꿈을 포기해야 할까? 나는 충분한 돈이 생길 것이라 믿고 있다. 그냥 잘 될 것이라 믿고 일을 추진하는 것이다. 추진하다 보면 무슨 방법이 있을 것이다. 뜻이 있는 곳에는 반드시 길이 있다.

지금까지의 중국어 공부는 고작 한 학기 어학연수뿐이었지만 중국에서 열심히 공부하다 보면 3~4년 이내에 법학 박사를 이수할 수 있을 것이란 막연한 생각이 든다. 내가 중국법학 박사과정을 고려하는 이유는 중국의 현 위치를 정확하게 분석하기 위함이다. 중국법을 연구하다 보면 자본주의화된 사회주의도 잘 이해할 수 있을 것 같다. 국제법상 주권 국가에 해당하는 중국의 체제를 인정하고 존중하면서 그들의 장점을 배우는데 모든 역량을 집중할 것이다. 이 세상의 어떤 나라도 절대적으로 우월하다고 생각하지 않는다. 각 나라는 각자의 장점이 뚜렷하게 존재한다. 아무리 가난한 나라라고 할지라도 분명히 배울 점이 있기 때문에 중국과 같은 대국은 가난한 나라도 아니고 국제 정치에서도 엄청난 영향력을 발휘하는 국가이므로 반드시 연구해야 할 나라라고 생각되었다. 특히 유럽에 있는 나라의 대통령이 아닌 대한민국의 대통령을 꿈꾼다면 중국 전문가가 되어야 아시아 평화에 한 축을 담당할 수 있다고 판단했다.

혹자는 대통령이 중국법까지 공부할 필요가 있을까라고 반박할 수 있다. 그러한 반박이 딱히 틀린 말도 아니다. 그러나 앞으로의 중국은 지금의 중국보다 더 강해질 것이므로 중국에 대한 이해가 부족한 대통령 후보는 대통령이 될 자격이 없다고 본다. 중국 역사나 제도에 대해 독학을 하는 것도 한 방법이다. 저자는 직접 보고 만지며 배우는 것을 좋아하지 책상머리에 앉아서 책만 부여잡고 살고 싶지는 않다. 중국 유학 시 여행도 하면서 견문을 넓히고 싶다. 나도 사람인데 매일 공부만 하고 살면 너무 불행하지 않은가? 여행도 하면서 자유로운 삶을 계속 유지하고 싶다. 미국과 중국에서 유학할 때 고시 낭인 같은 삶을 살고 싶지는 않다. 해외 생활을 최대한 만끽하며 창의적으로 놀면서 공부하는 가운데 아내와 아들에게 최고의 남편이자 아빠로서 가장의 역할을 충실히 하고 싶다. 가족을 잘 다스려야 국가도 잘 다스릴 수 있다는 것은 두 말 할 필요 없는 진리이다.

미국과 중국 유학을 통해 국가 운영 철학을 정립하고 국민들에게 제시할 비전을 설정할 것이다. 그러나 책을 쓰는 현재 내가 가지고 있는 추상적인 생각은 '가난이 부끄럽지 않은 대한민국'이란 큰 그림으로 이것만 가지고 유학을 가게 될 것이다. 모르겠다. '상대적 빈곤감'이 주는 가난에 대한 비참함은 '가난을 부끄럽게 느끼게 하는 대한민국'이라는 섭섭함으로 가슴에 맺혔고 어릴 적 과거가 항상 마음의 상처로 남아있다. 후손들에게 그러한 느낌을 갖게 하고 싶지 않다. 적어도 내 아들이 아닐지라도 나와 같은 어린 시절을 보내는 불행한 청소년들이 있을 것이란 생각에 아직도 마음 한 켠에서 '가난이 부끄럽지 않은 대한민국'을 만들고 싶은 마음이 간절하다.

그리고 한 가지 더 꼭 이루고 싶은 것은 '다양성이 진정으로 존중되는 대한민국'이다. 우리 사회가 비약적인 경제발전을 이루었지만 실상은 다양성이 존중되지 않는 사회라고 본다. 즉, 나와 다른 것은 마음의 문을 잘 열지 않는 사회라고 생각한다. 말로는 다양성과 창의성을 추구한다지만 실제로는 그렇지 않다. 관용도 부족하다. 각종 악성 댓글들을 보라. 다양성이 존중되는 사회라면 불법과 부도덕한 행위 외에는 모든 것이 관용의 대상이라고 본다. 그것이 민주주의의 자양분이라고 생각한다. 한국에서는 제대로 된 토론이 잘 이뤄지지 않고 감정 싸움으로 번지기 쉬운 것도 다양성을 존중하지 않기 때문이다. 언론의 자유도 마찬가지이다. 국가 정책이 다양성을 존중하는 철학에 기반하여 언론의 자유를 충분히 보장한다면 언론이 국가 권력의 눈치를 볼 필요도 없을 것이고 국가 또한 언론이 무슨 말을 하든 불법한 것이 아니라면 절대로 언론 통제 따위를 할 필요도 없을 것이다.

그런 관점에서 대통령이 되면 KBS를 포함한 언론 기관들의 정치적 독립성을 보장해주고 싶다. 대통령 눈치 보지 않고 국가 기밀이 누설되지 않는 한도 내에서 최대한 언론의 자유가 보장되는 방송. 멋지지 않은가? 나는 비록 KBS 개그맨 나이 제한을 철폐시킨 당사자로서 KBS에 미운 털이 박혔지만 개인적으로 KBS를 미워할 이유가 전혀 없다. 내가 실력이 없어서 코미디언이 못 되었지 정말 남들을 웃길 자신이 있었다면 어떻게든 코미디언이 되었을 것이다. 매주 개그 꽁트를 짤 만한 능력도 되지 않는데 너무 큰 꿈을 가졌던 것이라고 스스로 위로하고 있다. KBS뿐만 아니라 한국에 있는 모든 방송사들이 언론의 자유가 충분히 보장되어서 궁극적으로는 민주주의가 제대로 꽃피는 대한민국이 되었으면 한다. 대한민국의 교육, 문화, 경제 등 다양한 분야도 장기적 관점에서 대한민국에 가장 좋은 정책들이 무엇인지 깊이 고민할 것이다.

이 책을 쓰면서 갑자기 나를 미워하는 몇몇 사람들이 생각난다. 그들 중에 내 책을 보고 비웃는 이가 있을지도 모르겠다. 나는 그들을 미워하지 않는다. 미래의 대한민국 대통령을 꿈으로 품은 정치 지망생으로서 진정한 용광로가 되어야 하기 때문이다. 나를 아무리 미워해도 그 사람이 특정 분야의 최고 전문가라면 나는 그 사람을 찾아갈 것이다. 왜냐하면 나를 미워하는 그 한 사람도 소중한 대한민국 국민이기 때문이다. 정치에 뜻을 품고 특히 대통령을 하겠다고 나서면 분명히 반대세력이 생길 것이고, 극단적으로는 마녀사냥까지 당할 수 있다. 그러나 용광로와 같은 대통령이 되기 위해서는 나를 지지하는 세력뿐만 아니라 나를 미워하거나 반대하는 세력까지 가슴 안에 사랑으로 품어야 한다. 왜냐하면 모두 대한민국 국민이고 소중한 인간의 존엄성을 가진 존재들이기 때문이다. 그가 범죄자이든, 정신병자이든, 가난한 자이든, 부자이든, 남녀노소 차별하지 않겠다. 단 한 명의 대한민국 국민이 외국에서 부당한 대우를 받으면 일정 부분 국익을 포기하고서라도 그 한 명의 대한민국 국민을 위해 최선의 노력을 기울일 것이다. 왜냐하면 대한민국 한 사람 한 사람이 모여서 대한민국이 존재하기 때문에 한 사람의 국민을 절대로 공리주의적 관점으로 대해서는 안 된다고 생각한다. 대한민국 한 사람, 그 존재 자체가 소중하다.

## 2. 한국에서 대통령 되기 프로젝트 2
   ― 한국 로스쿨 과정

중국 법학 박사 과정을 마치면 다시 한국에 돌아와야 할 것 같다. 한국에서 대통령을 하려면 한국 정세를 어느 정도 파악해야 하지 않겠는가? 그리고 한국에 돌아온다면 미국 로스쿨 과정과 중국 법학 박사 과정을 마친 것을 무기로 해서 한국 로스쿨에 진학할 가능성이 있다. 곧바로 정치로 뛰어들 수 있지만 학부 때 개그맨 시험 준비에만 몰두했기 때문에 전공만 법학이지 법에 대한 지식이 너무 부족하다. 한국 로스쿨을 졸업하자마자 곧바로 대통령이 되면 좋지만 어느 정도 검증 작업을 거친 후에야 대선에 출마할 수 있기 때문에 우선은 국회의원이나 서울시장에 도전해야 할 수도 있다. 안철수 씨처럼 탁월한 대통령 후보라면 곧바로 대선주자가 될 수 있겠지만 감히 나를 안철수 씨와 비교할 수 있겠는가? 그는 한국 최고의 의대를 졸업하여 벤처기업을 성공시킨 사람으로서 이미 어느 정도 자질 면에서는 대통령감이라는 사전 평가가 이뤄졌기 때문에 곧바로 대선 후보로 추대되었다. 그리고 그는 정치 쪽은 생각지도 않았다가 주위에서 하도 러브콜을 보내서 정치에 몸담게 된 사례이다. 나와는 본질적으로 다르고 감히 비교도 할 수 없는 절대 우위의 존재가 안철수 씨라고 생각한다. 저자는 책을 쓰는 이 순간에도 지극히 평범한 회사원에 불과하고 개그맨 지망한다고 젊은 시절 공부와는 담을 쌓았던 인물이기 때문에 지식이나 경험 면에서 안철수 의원의 근처도 갈 수 없는 사람이라고 생각한다. 그리고 아무도 나에게 정치하라고 러브콜을 하지 않고 있다. 오히려 대통령을 한다고 하면 미친놈이라고 비웃을 사람이 더 많다.

그럼에도 불구하고 내가 대한민국 대통령에 도전하는 이유는 대통령감과 대통령은 별개라고 생각하기 때문이다. 사실 대통령감으로 치면 안철수 의원 한 명뿐이겠는가? 그렇다고 대통령이 반드시 수재여야만 할까? 대통령은 경제적으로 성공했던 사람이 되어야 할까? 이전에 우리가 뽑았던 대통령들을 살펴보라. 그들 중에는 한국 최대의 재벌가를 만들어준 기업인도 있었다. 전직 대통령의 딸도 있고, 고졸출신 변호사도 있었다. 그들의 이력이 대통령이 되는데 큰 역할을 했던 것도 사실이다. 그러나 그러한 이력보다도 대통령 후보로서 어떤 비전을 제시하는가가 더 중요하다고 생각한다. 기업인 출신이라고 해서 이 나라의 경제가 살아난다고 보장할 수 있었는가? 인권변호사 출신이라고 해서 이 나라의 인권이 개선된다고 장담할 수 있었는가? 수재라고 해서 이 나라가 지식적으로 더 발전한다고 확신할 수 있는가? 그와 같은 논리로 내가 대통령이 된다고 해서 대한민국이 더 좋은 나라가 된다는 약속도 할 수 있을까? 내가 하고자 하는 얘기는 어떤 이력이 대통령을 뽑은 중심 화제가 되어서는 안 되고 그 사람이 어떤 생각을 가지고 국가를 운영할지 정치적 리더십 역량을 집중적으로 검토해야 한다는 것이다. 비록 이 책이 나의 처녀작이지만 이 책을 필두로 해서 나는 국가 운영 철학과 비전 및 나만의 정치적 리더십 역량이 어떤 것인지 지속적으로 집필할 것이다. 국내 정치와 국제 정치를 동시에 고려하고 있기 때문에 되도록이면 한국뿐만 아니라 외국에서도 책을 출판할 계획을 갖고 있다.

한국 로스쿨 과정은 중국과 미국 유학에서 준비될 국가 운영 철학 및 비전을 구체적인 정책으로 대한민국 현실에 맞게 적용하기 위해 필요한 한국법 연구 과정이다. 대통령이 되든 국회의원이 되든 대한민국을 제대로 통치하거나 입법활동을 잘하려면 한국법을 제대로 공부해야 한다고 생각한다. 나의 무지함을 최대한 상쇄시키기 위해서라도 최선을 다해 공부할 것이다. 한국 변호사 시험에 붙으면 감사하고 설사 떨어져도 상관없다. 한국 로스쿨을 들어갈 때면 40대 중반이 넘어 50세를 바라볼 나이인데 20~30대 학생들과 경쟁하는 게 그리 쉽지는 않을 것 같다. 물론 한국 로스쿨은 한국 변호사 양성 과정이기 때문에 변호사 시험 준비를 위해 최선을 다해 공부할 것이지만 그보다도 대통령이 되기 위해 공부하는 것이라서 그 과정에서 변호사 자격증을 따게 되면 이는 덤으로 얻는 선물에 불과할 뿐이다. 한국법에서 어떤 부분을 개선해야 하는지를 주된 관심사로 두고 공부하고 싶다.

공부와 나는 참으로 질긴 인연이다. 물론 평생 공부해야 한다는 이야기도 있지만… 고등학교 때 남들보다 늦게 공부를 시작해서 한국에서는 나름 괜찮은 대학을 갔다. 정작 대학 때는 개그맨 시험 준비한다고 청춘을 허송세월로 보내다가 뒤늦게 대통령에 대한 꿈을 갖고 남들이 열심히 경제활동 할 때 공부를 하기로 결심하다니… 뒷북도 이런 뒷북이 없다. 정말 아내에게 너무 미안할 뿐이다. 평범한 남자를 만났으면 고생 없이 살 여자이기 때문이다. 아내는 나보다 더 똑똑하다. 약사 자격증까지 있는데 남편 잘못 만나서 약사 일도 제대로 하지 못하고 외국을 돌아다니며 내 뒷바라지를 해야 할 운명이니 얼마나 안타까운가? 그러나 뜻을 세운 만큼 어떻게든 꿈을 현실화시켜야 하는 것이 남자의 운명 아니겠는가? 그리고 장기간의 공부 계획을 세웠지만 집필 활동은 계속할 것이다. 미국과 중국에서 공부하고 경험한 것들을 바탕으로 계속해서 책으로 출간할 것이다. 낯선 땅에서 아내를 고생시키지 않기 위해서라도 공부하면서 의미 있는 책을 계속 써 나갈 것이다. 한국 대통령 되기 프로젝트가 진행될 때 책들은 나의 지지세력을 구축하는 필요조건이 될 것이다.


## 3. 정치? 경제? 방송인? 신학?


지금까지 한국의 대통령 되기 프로젝트를 소개했다. 그러나 현실적으로 대통령은 내가 되고 싶다고 될 수 있는 성질의 직업이 아니다. 한국의 대통령 되기 프로젝트라고 거창하게 말은 했지만 독자에 따라서는 실질적으로 지속적인 자기계발 같이 보인다고 저평가할 수도 있다. 어떻게 보면 기회비용이 큰 도전 과정이라고 할 수 있다. 어떤 이들은 참 인생 멍청하게 살고 있다라고 비판할 수 있다. 자기 만족일 수도 있다. 그러나 남들이 뭐라고 하든 내가 보기에는 그 길이 대통령이 될 수 있는 가장 빠른 길이라는 판단이 들었다. 아직 어떤 당에 속할지는 결정하지 않았다. 정작 그들이 나를 당원으로 뽑고 싶어 할까? 여당이든 야당이든 그냥 나는 나의 길을 가련다. 나를 지지하는 당이 있으면 거기로 들어가겠지만 여당이든 야당이든 나를 지지하지 않으면 제3의 정당을 만들겠다. 어차피 기존의 정당을 들어가면 또 남 밑에서 일하는 것 아닌가? 선배 정치인들 눈치를 봐야 할 테니까. 앞에서도 말했지만 나는 눈치보기 시작하면 바보 모드로 돌입된다. 눈치 안 보게 하는 정당을 들어가든지 그마저도 어렵다면 눈치 안 보는 새로운 정당을 창당할 것이다. 포기하지 않으면 실패하지 않는다. 실패하지 않기 위해 절대 포기하지 않을 것이다.

예전에 대통령 선거를 할 때 정책을 보고 뽑았어야 했는데 정책보다 지역감정이 극명하게 드러나는 대한민국의 선거 풍토가 너무 싫어서 반항심에 그냥 아무 생각 없이 경상도 지역 출신의 대통령 후보에게 투표권을 행사한 것도 굉장히 경솔한 행동이었다. 대통령이 되겠다는 꿈을 품게 되면서 지난 날 투표권을 포기하거나 후보들에 대한 면밀한 분석 없이 투표권을 행사했던 나의 과거를 다시 한 번 반성하게 되었다. 현재의 나는 너무나도 평범하고 경제적으로는 자립하지 못한 서민이기 때문에 대통령이 되고 싶다고 한들 대한민국 국민들이 꿈쩍이나 하겠냐라는 생각도 든다. 그리고 여당과 야당의 정책도 잘 모르고 그들의 역사도 잘 모른다. 그야말로 정치에 대해서는 일자 무식. 그리고 이 책이 앞으로 나의 인생에 긍정적인 영향을 줄지 반대로 부정적인 영향을 줄지 전혀 예측을 못 하겠다. 하지만 한 가지 확실한 것은 지금은 좀 무식하니까 유식한 대통령이 되고자 10

년 연구 계획을 이 책에서 제시했다는 것이다. 어떻게든 유식해져서 대통령이 되어서 무식하단 얘기를 듣지 않도록 지금부터라도 열심히 공부하는 정치인이 되겠다.

한편, 이 책 때문에 유명해져서 반대세력이 형성되고 마녀사냥까지 당하게 된다면 정치에 입문하기 전에 아예 시작도 못하고 정치 인생이 끝날 수도 있다. 그러면 굳이 이 책에서 대통령을 하겠다고 선언할 필요까지는 없지 않겠느냐고 반박할 수도 있다. 그러나 앞으로 일어나지도 않은 일을 가지고 깊이 고민하면서 굳이 함구할 필요가 있을까? 내가 정말 대통령으로서 정치적 리더십을 가지고 있다면 과감하게 시작부터 대통령이 하고 싶다고 선포하고 한 걸음 한 걸음 앞으로 전진하는 것이 정도라고 생각한다. 별로 두렵지도 않다. 오히려 죽을 때까지 도전할 수 있는 목표가 생겨서 누구보다 행복하다. 마녀사냥을 당하게 된다면 당해야지 어쩌겠는가? 마녀사냥을 당하면 장기적으로 봤을 때 오히려 남아프리카 공화국의 넬슨 만델라 대통령처럼 민주화의 상징적 인물이 되어서 먼 훗날 저절로 대통령이 될 수도 있는 것 아니겠는가? 인생도 짧은데 이것 저것 생각하면서 살고 싶은 생각은 없다. 그냥 나는 한국 대통령을 하고 싶고 대통령이 되어서 한국에 잔재하는 불합리한 문화나 제도를 민주적 절차에 따라 청산하고 더 살기 좋은 나라를 만들고 싶을 뿐이다.

미국 유학을 마치고 미국 변호사가 된 후 미국 방송사의 앵커 면접을 볼 수도 있다. 한국의 일부 대통령 후보들이나 정치인들을 보면 뉴스 앵커 출신이 상당수 존재하는 것을 확인할 수 있는데 앵커가 되는 것도 정치 입문을 위한 하나의 과정이 될 수 있다. 한국 방송사들은 워낙 나이를 중시하기 때문에 40대가 되어있을 나를 절대 뽑아주지 않겠지만 이상하게 미국 방송사는 내가 하도 특이해서 뽑아줄 것 같다. 아니면 오프라 윈프리에게 당신이 운영하는 방송사에서 사회자 좀 시켜달라고 요청할 수도 있다. 누가 보면 내가 영어를 되게 잘한다고 생각할 수 있으나 미국 유학 한 번 가지 않은 나는 콩글리시의 결정체이다. 그러나 콩글리시도 자신감 있게 구사하면 미국 방송사에서 영어를 잘 못하는 웃긴 앵커로 뽑히지 않을까라고 기가 막힌 상상을 하고 있다. 미국에 소재한 어떤 방송사이건 간에 나를 사회자로 뽑으면 그 방송 프로그램은 미국 최고의 시청률을 자랑하는 프로그램이 될 것이라 예상한다. 그 이유는 미국 사람들이 내가 영어로 프로그램을 진행할 때 몇 번이나 틀린 영어를 쓰는지 숫자를 세기 위해 방송을 볼 것이고 이는 곧 사회적으로 이슈를 양산하는 프로그램이 될 것이기 때문이다. 그리고 나만의 특유한 긍정적 태도가 미국 시청자들에게 엄청난 매력으로 다가갈 것이다. 한국 토종 출신 미국 방송사 앵커. 이 책은 미국에서도 출판될 수 있도록 도전할 것이기 때문에 미국에서 출판되면 미국 방송사 사장님들 중 한 분이 이 책 때문에 나를 방송사의 앵커로 채용하지 않을까? 상상은 그 자체로 흥분되고 재미있는 사고작용인 것 같다. 상상할 수 없었다면 나는 벌써 죽었을 것이다.

상상만 했는데 실제로 미국 방송국에서 방송인이 된다면 주된 소득은 방송을 통해 얻고, 미국 변호사 자격증을 활용해서 미국에 살고 있는 극빈층을 위한 무료 법률 자문을 하고 싶다. 소송비용이 부담스러워 제대로 된 변호사를 고용하지 못하는 서민들을 위해 내 시간과 재능을 기부하고 싶다. 무료 법률 자문도 경제적으로는 전혀 손해 볼 것도 없다. 왜냐하면 사건에서 승소하면 손해배상을 받게 되는데 손해배상의 일정 비율은 변호사에게 성공보수로 주어야 하기 때문이다. 패소하게 되면 내가 실력이 모자라서 실패했다고 생각하면 그만이다. 패소했는데 가난한 사람들에게 돈까지 받으면 얼마나 미안한가? 물론 부자 고객이라면 얘기는 다르다. 패소하더라도 전문가 서비스를 제공했으니까 서비스 제공 부분에 대해서는 반드시 변호사 수임료를 받아야 하지만 가난한 사람들에게는 받지 않고 싶다.

나의 부모님은 변호사를 쓰고 싶어도 비용 문제 때문에 법무사를 만나거나 아니면 소송을 포기하기도 하셨기 때문에 부모님과 같은 사람들이 없기를 바라는 마음에서라도 경제적으로 어려운 분들에게는 승소할 때만 성공보수를 받고 싶다. 다만 돈이 부족해서 소송 자체를 시작할 수 없는 기회 박탈을 막기 위해 극빈층 무료 법률 자문을 고안하게 되었다. 자본주의 특성상 법률 서비스는 '유전무죄'가 될 확률이 높다. 많은 돈을 가진 자가 합법적으로 돈을 지불하고 똑똑한 변호사를 고용하는데 소송에서 승리할 확률이 높은 것은 당연한 이치 아닌가? 그것을 무조건 나쁘다고만은 할 수 없다. 왜냐하면 미국이든 한국이든 자본주의를 법적으로 인정한 사회이기 때문이다. 그러나 나의 고객만큼은 '무전무죄'를 경험하게 될 것이다. 그러나 어디까지나 내가 소득이 안정적일 때 그와 같은 무료 법률 서비스도

가능한 것이다. 그렇게 되리라 믿고 그냥 미래를 기다릴 뿐이다.

변호사이든 방송인이든 일정 자금이 쌓이면 내 회사를 본격적인 글로벌 비즈니스 회사로 키우기 위해 남은 인생을 바칠 수도 있다. 어차피 정치도 돈 없이는 할 수 없는 시대이다. 대통령을 목표로 열심히 살다 보면 경제적인 문제는 저절로 해결되지 않을까라는 생각도 해보았다. 정치를 할 때 일정한 정치 자금은 꼭 필요하다. 그래서 공부하는 과정에서 비즈니스 기회를 발견하게 되면 사업가를 하는 것도 지혜로운 전략이다. 그러나 돈은 따라오는 것이지 내가 따라간다고 절대 따라오는 성질의 것이 아니라는 것을 보험회사 영업 사원할 때 깊이 경험했기 때문에 굳이 돈에 얽매여 돈에 기반한 의사결정은 최대한 지양하고 싶다. 박원순 서울시장도 선거 참여를 위한 일정 자금이 필요했기 때문에 인터넷으로 펀드를 조성했다. 최후의 보루로서 정 안 되면 인터넷으로 정치 자금을 마련하는 것도 생각하고 있다.

아니면 신학교에 진학할 수도 있다. 2011년에 이미 미국의 웨스트 민스터 신학교의 신학석사과정에 합격한 바 있다. 당시 장학금 문제가 확실치 않아서 유학을 가지는 못 했지만 미국 로스쿨 과정을 마치고 갑작스럽게 신학을 공부할 수도 있다. 개인적으로 신학은 하나님에 대하여 철학적으로 연구하는 학문이라고 생각한다. 신학을 공부하면 인간 철학뿐만 하니라 신에 대한 철학까지 공부하는 셈이므로 1석 2조라고 생각한다. 신학을 공부하게 되면 내가 평소에 궁금하게 여겼던 인생이란 무엇인가에 대한 철학적인 갈증들이 속 시원하게 해결될 것 같다. 신학 공부를 몇 년 한다고 해서 대통령이 되는 것에 크게 문제가 발생한다고 생각하지 않는다. 어차피 KBS 개그맨은 나이가 많아서 지원할 수조차 없었고 KBS 사장을 도전할 때는 너무 젊다는 이유로 최종 면접에서 떨어졌던 연령 차별 트라우마가 있다. 40대에 대통령 선거에 출마해봤자 너무 젊다는 이유로 한 나라를 맡길 수 없다라는 주장이 있을까 봐 그렇게 급하게 대통령에 출마할 생각도 없다. 미국은 오바마나 케네디 같이 40대의 젊은 대통령도 뽑지만 한국은 젊은 사람에게 한 나라를 맡길 수 있을까라는 주장이 설득력을 갖는 나라이다. 어차피 젊은 나이에 출마할 수 없다면 그 사이에 신학을 하는 것도 괜찮다는 생각을 한다. 이 모든 것들이 정해진 것은 없다. 궁극적으로 한국의 대통령이 되기 위한 과정으로서 상상하면서 경제적인 상황을 살펴가면서 할 수 있으면 하는 수단일 뿐이다.

지금 여기서 논의하는 것은 어디까지나 미래에 대한 영화 같은 상상일 뿐이다. 상상을 멈추고 현실로 돌아오면 당장 눈앞에 닥친 미국 유학비용부터 마련해야 한다. 현실을 바라보면 절망뿐이다. 미국 로스쿨에 합격했다고 책을 내는 시점에 정작 저자는 유학비용도 제대로 모으지 못해 미국 가는 것은 꿈도 꿀 수 없는 상황이지만 이 책을 읽는 독자들에게 앞에서도 비슷한 말을 했지만 다시 강조하는 차원에서 또 한 번 강조하고 싶은 말이 있다.

"돈의 유무에 관계없이 상상하고 그 꿈을 향해 실천에 옮기라. 그리고 생각은 항상 유연하게 하고 포기하지 않으면 실패하지 않는다."

진부한 표현이지만 뜻이 있는 곳에 반드시 길이 있다. 그리고 대통령까지 꿈꾸는 마당에 돈이 부족하면 법의 테두리 안에서 어떻게든 유학 자금을 모아서 목표를 달성해야 하지 않겠는가? 돈 없다고 미국 유학도 못 가는 사람이 한 나라의 대통령이 되겠다고 말할 수 있겠는가? 대통령에 도전한다고 선포하고 인생을 살아가다 보니 책을 집필하는 이 순간에도 밑도 끝도 없는 자신감이 내 안에 가득하다. 어떻게든 한국 대통령 되기 프로젝트는 진행될 것이다. 이 책이 출판되었기 때문에 글 읽기 싫어하는 미래의 유권자들인 초등학생 및 청소년들을 위해 '대통령 되기 프로젝트'의 만화책도 기획하고 있다. 당장 만화가도 섭외되어 있지 않지만 될 것이라 믿고 기획 중이다. 영화 시나리오도 써서 영화 제작도 할 생각을 하고 시나리오도 내가 쓰고 영화 감독이 되어서 직접 찍어보고 싶다. 영화가 망해도 좋다. 난 그저 영화산업이 어떤 곳인지 몸으로 느끼고 싶을 뿐이다. 그리고 그러한 직접 경험을 통해 한국의 문화 산업의 발전을 위해 대한민국 정부가 어떤 정책을 펼쳐야 하는 지 영감을 얻고 싶을 뿐이다. 무엇이 되기 위해 어떤 길을 고집할 필요도 없다. 인생에 정답은 없다. 뜻을 품고 치열하게 살다 보면 죽이 되든 밥이 되든 뭔가 요리가 되어 있을 테니 그냥 방향성만 유지하고 좌충우돌하면서 하루하루 기쁨 가운데 살아갈 뿐이다.

# 잡담

# 1. 결혼? 0.001%의 가능성

33살에 결혼하기 전까지 여자와 제대로 된 연애 한 번 못 했다. 결국 동정녀 마리아 수준은 아니지만 동정남 상태로 아내와 결혼하게 되었다. 연애 한 번 못 했지만 뭇 여성들을 짝사랑했다. 짝사랑을 많이 했기 때문에 동정녀 마리아 급에 못 미치는 것이다… 짝사랑을 하도 많이 해서일까 정작 아내와 결혼하기까지 소요된 연애 기간은 총 2개월이었다. 말이 2개월이지 서로 직장이 있어서 일주일에 1~2번 정도 만났음을 감안했을 때 대략 10번 정도 만남을 가지고 나서 곧바로 결혼식을 올렸다. 너무 급작스러운 결혼이라 조촐하게 진행했지만 생각보다 하객이 많이 와서 깜짝 놀랐다. 영어 예배 설교를 3년 해서인지 한국인 친구들보다 외국인 친구들이 더 많이 결혼식에 참석하는 진풍경이 일었다. 내 결혼식 축가는 나의 오랜 친구이자 영적 아버지 되시는 밀러 목사님과 그의 둘째 아들이 세 곡이나 영어로 불러주었다. 처음에 한 곡 하고 축가가 끝날 줄 알았는데 무려 세 곡이나 준비해서 감미로운 결혼식 축가를 불러주었다. 이제껏 여러 결혼식을 가봤지만 미국인이 축가를 불러준 결혼식은 한 번도 못 봤다. 아내에게 좋은 추억을 선사해 주어서 내심 기뻤다.

33살이 되도록 연애 한 번 못 한 것이 자랑은 아니다. 그러나 그렇게 된 개인적인 이유가 있었다. 대학 다닐 때는 딱히 대통령이 되겠다는 생각까지는 하지 않았지만 개그맨이 되더라도 이상하게 세계적인 인물이 될 것 같다는 내적 확신이 있었다. 그래서 마음에 드는 여자를 보게 되면 별다른 고민 없이 그냥 다가가서 대뜸 당신이 마음에 든다고 고백했다. 물론 갑자기 말하면 미친놈 같으니까 슬며시 다가가 편지를 준다든지 다양한 방법으로 나의 감정을 표시했지만 그때마다 상대 여성들이 모두 나를 거절했다. 다른 친구들 이야기를 들어보니 한 번 거절했다고 포기하지 말고 계속해서 마음을 표시하라는 식의 조언이다. 그러나 나는 세계적인 인물이 될 것이라는 확고한 신념이 있기 때문에 내가 마음에 든다고 처음에 말했을 때 거절하면 인간적인 마음에서는 굉장히 슬프고 눈물이 날 정도로 고통스러웠지만 두 번 다시 그 여인에게 미련을 두지 않았다. 나는 그냥 대놓고 얘기했다. 나 너 좋아한다고. 속으로 생각하기에 내가 비록 지금은 가진 것 없는 미천한 남자지만 나랑 결혼하면 너는 세계적인 인물의 아내가 된다는 기백 하나로 살았다. 그렇게 해서 여자에게 거절당한 일이 한두 번이 아니었다. 이 세상에 아름다운 아가씨들이 왜 이렇게 많은지… 모르겠다. 유난히 내가 이동하는 동선에는 한국에서도 손꼽히는 미인들이 자리하고 있었다.

미인들이면 뭐하랴? 나이 먹으면 다 쭈글쭈글 할머니가 된다는 인생의 지혜를 10대 때부터 깨달았기 때문에 여인의 아름다움에 크게 흔들리지 않았다. 그리고 나의 친동생들과 사촌동생들이 대부분 딸이라서 어릴 때부터 여자들만 있었던 환경에서 자라다 보니 여자에 대한 환상이 없었다. 대체로 보면 남자보다 여자가 편한 것도 그러한 성장 배경 때문인 것 같다. 진짜 연애를 하려고 마음을 먹었다면 연애에 정성을 쏟았겠지만 이상하게 세계적인 인물이 될 것인데 굳이 여자 때문에 내 인생을 뒤흔들고 싶지 않았다. 다시 말해서 거절한 여자들에게 다시 구애하고 싶지는 않았다.

그럼 지금의 아내는 어떻게 결혼했을까? 내 아내에게도 동일한 원리를 적용했다. 다만 다른 여성들과 차이가 있다면 다른 여성들과는 충분히 대화를 나누지 못한 상태에서 무턱대고 사랑을 고백했다면 아내는 반강제적으로 3시간 30분가량 대화를 나눈 후 사랑을 고백했다는 점이다. 영어 예배 설교를 하기 위해 매 주말마다 KTX를 타고 서울과 목포를 오갔는데 어디서 많이 본 여자 한 명이 나의 뒷좌석에 앉아 있었다. 처음에 아내를 보고 혹시 미국회계사 학원에서 공부하던 학생이 아니냐고 물었다. 정말 아내와 비슷하게 생긴 여자가 미국회계사 학원에 있었다. 그러나 오히려 아내가 고등학교 때 같은 교회에 다니지 않았냐고 하면서 내 이름까지 정확하게 기억해 주었다. 원래 내 이름이 한글을 창제하신 세종대왕과 같은 이름이라 무척 외우기 쉽다. 나는 다른 사람 이름을 쉽게 기억하지 못해도 한국에서만큼은 세종대왕이 역사적으로 가장 존경 받는 왕이기 때문에 다른 사람들은 절대 내 이름을 못 잊는다.

　KTX에서 3시간 30분가량 열차에 갇혀 이야기 꽃을 피웠다. 주로 말 많은 내가 이야기를 했다. 당시에는 아내가 약사인지도 몰랐다. 그냥 고향 친구를 만났다는 반가움에 계속 얘기를 주고받았다. 아니, 나 혼자 3시간 30분 일장 설교를 했다고 봐야 했다. 아내가 내 이야기를 참 즐겁게 들어주었다. 목포역에 도착해서 내 명함을 건네 주었다. 이성 친구라기보다 고향 친구로서 혹시라도 전화할 일이 있으면 연락하라고 준 거였지 별다른 의도는 없었다. 그리고 나서 2~3일 뒤에 아내에게서 문자 하나가 왔다. 문자 내용은 별 것 없었는데 내가 33살까지 연애 경험이 없다 보니 혹시 아내가 나를 좋아하는 것 아닌가라는 착각에 빠졌다. 내가 명함을 주었으니 예의상 문자를 준 것이었는데 내가 너무 확대해석을 했다. 나는 여지없이 동일한 원칙을 나의 아내에게 적용했다. 다만 3시간 30분간 열차에서 일방적인 대화를 진행했던 관계로 이메일로 프로포즈를 했다. 기차에서 만난 3시간 30분이 전부였는데 곧바로 프로포즈했다.

아내와 나는 같은 기독교인이었고, 고향 친구랑 결혼해도 문제가 없겠다 싶어서 그냥 할라면 하고 말라면 말아라 식으로 이메일을 보냈다. 그러나 마인드는 그러했을지라도 이메일 내용은 사뭇 진지했다. 결혼하고 나서 나중에 들어보니 그때 당시 아내는 나의 이메일을 받고 굉장히 당황스러웠다고 했다. 그러나 아내는 나를 만나기 전에 수십 번의 맞선을 보았지만 이상하게 선을 본 남자들이 하나같이 마음에 안 들었다고 한다. 아내는 그렇게 눈이 높은 여자가 아니다. 그러나 한 가지 분명한 기준은 종교가 같고, 지적으로 대화가 가능한 남자를 남편으로 맞이하고 싶어했다. 결혼 당시 나는 회계사였지만 사실 자산보다 부채가 많았던 남자였다. 사회생활을 하다가 회계사 시험을 봤으니 통장의 잔고는 항상 제로였다. 그러나 세계적인 인물이 될 것이라는 확신이 있었던 나는 아무런 재산이 없이 오히려 빚만 있었지만 당당하게 아내에게 프로포즈했다. 그리고 처음부터 나의 재정 상태를 정확히 공개했다.

아내도 사람인지라 나의 재정상황을 보고 정말 어이가 없어 했지만 그래도 나랑 결혼했다. 아내가 집도 장만하고 살림도 다 준비했다. 아내는 나를 보면 종종 사기꾼이라고 놀린다. 그러나 나는 분명 프로포즈를 할 때 가진 것이 없다고 명백하게 이야기하고 결혼을 했다. 심지어 약사가 뭐 얼마나 대단한 직업이라고 귀한 남편에게 말을 함부로 하냐고 따지기가 다반사였다. 사실 내가 사회적으로 성공한 상태에서 여자를 만났다면 그 여인이 나를 정말 사랑하는지 확신하지 못하겠다. 그러나 경제적으로 준비가 안 된 남자를 만나 결혼해준 아내를 보면 아내의 사랑을 확신할 수 있었다. 아내도 사람인지라 완벽할 수는 없다. 다만 나를 믿고 거지나 다름없는 남자를 구제해준 아내에게 진 빚이 너무 많아서 아내에게 내가 가진 모든 것을 주고 싶다. 설령 내가 죽게 되더라도 작은 약국이라도 차릴 수 있도록 사망보험금을 많이 가입했다. 지금보다 돈을 더 많이 벌게 된다면 사망보험금을 최대로 올릴 것이다. 물론 살아있을 때도 열심히 벌어서 아내에게 능력 있는 남편이 될 것이다.

## 2. 신新 세종대왕과 유신 장군

2011년 5월 결혼 후 신혼여행 갔을 때 곧바로 아내가 임신하게 되었다. 내가 술 담배를 전혀 안 해서인지 모르겠지만 아내와 부부생활을 시작하자마자 임신을 하게 되니 나의 정자가 너무 건강하고 튼튼한 것 아닌가라는 두려움을 갖게 되었다. 아이를 가진 후 7개월쯤 되었는데 매콤한 찜닭을 먹다가 아내가 심하게 기침을 했다. 혹시나 아기에게 문제가 있을까 싶어서 고향에 가서 병원 진찰을 받았다. 서울에서 목포까지 가서 검진을 시도한 것은 산후조리원도 알아보고 양가 부모님이 머무르고 있는 목포에서 출산하는 것이 정신적으로나 육체적으로 더 편리하겠다는 생각 때문이었다. 그러나 갑자기 청천벽력과도 같은 의사 선생님의 진단 결과를 듣게 되었다.

"임신중독증입니다. 지금 아이를 출산하지 않으면 아이와 엄마 모두 죽을 수 있습니다. 저희 병원은 제왕절개 시술을 하지 않으니까 지금 당장 서울에 있는 제일병원으로 가서서 아이를 배에서 꺼내도록 하세요."

우리는 곧바로 기차를 타고 서울로 향했다. 2012년 1월 2일 밤 11시경 제왕절개 수술을 통해 아이를 끄집어내었다. 앞에서도 언급했지만 아이는 임신 7개월 만에 몸무게는 1.4 Kg으로 태어나 곧바로 인큐베이터로 들어가게 되었다. 수술이 잘 되어서 아내와 아이 모두 죽음의 고비를 넘겼다. 아내는 1주일 만에 퇴원했지만 아들은 계속 인큐베이터에서 생활을 해야 했다. 다행히 회계사가 되기 전 보험 영업 사원 일을 하며 쌓았던 보험 지식을 활용해 태아보험을 가입해 놓았기 때문에 인큐베이터 비용이 아무리 많이 나와도 경제적인 손실은 보지 않았다. 돈보다도 아이가 건강하게 태어나지 못한 것이 무엇보다 마음이 아팠다. 죽지 않은 것만도 감사할 뿐이었다.

출생신고를 해야 했는데 예정일보다 3개월 일찍 태어난 바람에 아들의 이름을 결정하지 못한 상태였다. 부모님들과 상의할 시간도 없었기 때문에 우리 부부는 깊은 고민 끝에 '김윤헌'이라고 작명했다. '윤헌'이란 이름의 의미는 하나님께 바친다는 뜻이었다. 김윤헌이란 이름을 부르면 부를수록 잘 지은 이름이란 생각을 하고 있었다. 그런데 시댁과 처가에 손자의 이름을 알려드렸더니 양가 모두 손자의 이름이 너무 발음하기도 어렵고 한자도 너무 복잡하다고 지적해 주셨다. 그러나 정작 아이의 부모인 우리는 너무나 마음에 들었던 이름이라 별다른 대안을 제시하지 않고 가만히 있었다.

윤헌이가 40일 정도의 인큐베이터 생활을 마치고 집으로 돌아왔다. 40일 동안 나는 매일 아내의 모유를 냉동 보관하여 정성껏 병원으로 배달했다. 가족들을 돌보기 위해 직장도 그만 둔 상태였기 때문에 약 6개월가량 아이와 아내 곁에서 많은 시간을 보냈다. 물론 경제적으로는 대출 금액이 쌓여갔지만 그때 아이 곁에서 아이가 커 나가는 모든 순간을 함께하니 너무 행복했다. 남편에게도 육아 휴직을 6개월 정도 주었으면 좋겠다라는 생각도 했다. 한국 남자들은 평균적으로 업무가 많으므로 나처럼 아이와 함께 하는 시간을 가질 수 있을까라는 걱정 아닌 걱정도 하게 되었다. 윤헌이가 태어나고 3개월쯤 지났을 때 첫 손자를 맞이한 할아버지에게서 전화가 왔다.

"세종아, 손자 이름을 개명하자꾸나. 김유신이라고 바꾸렴."

나는 대수롭지 않은 듯 알겠다고 아버지께 말씀드렸다. 그리고 전화를 끊고 나서 아내에게 시댁 아버님의 의견을 전달했다.

아내는 곧바로 얼굴이 사색이 되었다.

"김유신은 정말 아니라고 생각해요. 당신 이름이 김세종이고 아들이 김유신이면 너무 창피해요. 아빠는 세종대왕, 아들은 김유신 장군. 이름 가지고 장난치시는 것도 아니고 너무 심했어요."

아내 말도 틀린 말은 아니었다. 내 이름이 세종대왕과 같아서 학창 시절 나의 별명은 항상 왕과 관련된 것이었다. 세종대왕이란 별명은 정말 좋다. 그런데 장난꾸러기였던 내 친구들은 세종대왕과 연관된 여러 개의 별명을 지어주었다. 예를 들어, '만 원짜리', 'King', '왕세종', 'Sejong King' 등의 호칭을 부르며 정작 내 이름은 제대로 불러주지 않았다. 그중에 가장 큰 상처가 되었던 별명은 'King 대두'였다. 지금은 성인으로서 어깨가 벌어졌지만 청소년기 때에는 어깨가 상당히 좁은 편이었고 얼굴은 컸기 때문에 대두라고 놀렸는데 거기에 King을 붙이니 머리 큰 아이들 중 가장 큰 대두라고 놀림을 받았다. 나도 어린 시절에 이름 때문에 다양한 별명을 얻었는데 내 아들도 동일한 전철을 밟아야 할까라는 고민을 하게 되었다.

아버지께 전화 드려서 이름을 바꾸지 말자고 설득드렸지만 아버지께서 너무 완강하셨다.

"내가 다른 것은 다 양보해도 손자 이름만큼은 양보할 수 없구나.

반드시 김유신으로 해야 한다."

결국 별다른 도리 없이 법원으로 가서 개명 신청을 했다.

세종대왕과 유신장군, 우리 부자는 왕과 장군이다. 이왕 이렇게 이름이 결정 난 이상 내 아들도 김유신 장군처럼 튼튼하고 용맹한 남자로 성장하길 바랄 뿐이다. 이름 때문에 놀림을 당하게 된다면 그것도 내 아들의 운명일 뿐이다.

## 3. 한국에서는 모두 다 존댓말 합시다

한국어는 상하 구분이 분명한 언어이다. 나이가 어리거나 사회적 지위가 낮으면 무조건 윗사람에게 높임말을 구사해야 한다. 반대로 나이가 많거나 사회적 지위가 높으면 상대방을 하대하는 경우가 다반사이다. 이것은 일본도 마찬가지라고 생각하는데 그러한 언어나 문화 자체를 반대하는 것은 아니다. 나 또한 내 여동생들에게는 말을 편히 하기 때문에 전형적인 한국인이다. 군대를 제대하고 장교가 되어서 병사들을 지휘하는 과정에서도 별 생각 없이 반말을 했다. 군대 내에서는 상명하복이 기본이기 때문에 병사들에게 높임말을 쓰는 것은 부적절하다. 그러나 군대를 제대하고 사회생활을 시작하면서 문화적 충격에 빠졌다. 외국인도 아닌 한국인이 문화적 충격에 빠졌다고 하면 좀 웃길 수도 있겠으나 나이가 많다는 이유로 나에게 말을 함부로 하는 사람들을 보면 살짝 불쾌했다. 사회가 군대는 아니지 않은가? 직장도 마찬가지였다. 한국이란 사회는 군대를 제대해도 군대의 연장선상 같았다. 군대처럼 심한 것은 아니지만 그래도 대부분의 남성들이 군복무를 해서인지 은연중에 그런 문화가 느껴졌다. 조직이란 것이 어떻게 보면 군대와 비슷하기 때문에 군대문화가 당연히 존재할 수도 있지만 굳이 그렇게까지 해야 하나 싶은 생각이 들었다.

내가 예민한 성격이어서 그렇기도 하지만 갑을 문화에 기반하여 고객이 서비스를 제공하는 사업자를 하대하는 것을 보면 속이 뒤집힐 정도였다. 남들이 나를 그렇게 대하는 것뿐만 아니라 다른 상대방이 다른 사람들에게 그런 대접을 받는 것을 봐도 속이 뒤집혔다. 내가 군대에서 장교로 있을 때 병사들에게 참 많은 실수를 했구나라는 반성을 하게 되었다. 왜 내가 이런 부분에서 굉장히 예민할까? 가장 큰 원인은 나 자신이 상대적으로 늦게 사회생활을 시작했고 회계사도 늦게 시작하면서 상대적으로 많은 나이 때문에 겪었던 구직의 어려움과 직장 내에서의 애매한 위치 등 때문이었다. 변명을 할 생각은 없다. 왜냐하면 내가 능력이 모자라서 사회생활을 늦게 시작한 것이니까…. 그러나 내가 아무리 그렇게 생각할지라도 주위의 환경은 한국어 사용 환경 자체에 대한 깊은 고민을 하게 만들었다.

한 번 같이 생각해보자. 출생의 순서를 정할 때 수학적으로 결정된 것이 있는가? 결정된 것은 없다. 나는 1979년도에 출생했는데 특정 상대방이 나보다 먼저 태어났다는 이유만으로 나에게 함부로 말할 법적 권리가 있는가? 직장 입사도 마찬가지이다. 내가 먼저 태어났기 때문에 선배로 입사하는 것 아닌가? 누군가 먼저 경험하고 먼저 태어났다는 이유만으로 상대방에게 함부로 말할 권리가 있는가? 이쯤 되면 다음과 같은 비판이 있을 수 있다. 저자가 계속 남 밑에서만 일했기 때문에 본인의 열등감에서 나오는 평가로 보인다라고 주장할 수 있다. 그 부분도 일정 부분 틀린 것은 아니다. 그러나 나는 조직의 리더 경험도 있기 때문에 저자가 젊다는 이유만으로 그런 비판을 하는 것은 한계가 있다고 본다. 그리고 그러한 경험 덕분에 오히려 내 주위에서 나이 어린 사람들이나 직장 후배들을 만날 때도 그들에게 말을 함부로 하지도 않고 반말도 하지 않는다. 그들이 나보다 못한 것은 나보다 늦게 태어난 것일 뿐 오히려 나보다 더 탁월하면 탁월했지 못한 부분은 없기 때문이다.

그리고 무엇보다 갑을 문화에 입각하여 사람을 하대하는 군대문화가 사라지지 않으면 민주적인 의사소통이 근본적으로 어렵다고 생각한다. 다른 사람은 모르겠지만 적어도 내 경우는 그렇다. 이상하게 영어를 사용하면서 외국인들과 소통할 때는 마음에 있는 얘기들을 편하게 한다. 한국인 교회도 다녀보고 외국인 교회도 다 다녀봤는데 한국 목사님들은 여전히 말을 꺼내기가 어려운 존재인 반면 미국인 목사님들은 편하게 친구처럼 의견을 주고 받는다. 사람이 말을 하기 어려운 분위기가 조성되면 잠재력을 발휘하기 힘들어진다. 눈치를 안 봐야 더 많은 아이디어가 자유롭게 공유되면서 창조적인 산출물이 나오는 것 아닌가? 말의 실수가 있을 수 있다. 그러나 말의 실수도 포용하면서 더 좋은 아이디어가 나오도록 유도하는 것이 보다 창의적인 결과물들이 만들어지는 원동력이라고 생각한다.

높임말, 반말 등의 한국 고유의 언어 문화는 유지되어야 한다. 왜냐하면 한국의 전통 문화이기 때문이다. 없앨 수 없는 문화라면 차라리 지위고하를 막론하고 공식적인 업무나 직장 내 언어는 모두 존댓말만 했으면 좋겠다. 내가 만약 사업을 하게 된다면 최소한 내 회사는 그렇게 운영할 것이다. 오직 연봉만이 회사 내 지위를 나타낼 뿐 연봉을 제외한 모든 요소는 지극히 평등한 관계를 구축하고 싶다. 어차피 경력이 많고 실력이 뛰어나면 존댓말을 사용해도 사람 자체가 권위가 있고 누구나 경청하게 되어 있다. 그렇게 되면 나이나 지위에 관계없이 자신들의 창의적인 의견을 자유로이 주고받으며 진정으로 창조적인 비즈니스 결과물들이 쏟아져 나올 것이란 확신이 있다. 설령 대통령이 된다고 해도 적어도 나와 함께 일할 분들에게는 절대 반말하지 않고 자신들의 의견을 눈치보지 않고 주장할 수 있는 업무 환경을 만들어 줄 것이다. 그것이 나는 진정한 민주주의라고 생각한다. 질서가 없지도 않다. 질서는 실력과 경험에서 우러나오는 것이므로 다 같은 존댓말을 써도 실력과 인격을 겸비한 사람은 자연히 리더십을 인정받고 존경을 받을 수밖에 없다. 그러한 리더십이 진짜 리더십 아닐까?

다시 한 번 강조하고 싶다. 태어나는 순서나 경력 기간에 따라 상대방을 하대하는 것은 인간의 존엄성을 망각한 경솔한 행동 양식이다. 진정한 민주주의 실현을 위해서 상대방에 대한 눈에 보이지 않는 근본적인 가치를 보고 존중해 주어야 한다. 설령 상대방이 너무 싫은 존재라고 할지라도 그 상대방은 천하보다 귀한 인간이기 때문이다. 상대방이 싫고 우습다고 집단적으로 따돌리거나 지위가 낮다고 하대하는 것은 같은 인간으로서 자신의 존엄성마저 해치는 것이다. 인간의 존엄성은 형이상학적 관념이 아니고 실제적으로 우리 삶 가운데 상대방을 대할 때 항상 유념해야 할 자유민주주의의 근본 가치이다.

## 4. 술, 담배 좀 줄이세요

나는 술, 담배를 전혀 하지 않는다. 담배는 7살 때 외삼촌이 장난으로 한 모금 빨아보라고 해서 멋모르고 빨았다가 담배 연기가 너무 썼던 기억 때문에 그 뒤로는 담배는 절대 물지 않았다. 술은 부모님이 거의 마시지 않으셨기 때문에 별로 생각해볼 기회가 없었다. 고3 때 수능 시험을 보고 너무 스트레스를 받은 나머지 소주 2병 가까이 마셔보았다. 대학교 1학년 때도 2~3번 정도 술을 마시기는 했다. 그런데 술을 마시면 얼굴이 새빨게지면서 하얀 점박이 같은 것들이 얼굴에 드러나서 너무 징그러운 피부가 되었다. 숙취가 사라지면 원래 피부로 돌아왔지만 술을 먹을 때마다 너무 내 자신이 보기 싫었다. 더욱이 기독교 신앙을 갖게 되면서 마시기 싫었던 술에 대한 종교적인 근거도 갖게 되었다.

군 시절에는 장교들 회식 자리에서 대대장님께서 직접 나에게 술을 마시라고 하셨다. 초급장교인 소위 주제에 중령의 지시를 일언지하에 거절했다. 대대장님 명령에 대한 불복종일 수도 있지만 한두 잔 마시기 시작하면 사람들이 계속 권할 것이 뻔히 보였기 때문에 공개적인 자리에서 당당히 거절했다. 대대장님께서 살짝 기분이 나쁘실 수도 있었지만 워낙 신임을 해 주셨기 때문에 크게 문제되지 않았다. 오히려 술을 안 마시니까 더 믿음직스럽다고 말씀해 주셨다. 군 생활은 그럭저럭 넘겼는데 사회 생활을 시작하면서 술 담배를 못하는 것이 여러 가지 한계를 느끼게 했다. 직장 내에서는 술을 못 마셔도 이해를 해주는 분위기이지만 고객을 상대할 때 술을 권하는데 거절하면 고객들과 관계에서 일정 선을 넘지 못하는 현상을 관찰할 수 있었다. 나는 술을 안 마셔도 친해질 수 있는데 술을 좋아하는 고객들은 그렇게 생각하지 않았다.

담배도 마찬가지이다. 남자 여자를 떠나서 담배를 피울 줄 알면 담배 피우는 사람들끼리는 금세 친해진다. 담배를 참 맛있게 피우는 사람들도 많이 봤다. 그때마다 보다 원활한 사회생활을 위해 술 담배를 배워볼까라는 생각을 많이 했다. 실제로 술 담배를 잘하는 사람들은 조직 생활에서도 술 담배를 못하는 사람들보다 더 빨리 적응하고 원만한 대인관계를 유지하는 것 같다. 지금 일하는 회계법인은 아예 술을 마시지 않아도 되는 조건으로 구두 계약을 맺고 입사했다. 술 못하는 회계사를 배려해주니 정말 너무 감사했다. 그러나 장기적으로 봤을 때 과연 내가 한국에서 비즈니스를 할 때 술을 전혀 안 마시고 크게 성공할 수 있을까라는 고민을 하게 되었다. 답은 부정적이다. 한국에서는 술을 전혀 안 마시고 크게 성공할 자신이 없다라는 결론을 맺었다.

나는 죽어도 술을 마시기 싫고, 담배 연기 역시 싫다. 싫은 것은 싫은 것이다. 그렇다고 술, 담배를 좋아하는 사람들에게 그런 것들을 멈추라고 강요할 수도 없는 노릇이다. 자유가 보장되는 한국에서 어떻게 그럴 수 있겠는가? 그래서 나는 발상을 전환했다. 내가 대통령이 되면 술 담배 전혀 못해도 상대방으로부터의 술 담배 권유를 받지 않고도 크게 성공할 수 있는 사회적 문화를 정착시키겠다.

어차피 술 담배 많이 해 봤자 해치는 것은 국민 건강일 뿐이다. 국민 건강을 증진시키고 과음으로 인한 경제적 손실을 최소화시키기 위해 담배는 모르겠지만 적어도 술 없이 비즈니스를 창출할 수 있는 보다 건강한 사회를 만들고 싶다. 나는 금주 사회를 만든다고 하지 않았다. 술 마실 사람은 계속 마셔라. 흡연할 사람은 계속 담배를 펴

라. 나는 술과 담배를 전혀 못하는 사람들이 마음껏 비즈니스를 펼치고 성공할 수 있는 문화를 정착시킨다고 했지 독재자처럼 무엇을 금지시킨다고는 하지 않았다. 나는 벌써부터 가슴이 뛴다. 내가 가진 비전이 유학을 마치고 더 선명해져서 더욱 발전된 대한민국을 예상하고 있기 때문이다.

## | 에필로그 |

　부족한 이 책을 끝까지 읽어주신 여러분에게 진심으로 감사의 말씀을 드린다. 최대한 지루하지 않게 쓰려고 노력했다. 책에서 언급했던 내용들 중에는 현재 진행형도 있고 미래에 이루고 싶은 항목들도 있다. 여러분의 인생 가운데 의미 있는 목표라면 창의적으로 생각하면서 최선을 다해 도전하라는 의미에서 기록했다. 책이 출판되는 현재, 저자의 나이는 만 36세이다. 고령화 사회임을 감안하면 나는 아직도 새파란 청년이라 생각한다. 이 책에서 언급된 목표들이 어떻게 현실이 되어가는지 기회가 된다면 다시 기록할 것이고 더 큰 꿈을 향해 전진하는 나의 모습은 대한민국 역사의 일부분이 될 것이다. 내가 가는 그 길이 다른 사람들에게 영감을 줄 수 있는 길이 되도록 인생을 걸고 도전하는 것을 멈추지 않겠다. 가까운 미래에 현실이 될 나의 꿈들을 많이 기대해 주시길 바란다.

　이 책은 최초 자기계발이 화두가 되고 있는 현대 사회에 도움이 될 만한 정보를 공유하고자 하는 목적으로 썼다. 그러나 처음 집필하는 과정에서 독자들에게 정보를 제공하는 책을 만들려다 보니 너무 딱딱한 글이 되어서 저자가 보기에도 너무 재미가 없었다. 저자는 무명 회계사에 불과하지만 지금까지 살아오면서 대한민국 국민으로서 갖게 된 불만을 어떻게 하면 해소할 수 있을까를 계속해서 고민해 왔다. 고민 가운데 내린 결론은 한국에서 대통령이 되어서 대한민국으로 더 살기 좋은 나라로 만들겠다는 것이다. 대통령이 되는 것은 현실적으로 불가능에 가까운 일이라는 것을 나도 잘 알고 있다. 그리고 저자의 아버지는 절대로 정치는 하지 말라고 말씀하시기도 했다. 학교 다닐 때나 직장에서 근무할 때 선배들이 하는 얘기도 정치는 더러운 것이라고 했다. 그리고 그들은 정치에는 관심이 없다고 했다. 정직하게 말하자면 나도 정치에 정말 관심이 없었다. 그보다는 코미디언이 되어서 재미있고 행복한 인생을 살고 싶은 지극히 평범한 대한민국 국민들 중 하나일 뿐이었다. 그렇다면 정치가 정말 더러운 것일까? 더럽다고 모두 피하면 더 썩게 되는 것 아닌가? 그리고 정치인을 해보지도 않았으면서 정치는 더러운 것이라고 말하는 것도 경솔한 발언이라고 생각한다. 나는 정치가 더러운 것인지 아닌지 직접 경험해 보겠다. 더러우면 청소하면 된다. 청소하듯 정치해서 깨끗한 정치 문화가 정착하는데 최선의 노력을 기울이면 된다.

대한민국에 살면서 감수성이 예민한 청소년으로서 가난한 것을 부끄럽게 느꼈던 기억은 비단 나의 청소년기만의 문제라고 볼 수 있을까? 내 성격이 문제일 수도 있겠지만 아이들마저도 자본주의 논리에 휘둘러 무엇을 입고 먹느냐에 따라 서로를 구별하는 것이 과연 그대로 방치해 두어야 할 문화일까? '유전무죄'를 극복할 수 없다면 '무전무죄'로 공정한 법적 공방을 다툴 수 있는 나라를 만들고 싶은데 그것이 그렇게 큰 욕심일까? 보다 합리적이고 장기적으로 발전할 수 있는 교육 정책을 만들 수는 없을까? 통일이 되기 위해 북한의 체제를 어떻게 받아들여야 할까? 문화 산업의 중요성을 모두 인정하지만 뾰족한 지원방안 하나 나오질 않는데 많은 예술가들이 돈 걱정 없이 예술 창작에만 집중할 수 있는 인프라를 갖출 수는 없을까? 한글을 영어처럼 UN 공식 언어로 만들 수는 없을까? 군대문화는 군대에만 존재하는 한국 사회를 만들 수 없을까? 갑을 문화를 최소화하여 보다 민주적인 문화를 정착할 수는 없을까? 하대한다는 단어 자체를 한국어에서 없앨 수는 없는가? 헌법에서 규정하는 기본권이 법전에만 존재하는 것이 아니라 구체적인 삶에서 보장되는 나라가 될 수는 없을까?

저자는 대한민국을 자살률이 가장 낮은 나라로 만들고 싶다. 자살률이 높은 원인은 여러 가지가 있겠지만 결국 남과 비교하여 자신의 삶이 너무 비참하다는 생각 때문이 아니겠는가? 가난은 부끄러운 것이 아니다. 가난은 극복의 대상일 뿐 지금 가난하다고 절망할 필요가 없는 대한민국을 만들고 싶다. 물론 사람이 단순히 가난하다는 이유로 자살하지는 않는다. 자살의 원인은 다양하겠지만 신문에서 가난 때문에 가족 전체가 자살하는 경우를 수차례 접했던 기억들이 있다. 갑자기 자살을 언급하니까 논리의 비약같이 보일 수 있지만 자살률만큼 그 사회에 대해서 잘 말해줄 수 있는 지표도 없다고 본다. 자살률이 높다는 것은 대한민국이란 나라가 살기 쉬운 나라는 아니라는 것을 의미한다. 혹자는 한국이 가장 살기 좋은 나라라고 외국에서 살기 싫다고 한다. 외국을 많이 돌아다녀봤지만 한국이 제일 좋다라고 주장하는데 그것은 대부분의 시간을 한국에서 살았기 때문에 익숙해서 그렇게 말하는 것이다. 저자도 한국이 제일 좋다. 그러나 대한민국은 결코 살기에 녹록한 나라가 아니다. 회계사가 되어서 적지 않은 월급을 받지만 저축하기 너무 힘들다. 그러면 나보다 적게 버는 사람들은 얼마나 살기 힘들까? 그들을 생각하면 가슴이 저려온다. 나도 회계사가 되지 않았으면 그들보다 더 큰 경제적 어려움 가운데 있었을 것이기 때문이다. 어디 경제적인 것만 그렇겠는가? 직장을 구하는 것도 쉽지 않다. 구직은 어려울 수밖에 없다. 특히 나이에 따른 기회 박탈은 정말 아니라는 생각이 든다. 이력서에서 사진과 주민등록번호 등을 삭제하고 사람을 뽑으면 안 될까? 이런 저런 생각들 다 적으면 이 책이 끝이 없어질 것 같다.

절친한 친구는 나를 '좌파'라고 평가했다. 그 얘기를 듣고 곧바로 반박했다.

"나는 '좌파'가 아니야. '상하좌우파'라고 불러주렴."

나는 용광로와 같은 정치인이 될 것이다. 위로는 북한과의 통일을 위해 수십 년간 분단되어 이질적인 정치 문화를 갖고 있는 북한을 이해하기 위해 노력하고, 아래로는 정치인으로서 군림하는 것이 아니라 국민을 섬기는 봉사자로서 스스로를 낮추는 자세로 대통령의 소임을 다할 것이다. 좌우로는 좌파와 우파를 구분하지 않고 모든 세력을 가슴에 품는 대한민국의 용광로로 자리매김할 것이다. 그래서 나는 '좌파'가 아닌 '상하좌우파'이다.

한국의 대통령를 꿈꾸는 김세종 올림

안드로이드 용    IOS 용

홈페이지와 앱은 2015년 5월 5일 어린이날에 공개합니다.
Homepage : www.sejongking.com
이메일 : sejongking@sejongking.com

# Personal Statement

## 1. Educational Background

During my first year at university, my grades suffered due to my questioning of the meaning of life. I received failing grades in most subjects and passed just two liberal arts courses during the first semester. In struggling to overcome this situation, I found the true value of life in the Holy Bible. After understanding how precious life was, my GPA also rose steadily, and I was able to obtain over a 3.9 out of a possible 4.5 in both of my final semesters during my senior year. Just before graduation, I read two books, Method to be a U.S. Lawyer and Method to be a U.S. CPA, and I determined that I wanted to become an international lawyer with a CPA specialty.

Because I had the dream of becoming a differentiated lawyer who has Chinese language ability, I attended the Qiqihar Teachers College in China to participate in a Chinese language course subsequent to earning my LLB and my army service. I ranked first in a basic course and second in an advanced class. During my six months in China, I began thinking about the human rights of liberty and equality as I saw the political limitations of minorities, the enormous power of the Chinese Communists, and the long hours of laborers who were paid extremely low salaries.

After my language training abroad, I returned to Mokpo, my hometown, and registered for the Koabels American Law Specialist Program in May of 2008. The Koabels American Law Research Institute (Koabels) trains students at a level similar to that of a JD degree. However, I had to apply for a leave of absence for approximately five years. Since there was only one U.S. state (Maine) where I could take the U.S. CPA examination without an accounting degree, I thought that having CPA experience would be valuable prior to pursuing an LLM course. In the spring of 2009, I attended a U.S. CPA prep course at the Academy of International Finance and Accounting, and I passed the U.S. CPA examination in 2010. Due to my marriage in 2011, and my premature baby born in 2012, it was not easy to return to Koabels. Although due to my life circumstances, I was absent for a period of about five years from Koabels, I have passed the Koabels preliminary bar exams for Federal Civil

Procedure, Wills and Trusts, Real Property, Contracts, and Constitutional Law. By July 2015, before I enter the LLM program, I will also have studied Torts, Agency Partnership, Criminal Law, Criminal Procedure, Federal Evidence Law, Wills and Trusts, Secured Transactions, Lawyer Ethics, Corporation Law, and Domestic Relations. The LSAC recognizes Koabels as an institute that may grant a first degree in law. The LSAC code for Koabels is 258229. Since the level of Koabels preliminary bar exams is higher than the American Bar Examination, I will be ready to lead at LLM program.

## 2. Job Experience

I have assumed that in order to grasp American laws, I need to have an understanding of the society; therefore, I have made efforts to accumulate diverse social experiences prior to entering the LLM program. I mastered military science through the Korea Reserve Officers' Training Corps (ROTC) at Hanyang University. I also familiarized myself with organization management and strategic military experience as the first lieutenant in the Korean army service. After I completed my Chinese language studies and army service, my father recommended the insurance sales business. He said that a professional sales person could be successful in any business. During my first year in insurance sales, I was in the top 10% of all insurance agents / underwriters (about 1,500 agents) with ACE Life Insurance Corporation. In my second year, I earned the biggest life insurance contract from a doctor client in the sales history of the Gwangju branch. Most importantly, through this job I developed my sales capacity and created networks of people from all social standings, whom I met in prospecting potential clients. Based on one client's assessment of my sales skill and educational background, he recommended me to be a member of the board of directors of the Softmash Corporation, a smart phone games application company. Based on this experience, I gained priceless experience in the accounting and legal aspects of the business.

As I needed a temporary job after selling Softmash Corporation, I wanted to apply with the Korea Broadcasting System (KBS); however, I could not apply because I was 30 years old. I then worked to abolish age discrimination in the KBS recruiting process. Consequently, KBS abolished its maximum age limit for new workers in accordance with the recommendation of correction as determined by the National Human Rights

Commission of Korea. In addition, after passing the U.S. CPA examination, I was able to acquire practical and professional CPA experience such as activity based cost accounting, financial accounting, auditing, and tax consulting. Nevertheless, the previous accounting corporations where I had worked could not provide enough career satisfaction because they focused only on domestic CPA service.

Because I was interested in international trade, I eventually became a Financial Analyst for antidumping and a rule of origin of the Free Trade Agreements. If strict antidumping measures are imposed on a company without a clear strategy to respond, their export sales can be blocked in an importing country because they will lose price competitiveness. I provided both accounting and legal strategies to ensure a lower dumping margin through accounting practices (e.g., dumping margin calculation and simulation, sales reconciliation, sales and cost sample calculation, inventory analysis, SAP accounting system consulting, and on-site verification performance). I have worked with clients such as Samsung (the nation's 1st-largest conglomerate in Korea, hereinafter rank in Korea), POSCO (6th), Dongbu Steel (25th), Hankook Tire (37th), Huvis (219th), Moorim Paper (387th) and Dongyang TCC (607th). I responded to antidumping questionnaires from original antidumping trials and conducted sunset reviews for Canada, Australia, Malaysia, Thailand, Indonesia, South Africa, India, and Brazil.

There are less than 50 antidumping experts in South Korea. Among them, only about five CPAs, including myself, are antidumping professionals who can understand the "differential pricing analysis" of the U.S. Department of Commerce (U.S. DOC). In order to understand differential pricing analysis, statistics knowledge (e.g., variance, standard deviation, Cohen's d test, etc.) is necessary. As an antidumping expert in international trade law, I have to analyze diverse countries' legal documents and regulations related to antidumping cases in English. I also obtained a Certified Origin Specialist license, in which the relevant business was system management advice based on FTA rules of origin. I did comparison analysis among various FTAs and practical FTA duty rates using Harmonized Commodity Description and Coding System (HS code).

## 3. LLM Application Motive

Originally, I dreamed of becoming a U.S. lawyer, but it was my hands-on experience in antidumping and FTAs that has served as my greatest motivation for pursuing an LLM. The core ability of an antidumping CPA is how well he or she explains accounting issues and points of law in English to the cooperating lawyers, clients, and antidumping investigators of each country. Therefore, I was required to have professional accounting knowledge as well as be able to conduct legal research of antidumping precedents. In the course of the anti-dumping research, I found that the U.S. DOC is the most sys-tematic in handling antidumping databases. For these reasons, I would find it very stimulating to experience the American legal system itself through LLM. The more involved I become in antidumping cases, the more I feel the necessity of further researching in LLM.

In addition to assisting people with regard to abolishing age discrimination at KBS through working with the National Human Rights Commission of Korea, I also helped a female Filipino who requested that I translate for her in her divorce dispute at Mokpo District Court in the summer of 2007. Her Korean husband was sexually abusive and because she did not have any money to hire a translator for court, I volunteered to interpret for her. I did my best to translate in the court and to insist on respect for her human rights as a foreign woman to the

Korean judge. Fortunately, she won the divorce dispute. And a nationality issue of another Filipino family living in Korea made me further consider human rights. In that case, the wife gained Korean nationality without any difficulty when she married a Korean man. After a car accident, her husband passed away and some years later, she remarried a Filipino laborer. She thought her new husband might achieve Korean nationality easily, as she did, since she had Korean nationality. However, far from obtaining citizenship, her family has remained in an unstable position in Korea due to her husband's visa issue. This is an often unseen type of gender discrimination in Korea. These experiences furthered my interest in LLM study regarding how best to protect the human rights of the weak.

## 4. Interested Area in LLM

In the context of the international trade jungle where there is conflict between free trade and protective trade, I want to study international trade law in order to be an international trade expert with antidumping experience and an academic foundation. It used to be easy for me to forget the major causes of antidumping laws, such as domestic market protection and proper price formation in global business in order to guarantee fair trade, because sometimes I was buried under peripheral accounting and legal issues. However, I now understand anti-dumping law as a very effective international legal system for realizing the proper boundary between free trade and protective trade. An antidumping measure has market ripple effects, which can create aggravation for the management of related companies. In particular, antidumping issues are critical in export oriented economies like Korea. As such, an antidumping lawyer who also possesses accounting knowledge can be very useful. Since international trade law is a sector of international law and understanding international law is a basic premise of international trade consulting, I hope to study international law as deeply as possible.

Moreover, human rights interests have become more deeply embedded in antidumping work. When I consider the sense of duty in antidumping works even though antidumping practices are based on technical regulations by accounting, I could ensure that human rights law dealing with human dignity would provide me the most valuable mission in a substantial view because human dignity itself is the most meaningful and important issue to humans. As a result of my study of American law at Koabels, I have found that cases are more effectively analyzed when subjects are studied together, although they may initially appear unrelated. I am therefore convinced that there is a synergy between my antidumping expertise and the simultaneous study of human rights law, international law, and the American law subjects that I will study at Koabels.

By extension, a specific research agenda in human rights law is how the American legal system guarantees equal rights. I saw a limitation of the Korean legal system through my translation volunteer service for the Filipino woman in the divorce suit in terms of equal rights to justice. The second referenced Filipino family case is also a good example of the unseen discrimination on the basis of gender and nationality in Korea. I want to study how the American legal system addresses such discrimination and compare it with the Korean legal system if possible. I don't think a certain country's system is superior because of a different culture; however, I believe we can supplement the weaknesses and strengthen the strong points of the two countries' legal systems by conducting a comparison analysis.

## 5. Goal After LLM

After finishing the LLM course in the United States, I want be an international lawyer with both American and Korean lawyer licenses. Korea also recently adopted a law school system, and I need them in order to be a law professor. However, even if I obtain licensure in two countries, it is very difficult to be a law professor without a legal practice career. Therefore, I will provide legal consulting to the disadvantaged (e.g., foreign laborers, North Korean defectors, and abused people) through free or low cost legal services. I will also offer legal and CPA professional services such as antidumping, taxation, and accounting to global companies and the wealthy in order to cover operating expenses. Therefore, as an American lawyer, I intend to practice law in the areas of international trade and human rights for the next five years. Thereafter, I will apply to transfer to one of the Korean law schools in order to receive a Korean law license. In the course of my legal practice, I hope to become a legal practice oriented adjunct professor at a Korean law school. Being an adjunct professor appeals to me because I can teach and practice law at the same time. After I retire from the law school, if I am able to enter politics or public office, I would work to improve international trade laws and uphold human rights.

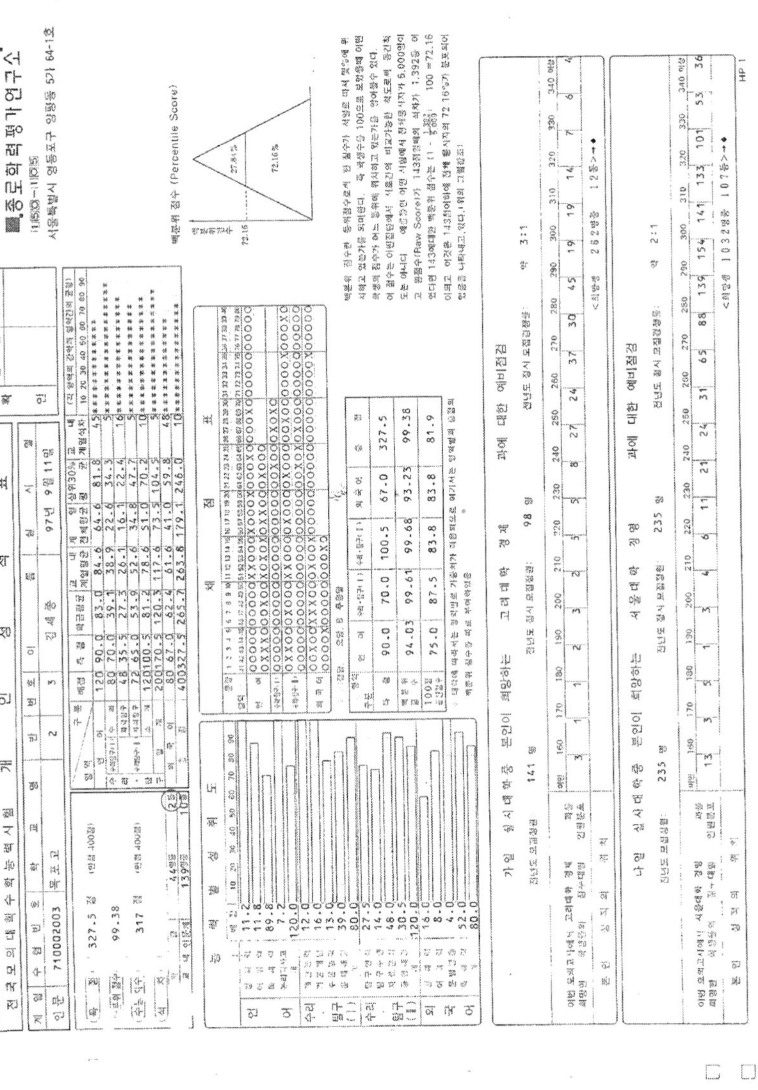

2부

자
기
계
발

일러스트 · 박민하

상징 속에 깃든 「실체」

## 1. 미래의 유권자들에게

인생의 가장 중요한 준비기간은 청소년기와 대학생 시절이다. 진정한 자기계발은 학창시절 안에 모두 이뤄져야 한다. 미래의 대통령을 꿈꾸지만 나의 꿈을 잠시 내려놓고 이 책을 읽는 미래의 유권자들인 청소년들과 대학생들을 위해 '자기계발'을 대통령 되기 프로젝트 2부로 구성하였다. '대통령 되기 프로젝트 2부 자기계발'에서는 각 연령대별로 놓치지 말아야 할 것들을 기재했다. 이 책을 통해 초등학생들은 그 시기에 꼭 해야 하는 것들을 하고, 중·고등학생이라면 성적이 반드시 향상되는 공부방법론을 습득하기 바란다. 대학생이라면 직장에 들어가기 전 자신이 평생 하고 싶은 것을 발견하기 위한 노하우를 얻어갔으면 한다.

## 2. 미래의 초등학생 유권자들에게

### (1) 꿈이 생기면 반드시 도전하라

나는 7살이 되기 전까지 무엇이 되고 싶다거나 무엇을 이루고 싶다는 꿈이 없었다. 유치원에 가서도 공부보다 간식 시간만 기다렸고 예쁜 여학생만 졸졸 따라다니는 지극히 본능에 충실한 남자 아이였다. 유치원에 다니면서 비로소 작은 꿈이 하나 생겼다. 당시 유치원 생일 파티 때 생일인 유치원생이 실현 가능한 소원을 하나씩 말하면 선생님들이 어떻게든 그 꿈을 현실이 되도록 도와주셨다. 같은 달에 생일인 친구들의 소원이 하나씩 성취되는 것을 옆에서 지켜보았다. 다들 유치원생들이 좋아할 만한 물건이나 음식 등을 얻는 것이 자신들만의 귀한 소원이었다. 그러나 나는 그 귀한 기회를 놓치고 싶지 않았다. 물건이나 음식은 부모님께 받을 수 있는 것 아니던가? 드디어 나에게 기회가 찾아왔다.

"김세종, 생일 축하해. 세종이의 소원은 무엇이지?"

아무리 7살이어도 무엇이 부끄러운지 아는 나이였다. 굉장히 부끄러웠지만 과감히 내뱉었다.

"○○○와 뽀뽀하고 싶어요."

그 유치원에서 가장 예쁜 여자 아이였는데 그녀의 이름이 기억이 나질 않는다. 유치원을 졸업한 지 30년이 지났으니 이해해 주셨으면 한다. 아무튼 그녀는 옷도 매일 공주 드레스만 입고 다녔다. 남자 아이들은 과감한 나의 도발에 부러움이 가득한 눈빛을 보냈다. 선생님은 잠시 머뭇거리셨지만 흔쾌히 수락하셨다. 7살 어린 아이들이라 그런지 선생님은 그 여자 아이에게 뽀뽀할 동의조차 구하지 않았고, 내가 원하는 대로 해주시려고 했다. 순진한 여자 유치원생은 백설공주 같은 아름다운 자태를 뽐내며 50센티미터 앞으로 다가왔다. 숨이 막혔다. 30대 중반이 되었음에도 그때 느꼈던 숨막힘과 식은땀이 기억난다. 왜냐하면 내 인생의 첫 키스였으니까….

그녀는 가만히 서 있었다. 결국 남자인 내가 주도해야 했다. 그러나 서로 어떻게 키스를 해야 할지 몰랐다. 유치원 친구들은 모두들 숨죽이며 지켜보고 있었다. 침을 꼴깍 넘기는 남자 아이들의 요란한 생리 현상이 들렸다. 여자 아이들은 부끄러워하면서도 볼 것은 꼭 보겠다는 자세를 보였다. 순간 유치원 내부는 침묵과 긴장감이 맴돌았다. 용기를 내어서 그녀의 입술로 나의 입술을 옮겨갔다. 30센티미터, 15센티미터, 5센티미터 심장이 터질 것만 같았다. 가까이 다가갈수록 숨조차 쉬기 힘들었다. 그녀를 꽉 끌어안고 진하게 뽀뽀하고 싶었지만 손과 팔은 맥이 풀려서 정말 어색한 자세로 그저 나의 입술을 그녀의 입술 위에 살짝 갖다 대는 수준의 키스를 했다. 비록 딥키스는 아니었지만 입술을 댄 상태로 가만히 있었다. 그 여자 아이도 싫은 내색은 하지 않았고 순종적으로 가만히 있었다. 계속 입술과 입술이 맞닿은 상태로 가만히 있었다. 입술을 비비지는 않았다. 아이들이 탄성을 질렀다. 그 황홀했던 순간 선생님께서 한 말씀 하셨다.

"세종아, 이제 그만."

아내에게 정말 미안하지만 이것이 나의 첫 키스였다. 그저 덩치만 커지고 세상 풍파를 경험하여 지식과 경험만 쌓였을 뿐 내 감정과 마음가짐은 7살 때의 김세종이나 37세의 김세종이나 동일한 김세종이다. 다른 남자 아이들도 그 여자 아이를 정말 좋아했다. 다들 도전하지 않았기 때문에 좋아서 괴롭히는 선망의 대상이었을 뿐 그 이상도 그 이하도 아니었다. 그러나 나는 도전했기 때문에 짝사랑하는 여자 아이의 입술을 훔칠 수 있었다. 그때 만약 그 여자 아이와 키스하지 못했다면 도전하는 것 자체가 두려워서 지금의 나를 만들어 내지 못했을 것이다. 그러나 그 애틋한 키스 덕분에 어떤 꿈을 갖게 되면 반드시 말하고 실천해야 한다는 것을 깨닫게 되었다.

초등학생 유권자 여러분, 저의 유치원 때 경험을 적은 것은 여러분에게 예쁜 여자 아이와 키스하는 꿈을 가지라는 의미가 아닙니다. 여러분에게 어떤 꿈이 생기면 그것을 꿈으로만 갖지 말고 그 꿈을 실현시켜줄 수 있는 선생님이나 부모님에게 말로 하고 실천에 옮기세요. 여러분에게는 어려워 보일 수 있지만 어른들은 그 꿈을 현실로 만드는 가이드 역할을 할 수 있습니다. 제가 만약 유치원 선생님에게 뽀뽀하고 싶다고 얘기하지 않았다면 그 꿈은 현실이 될 수 없었을 것입니다. 그 여자 아이를 좋아하는 남자 아이들이 많았고 저는 싸움질도 잘 못하는 찌질한 남자 아이였습니다. 그녀 주위를 항상 맴돌기만 하고 말도 잘 못 붙이던 소심한 아이였습니다. 그러나 저의 꿈을 말로 선포했을 때 싸움 잘하는 남자 아이들보다 더 큰 힘을 갖고 계셨던 선생님이 저를 도와주셨습니다. 여러분이 가진 꿈은 그것이 무엇이든지 간에 그 자체로 소중합니다. 꿈이 있다면 반드시 말로 선포하고 도전하시기 바랍니다. 혹시라도 여러분의 꿈을 무시하는 어른이 있다면 그런 어른에게는 더 이상 꿈을 말하지 말아야 합니다. 꿈을 존중해주시는 분들을 찾으시기 바랍니다.

### (2) 꿈이 작은 것은 축복이다

초등학생 때 나의 친구들의 꿈은 정말 위대했다. 대통령은 매 학년마다 보였고, 장군, 의사, 약사, 변호사, 연예인, 선생님, 간호사 등이 주로 나오는 장래 희망이었다. 학급이 바뀔 때 친구들만 바뀔 뿐 장래 희망은 대부분 비슷했다. 나도 코미디언을 꿈꾸었기 때문에 연예인을 꿈꾸었던 친구들과 별반 다를 것은 없었다. 그래도 초등학생의 어린 나이였지만 연예인은 안정적인 직업이 아니란 것을 알았기 때문에 코미디언을 꿈꾸면서도 실질적으로는 문구사나 중국집에서 일하고 싶은 것이 나의 소망이었다. 이유는 간단했다. 문구사는 맛있는 불량식품 천국이었고, 중국집은 내가 제일 좋아했던 자장면을 팔았기 때문이었다. 나는 항상 문구사와 중국집 중 어디서 일해야 할지 나름 행복한 고민을 했다. 수업시간에 장래 희망을 적으라고 하면 친구들과 선생님의 비웃음을 살까 봐 항상 짝꿍의 장래희망과 같은 것을 적었다.

그러나 지금 생각해보면 초등학교 때 꿈이 작은 것은 큰 축복이었다. 꿈이 작았기 때문에 큰 좌절감을 느끼지 못했다. 공부를 잘할 필요도 없었고, 무엇이 되기 위한 강박관념이 없었다. 부모님이 높은 기대를 할 만한 아이로 보이지 않았기 때문에 공부하라는 압박도 하지 않으셨다. 그 어떤 친구들보다 자유 분방한 어린 시절을 보냈다. 초등학교 때는 놀아야 한다. 흙 밭에서 구르며 마음대로 상상하며 법을 어기지 않는 한도 내에서 어린 아이가 할 수 있는 모든 것을 해야 한다. 오히려 작은 꿈들이 하나하나 성취될 때 기쁨은 자신감으로 변모되어 자존감이 높아졌다.

초등학생 유권자 여러분! 여러분의 꿈이 친구들에 비해서 초라해 보입니까? 그 꿈이 아무리 작을지라도 그 장래희망을 허투루 보지 마시기 바랍니다. 꿈이 크다고 무조건 좋은 것은 아닙니다. 장래희망이 원대한 친구들은 현실적인 장벽에 부딪혀 그 꿈에 짓눌리어 갈수록 꿈이 작아질 확률이 높습니다. 그렇다고 큰 꿈을 갖지 말라는 의미도 아닙니다. 큰 꿈을 가지고 있다면 그 꿈을 실현시키기 위해 초등학생 때부터 준비하시기 바랍니다. 제가 초등학생 때부터 대통령을 꿈꾸었다면 40살이 되자마자 최연소 대통령에 도전했을 것입니다. 하지만 저는 그러지 못했기 때문에 30대 중반이 되어서야 대통령이 되기 위해 준비를 시작하고 이 책을 그 꿈을 현실화시키기 위해 이 책을 집필하였습니다. 저는 꿈이 생기면 반드시 실천합니다. 한 나라의 대통령이 되는 것은 정말 쉽지 않은 도전입니다. 비록 어릴 적 꿈은 친구들에 비해 초라했지만 작은 꿈들이 하나하나 성취되면서 자신감이 쌓였고 그 자신감이란 무형의 자산을 바탕으로 결국 초등학생 시절 다른 친구들이 꿈꾸었던 대통령이란 목표를 설정하

게 되었습니다. 그때 당시 친구들은 모두들 어른이 되어 자신들의
어릴 적 꿈을 잊어버리거나 아예 도전조차 할 수 없게 되었습니다.
초등학생 때 꿈의 크기는 중요하지 않습니다. 오히려 꿈이 작다면 행
복한 초등학생 시절을 보내고 나이를 먹으면서 더 큰 꿈을 꾸게 됩
니다. 초등학생 때 꿈이 작은 것은 인생의 축복입니다.

## 3. 미래의 중·고등학생 유권자들에게

### (1) 성姓적 유혹에 빠지지 말라

중 3때 남학생들만 다니는 광주 무진 중학교로 전학가기 전에 남녀
공학이었던 서울 목동에 소재한 신목중학교를 다녔다. 지금 어른이
되어서 중학생들을 보면 정말 중학생처럼 보인다. 그런데 지금 와 내
중학교 시절을 생각해보면 겉모습은 중학생이지만 생각은 별반 차이
가 없을 정도로 어른들이 느끼는 것과 모든 것을 동일하게 느끼는 시
기였다. 예를 들어 초등학생 때는 아침에 일어나도 성기에 변화가 없
었는데 중학교 1학년 때부터 아침마다 성기가 번쩍 일어선다. 처음에
는 그것이 무엇인가 했다. 그러던 중 친구 하나가 포르노 테이프를
구해 와서 삼촌 방에서 몰래 시청하게 되었다. 물론 정신적으로 충격
이었지만 신체적으로는 성적 욕구를 강렬하게 느끼는 나 자신을 발
견하게 되었다. 포로노의 후폭풍은 정말 대단했다. 중1은 몸만 작을
뿐이지 성인이나 다름 없는 성적 욕구를 갖고 있다. 문제는 개인 경

험 상 청소년기 때에는 확실히 절제가 되지 않는다는 것이다. 남녀 공학에 합반이었으니 이성에 눈이 뜬 학생들은 공공연하게 연애를 하곤 했다. 개인적으로 나는 짝사랑만 주구장창 했기 때문에 멋진 여학생들과의 연애를 해본 적은 없지만 일부 친구들은 중학생인데도 잠까지 같이 잤다는 소문도 심심치 않게 들려왔다.

고등학교 때는 더 했다. 남학생들만 다니는 고등학교였는데 일부 친구들이 대놓고 자랑했다. 어젯밤에 어떤 여자랑 잤고 오랜 시간 동안 육체적인 사랑을 나누었다는 영웅심리 가득한 과장된 표현도 서슴없이 하는 친구들이 더러 있었다. 사건 사고는 건수 자체가 중요하다기보다 그 사건 자체가 굉장히 커 보였기 때문에 나에게는 커다란 충격이었다. 혈기 왕성한 고등학생으로서 마음 한 켠에서는 나도 그들처럼 여자와 자 보고 싶은 생각을 하면서도 여자가 임신할까 봐 겁이 나서 감히 사귈 생각조차 못 했다. 중·고등학생 때 성적인 부분에 많은 관심이 가는 것은 자연스러운 현상이다. 그러나 성생활 영웅담을 자랑삼아 얘기했던 친구들 대부분은 예외적인 상황을 제외하고는 성적도 하락하고 자신들이 원하는 대학에 진학하지 못했다.

나는 30대 초반에 결혼하기까지 특정 여성과 육체적인 사랑을 나눈 적은 없었다. 그리고 아내와 결혼하여 성생활을 뒤늦게 시작했지만 영화나 잡지에서 보여주는 그러한 성적 환타지에 빠질 필요는 없는 것 같다. 그냥 결혼을 하게 되면 그것은 부부가 함께 살아가는 삶의 일부일 뿐 그 이상도 그 이하도 아니다. 어떻게 보면 종족 번식을 위한 일종의 수단이지 성생활 자체가 인생의 목적이 될 만한 위대한 것은 아니다. 그런데 아름다운 성을 미디어를 통해 너무 쾌락만 강조하고 왜곡하여 부풀려 놨으니 어른들의 상술에 그 책임이 있다고 본다. 결혼하면 자유롭게 만끽할 수 있으니 중·고등학교 때 성에 관심이 생기더라도 너무 많은 에너지를 쏟을 필요는 없다고 본다. 오히려 중·고등학교 때 성적 유혹에 빠져서 공부나 자기 개발을 소홀히 한다면 정작 어른이 되어서 결혼할 때 진짜 결혼하고 싶은 배우자는 더 능력 있거나 멋진 사람들에게 빼앗기게 된다는 것을 명심해야 한다. 청소년기 때는 그저 자기 일이 아니니까 생각하기 어렵겠지만 현실은 냉정하다. 이성에게 힘을 쏟을 에너지가 있다면 공부든 자신의 특정한 재능이든 그 부분에 모든 에너지를 쏟아야 한다. 그러면 지금 눈앞에 보이는 이성보다 훨씬 멋진 이성이 20대에 여러분 앞에 등장하여 여러분의 배우자가 될 것이다.

## (2) 또래의 압력(Peer pressure)에서 자유하라

앞에서도 언급했지만 나는 청소년기가 인생에서 가장 힘든 시절이었다. 사람들마다 인생의 어려운 시점이 다 다르겠지만 각 연령대별 상대적인 관점에서 스트레스 지수를 계산해봤을 때 중·고등학생 때의 스트레스가 가장 최고인 것 같다. 왜 그럴까라는 생각을 해 보았다. 청소년은 어린 아이도 아니고 어른도 아닌 애매한 신분이라서 그런 것 아닐까? 청소년이라는 애매한 신분으로 인해 자신들만의 공동체를 형성하고 싶은 욕구가 그 어떤 연령대보다 높다. 친구들과 공감대를 형성하는 것이 삶의 주된 관심사가 될 수 있다. 사실 초등학교 때는 모든 것이 마냥 즐거웠기 때문에 또래의 압력으로부터 자유로웠다. 지금 초등학생들은 모르겠지만 나 때만 하여도 초등학생 자녀에게 공부에 대한 스트레스도 주지 않았고, 주위 친구들과 특정 그룹을 결성하는데 큰 관심이 없었던 것 같다.

그러나 중·고등학교 때부터는 달랐다. 중학교 때부터 중간고사와 기말고사의 성적에 대한 압박이 시작되었고 선생님들 또한 성적별로 학생들에 대한 대우가 달랐다. 부모의 직업 또한 학생들을 평가하는 잣대가 되었다. 초등학생 때도 그랬을지 모르지만 정서적으로 그러한 것들을 눈치채기 힘들었다. 그러나 중학생 때부터는 사회를 보는 시각이 점차 넓어지기도 하고 선생님들의 태도가 '너희는 더 이상 초등학생 어린 아이가 아니라는 것'을 무의식중에 알려주기 때문에 '조금씩 어른이 되는 과정'에 편입되었다는 것을 느낄 수 있었다. 그렇다고 정작 어른은 아니었기 때문에 아무튼 말로 설명할 수 없는 애매함에 빠진다. 그 애매함은 또래의 압력의 한 원인으로 작용하여 자신들만의 세계를 구축하게 만드는 동력이 된다.

또래의 압력으로 인한 스트레스는 애매한 정체성뿐만 아니라 상대적 빈곤에서 오기도 한다. 이른바 부잣집 자녀들은 부유한 세계를 공유하고 가난한 집 자녀들은 비교의식에 빠져 열등감에 빠지기도 한다. 그나마 교복이라도 입으면 그런 부분이 그렇게 드러나지 않는데, 부유한 동네에서 사복을 입는 학교를 다니게 되면 극명하게 드러난다. 부유한 동네라고 해서 모두 잘 사는 것은 아니지 않은가? 잘 사는 아이들끼리 어울릴 수밖에 없다. 옷과 신발에서부터 차이가 나기 때문에 결국 끼리끼리 또래 집단을 형성할 확률이 높아진다. 나에게 상대적 빈곤감을 느끼게 했던 것은 컴퓨터 게임, 나이키와 점심시간이었다.

어른이 된 지금 와서 그때를 돌이켜보면 참 어리석은 생각이었다. 친구들의 옷과 신발, 도시락 등이 내 인생에 영향을 줄 정도로 가치가 있는 것이었을까? 그들은 졸업 후 연락을 하고 싶어도 다들 사회생활 하느라 바쁘고 각자의 가정을 돌보느라 정신없이 살아가고 있다. 인생선배로서 한 가지 확언할 수 있는 것은 지금 여러분의 눈앞에 보이는 친구들은 대학교만 가도 다시 만나기 쉽지 않다는 것이다. 물론 친한 친구들끼리 연락은 계속 주고받는다. 그렇다고 해도 명절 때나 고향 친구로 만나지 그 이상 시간을 내기란 쉽지 않다. 현재의 삶을 무시하라는 의미가 아니라 또래의 압력으로부터 자신을 자유롭게 할 필요가 있다는 것이다. 만약 또래의 압력을 이겨낼 자신이 없다면 최고 성적을 거두어서 우등생 집단에 들어가라. 공부를 하기 싫다면 특정 분야의 장기를 개발하여 재능 있는 친구들의 또래에 들어가라. 쓸데없이 외모나 부모의 경제적 지위에 따라 또래 집단을 형성하는 친구들과는 차라리 거리를 두어라. 그들이 여러분의 인생을 위해 해줄 수 있는 것은 아무 것도 없다. 그러한 것 때문에 친구가 되지 못한다면 당당하게 친구로 만들려고 노력하지도 말고 여러분의 꿈에 집중하라. 꿈을 이루기 위해 노력하다 보면 그보다 훨씬 멋진 친구들이 여러분을 맞이할 것이다. 여러분은 존재 자체만으로도 이 세상에서 가장 값진 존재임을 잊지 말라. 외양으로 판단하는 친구들은 어떻게 보면 진정한 가치가 무엇인지 잘 모르는 불쌍한 친구들이니까, 이 책을 읽는 여러분만큼은 상대방의 마음과 눈에 보이지 않는 가치들을 보는데 초점을 두기 바란다.

## (3) 열등생이라 공부에 더 유리하다

대한민국에서 청소년으로 살아간다는 것은 결코 만만한 일이 아니다. 적어도 한국에 있는 외국인 학교를 다니는 중·고등학교 학생들보다 삶의 질이 떨어지는 것은 부인할 수 없는 사실이다. 외국인 학교를 다니는 학생들은 한국 학교에 비해 학업으로 인한 스트레스가 상대적으로 적기 때문이다. 한국의 학연 문화 때문에 중·고등학생들은 너나 할 것 없이 제일 좋은 명문대학을 진학하도록 선생님과 부모님들에게 강요받는다. 자신의 의지와 상관없이 받는 공부 압력 때문에, 청소년 유권자들 중 성적에 대한 고민을 하는 학생들이 적지 않을 것이다. 그러한 고민을 해결해 줄 수 있는 아래와 같은 희망의 메시지를 전달하고 싶다.

"열등생이라고 결코 주눅 들지 말라."

나는 평범한 수준이 아니라 평범한 수준에도 도달하지 못했던 저조한 학업 성적을 보유한 열등생이었다. 그러나 공부를 시작한 지 6개월 만에 학급에서 2등까지 성적을 끌어올리면서 어떻게 공부하면 성적이 오를 수 있는지 몸소 깨닫게 되었다. 구체적인 공부방법은 곧바로 뒤에서 언급하겠다. 성적이 오르면 낮았던 자신감이 급상승하게 된다. 그리고 성적이 급상승하게 되면 긍정적인 에너지와 감정으로 충만하게 된다. 만약 이 책을 읽는 학생이 우등생이라고 할지라도 나의 공부방법은 단순 우등생이 아닌 최상위 계층의 우등생으로 발돋움시킬 것이다.

꼴등하던 열등생이 지금은 영어로 모든 업무를 처리하는 국제통상 전문 회계사가 되어 한국을 뛰어 넘어 글로벌 시장의 국제 통상 전문가로서의 삶을 살고 있다. 현재는 미국 최고의 인재들이 지원한다는 미국 로스쿨에 장학금까지 받고 가게 되었다. 물론 초등학교 때부터 지속적으로 공부를 잘하는 것이 가장 좋지만 모든 학생이 그렇지 않은 것이 현실이지 않은가? 우등생보다 열등생이 많은 것이 어떻게 보면 당연한 일이다.

하지만 사실 실패 경험이 적은 우등생은 열등생보다 더 위험한 존재일 수 있다. 실패 경험이 많은 학생들은 인생을 살아가는 과정에서 겪는 부침에 대해서 내성이 있지만 실패 경험이 적은 우등생들의 경우 작은 실패에도 큰 좌절감을 느낄 수 있기 때문이다. 고등학교 때 학급에서 계속 1등만 하던 친구가 딱 한 번 2등 성적표를 받았다. 나 같으면 2등도 정말 대단한 결과라고 생각할 텐데 그 친구는 세상을 다 잃은 듯한 표정을 했다. 나는 그를 보고 정말 이해할 수 없었다. 다시 공부해서 1등을 하면 되지 세상을 다 잃은 표정까지 할 필요가 있었을까? 옆에 있는 친구들에게 마음의 부담까지 줄 그런 상황은 아니었는데 그 옆에 앉는 것만으로도 부담을 느끼게 했다.

2015년 1월 신문기사에 가장이 세 모녀를 살해한 사건이 있었다. 그는 IT 전문가로서 엘리트 집단에 속한 사람이었지만 48세에 직장을 잃고 구직의 어려움을 겪다가 상대적 박탈감에 빠져 가족을 살해했다. 심리 전문가들은 큰 어려움이 없이 살다가 인생의 고난이 닥치게 되자 그것을 극복하지 못하고 발생하게 된 참사라고 분석했다. 이것은 매우 극단적인 예이다. 그러나 이 가장이 젊었을 때 실패를 극복할 줄 아는 훈련을 받았다면 이러한 참사는 일어나지 않았을 것이다. 사회 생활을 하면서 겪게 될 어려움은 학창시절에 경험하는 것보다 결코 작지 않다. 그러니 현재 열등생이라고 전혀 주눅 들지 말기 바란다. 지금의 실패는 어떻게 보면 더 큰 성공과 장차 겪을 수도 있는 실패에 대한 내성을 기르는 훈련의 과정일 뿐이다. 그리고 그 훈련의 과정에서 대통령을 꿈꾸는 내가 여러분에게 성적이 반드시 오를 수밖에 없는 학습 전략을 지금부터 공개하겠다. 기대하시라. 개봉박두!

### (4) 성적이 반드시 오를 수밖에 없는 학습 전략

나는 대한민국 축구를 사랑하는 축구팬이다. 광적으로 한국 축구를 사랑하는데 전북 현대의 축구 스타일을 '닥공'이라고 표현한다. '닥공'이란 '닥치고 공격'이란 말의 약자이다. 공교롭게도 나의 공부 방법도 '닥치고 공부'이기 때문에 '닥공'이라고 표현하고 싶다. 내가 비록 한국 최고의 대학을 졸업한 것은 아니지만 단 6개월 공부 만에 2등으로 성적을 올리고 수능 모의고사 성적으로는 서울대 경영학과까지 합격할 수 있는 성적이 나왔다. 고등학교에 막 진학했을 때는 공부를 너무 못해서 서울대학교에 진학하는 것은 비현실적인 목표로 보였다. 코미디언이 되고 싶었던 어린 마음에 한양대학교나 중앙대학교의 연극영화과를 목표로 했기 때문에 고등학교 시절 6개월만 정말 미친 듯이 공부했다. 그런데도 불구하고 수능 모의고사에서 전국 상위 0.7%에 도달하는 기염을 토하며 서울대 경영학과까지 진학할 수 있는 성적이 나올 정도로 실력이 향상되었다. 나는 전국 1% 이내에 드는 수재들보다 아직 자신만의 공부방법이 뚜렷하지 않은 99%의 학생들을 위해서 과목별 공부 전략 및 학습방법을 구체적으로 제시하고 싶다. 6개월간의 열정적인 공부만으로도 저런 성과를 냈는데 이 책을 읽는 학생들이 6개월 이상 내가 했던 공부법으로 공부한다면 나보다 훨씬 더 나은 성과를 내지 않을까? 미래의 대통령을 도전하지만 이 책을 읽는 유권자들이 보다 효과적으로 공부를 하여 유능한 대한민국 국민이 되도록 돕는 것은 그 자체만으로도 가치 있는 일이기 때문에 나의 지적 자산을 아낌없이 공유하겠다.

과목별 학습 방법을 언급하기 전에 공부에 임하는 자세와 마음가짐을 확립하기 위해 학습의 7대 기본원칙에 대하여 설명하고자 한다. 중·고등학교 시절 나의 대표적인 별명은 Sejong King(세종킹)이었다. 아래 기본 원칙들을 기억하기 쉽도록 지금부터 'Sejong King 학습의 7대 기본원칙'이라고 부르겠다.


## \<Sejong King 학습의 7대 기본원칙\>

### ☑ Sejong King 학습의 기본원칙 1: 비현실적일지라도 원대한 목표를 설정하라.

30대 중반이 되어서 과거의 삶을 비춰봤을 때 딱 한 가지 아쉬운 부분이 있다. 그것은 고등학교 때 인생의 목표가 너무 지엽적이었다는 것이다. 정말 지금까지의 인생에 대하여 그 부분을 제외한 다른 부분에서는 조금도 아쉬움을 느끼지 않는다. 배신도 당해봤고 많은 실수와 실패를 경험했지만 소중한 인생 자산이라고 평가하고 있기 때문이다. 앞에서 초등학생 때 꿈이 작은 것은 축복이라고 했지만 그것은 초등학생 유권자들에게만 해당하는 이야기이다. 중·고등학교 때부터는 세계를 씹어먹을 듯한 기백을 가지고 큰 꿈을 품어야 한다. 코미디언이 꿈이었을지라도 서경석처럼 서울대를 졸업한 코미디언이 될 생각을 왜 하지 못했을까? 당시에 학급에서 꼴등일지라도 열심히 공부하면 최고의 인재가 될 수 있다는 생각을 가지고 공부를 했다면 더 큰 추진력을 얻었을 것이다. 나의 아버지는 내가 반에서 중간만 가도 만족할 수 있다는 말씀을 하셨다. 하지만 막상 공부를 해보니 뚜렷한 목표가 없었음에도 불구하고 학급 2등이 되고 심지어 전국 상위 0.7% 이내까지 성적이 향상되었다. 다른 사람을 탓할 수 없지만 주위에 아는 형이나 삼촌 같은 사람이 나도 할 수 있다는 말 한 마디만 해주었다면 더 놀라운 성적을 내고 한국 최고의 대학에 입학했었을 것이다. 그러나 목표 자체가 낮다 보니 일정한 목표를 달성한 후에는 공부의 목적을 상실했고 공부에 재미를 찾기 힘들었다.

그때의 경험 덕에 20대에 대기업에 입사하려 했던 친구들과 달리 세계적인 기업을 세워보겠다는 원대한 꿈을 품고 출판사와 스마트폰 게임회사도 설립해 보았고, 급기야 30대 중반이 되어서 한국의 대통령이 되겠다는 꿈을 품게 되었다. 대통령이 되는 것은 정말 쉽지 않은 일이지만 대통령이 될 운명이라면 어떻게든 될 것이다. 결과를 떠나서 죽을 때까지 도전할 것이 있다는 것은 현재의 시간에 최선을 다해 살게 만드는 동력을 제공한다. 2014년 겨울, 대통령이 되겠다고 목표를 설정하고 나서 정말 최선을 다하여 하루하루 살아가고 있다. 새벽3~4시에 일어나 미국 로스쿨 진학 후 공부할 미국법을 집중하여 공부한다. 새벽 5시에는 새벽예배에 참석하여 하루를 계획하고 기도로 아침을 맞이한다. 아침 6~7시에는 헬스장에 가서 운동을 한다. 결혼하고 10Kg 정도 몸무게가 불었는데 한 나라를 대표하는 대통령이 둔하게 보일까 봐 걱정되어 운동을 시작했다. 집에 와서 아침을 간단히 먹고 출근하면 회사에 9시~9시 30분쯤 도착한다. 야근을 하게 되면 삶의 리듬이 깨지기 쉬워서 되도록 저녁 6시가 되기 전까지 주어진 과업을 마무리하기 위해 최대한 업무에 집중한다. 집에 와서 저녁에는 4살이 된 귀여운 아들과 1~2시간가량 열심히 놀아주고 하루를 정리하고 잠을 잔다. 출퇴근하는 지하철 이동시간은 절대 포기할 수 없는 학습 시간이다. 주말에는 가족과 함께 시간을 보내지만 아들이 잠잘 때 틈틈이 책을 쓰거나 대통령이 되기 위해 필요한 지식들을 습득한다. 그리고 대통령이 되겠다는 원대한 목표가 설정되니 살인적인 일정에도 불구하고 이 책까지 집필하게 되었다. 지금 당장은 대통령감은 아니지만 그 목표를 실현하기 위해 죽기 살기로 노력하면 꿈은 현실이 될 것이라 믿는다.

나는 이 책을 읽는 독자들이 자신이 생각하는 경계선 내에서의 꿈이나 목표보다 자신의 한계를 능가하는 위대하고 원대한 목표를 설정하고 매일같이 꿈꾸며 한 걸음 한 걸음 앞으로 전진했으면 한다.

## ☑ Sejong King학습의 기본원칙 2: 공부하는 사람들이 모인 곳으로 가라.

코미디언을 꿈꾸었기 때문에 공부를 안 해서 학급에서 꼴찌가 된 것은 전적으로 개인적인 잘못이긴 하지만 정말 나만의 원인일까? 사실 공부를 잘하는 학생들을 보면 집안 분위기가 다른 경우가 많다. 대체로 공부를 잘했던 부모들이 공부 잘하는 자녀를 둔다. 물론 공부를 못했던 부모라면 엄청난 사교육비로 자녀의 성적을 인위적으로 끌어올리기도 한다. 반대로 나의 집안 분위기는 공부를 잘할 수 없는 환경이었다. 한창 부모님의 사랑을 받아야 할 청소년기에 부모님의 사업상 이유로 나와 여동생들은 주말에만 부모님을 만날 수 있었다. 할머니와 함께 살았지만 할머니께서 세 남매를 교육적으로 통제하시는 것은 거의 불가능했다. 무엇보다 할머니 당신도 초등학교 졸업이 전부인 학력이었는데 당시 중학교 과정을 밟던 나의 공부를 도와줄 수 있었겠는가? 그리고 집에서는 텔레비전 소리가 항상 요란하게 났기 때문에 가뜩이나 코미디언을 꿈꾸었던 나는 텔레비전 프로그램에 중독될 수밖에 없었다. 가수 서태지가 한국 청소년들을 지배했던 시대였기 때문에 서태지의 춤과 노래를 따라 하느라 여념이 없었다. 그리고 당시 동네 아이들이 노는 소리는 공부보다 놀고 보자는 삶의 습관을 갖게 했다.

이런 곳에서는 절대로 공부할 수가 없다. 여러분의 가정이 텔레비전을 많이 보는 환경이라면 공부할 사람이 집을 나와야 한다. 집에서는 잠만 자라. 밥도 되도록이면 도시락을 싸 가든지 밖에서 사먹는 한이 있더라도 밥 먹는 시간에도 집에 들어오면 안 된다. 집에 잠시 들어왔다가 보고 싶은 가요나 개그 프로그램을 보게 되면 결국 그날의 공부 계획은 공중분해되기 때문이다. 여러분 자신을 절대로 믿지 마라. 그만큼 인간이란 존재는 유혹에 약하다. 집에서 가까운 도서관을 가라. 도서관이 멀다면 부모님께 부탁드려 돈을 내고 독서실에서라도 공부해야 한다. 독서실에 갈 돈이 없다면 학교로 가라. 학교 선생님께 부탁해서 친구들이 집에 가고 나면 교실에 남아서 공부하라. 겨울에 교실이 춥다면 내복 2개를 입고 공부하면 된다. 여름에는 땀을 뻘뻘 흘리면서 공부해 보라. 나름 뿌듯함이 있다. 공부를 하겠다고 마음먹는 다면 환경은 장애물이 될 수 없다.

도서관의 장점은 주위에 공부하는 사람들이 있다는 것이다. 대부분 모르는 사람들이겠지만 옆에 앉은 학생이나 어른보다 더 오랜 시간 집중해서 공부하겠다고 마음속으로 다짐해 보라. 혼자서 옆에 있는 사람들을 경쟁 상대로 잡고 공부하는 것이다. 그렇게 공부하면 정말 재미있다. 어떻게든 스스로의 심리 통제로 공부하는 시간을 즐겁게 만들어야 한다. 만약 학교에서 야간 자율학습을 한다면 꼭 신청하는 것도 한 방법이다. 친구들과의 선의의 경쟁은 불꽃 튀는 집중력을 가져다 준다. 나는 고등학교 시절 야간 자율학습을 했는데 친구들이 떠들고 잡담을 해도 공부를 시작하면 전혀 귀에 들어오지 않았다. 텔레비전과 달리 사람의 잡담은 공부에 크게 방해가 되지 않는다. 그러니 학교에서 야간 자율학습을 한다면 반드시 참여하기를 권장한다.

### ☑ Sejong King 학습의 기본원칙 3: 반드시 6~7시간 잠을 자라.

오래된 책이지만 『나폴레옹 수면법』이란 책을 읽은 적이 있다. 나폴레옹이 하루에 3시간씩 자면서 세계를 정복했기 때문에 독자들에게도 3시간씩 자면서 인생의 성공을 이루라는 것이 책의 주제였다. 실질적으로 3시간씩만 자고 버티는 것은 불가능하기 때문에 낮에 졸릴 때마다 10~20분씩 틈틈이 낮잠을 자면 하루에 4시간만 자고도 잠을 많이 자는 사람들보다 더 많은 일을 할 수 있다는 것이 그 책의 핵심 포인트였다. 어린 마음에 꼴등인 성적을 빨리 끌어올려야 한다는 욕심 때문에 일주일 정도 나폴레옹 수면법을 따라 해 보았다. 그 때 내린 결론은 나는 독재자가 되는 것이 꿈이 아니니까 나폴레옹 수면법을 따르지 않겠다는 것이었다. 하루에 세 시간씩 자게 되면 하루 이틀은 버틸 수 있다. 그러나 그러한 생활로 일주일간 유지하게 되면 눈은 떴으나 뇌는 잠을 잔다. 물론 그런 생활을 1년 이상 하면 처음에만 힘들 뿐 잠자는 습관이 몸에 베어 머리가 점점 맑아지게 되고 더 많은 일을 할 수 있는 것 아니냐라고 나를 비판할 수 있다. 적어도 내 생체리듬에는 맞지 않는 수면법이었다. 특히 수업 때 앉아 있으면 눈이 반쯤 감긴 상태로 멍하니 앉아 있다가 수업 때 선생님이 무슨 말씀을 하셨는지 전혀 생각이 나지 않았다. 가뜩이나 꼴등이어서 그런지 몰라도 교과서를 읽어도 이해가 되지 않는 상황에서 너무 졸린 나머지 선생님 말씀조차 귀에 들어오지 않았기 때문에 매우 비효율적인 삶이란 생각이 들었다.

일주일 동안 잠과의 전쟁을 치른 후 내린 결론은 그냥 잠 잘 것 다 하고 공부하자였다. 잠은 6~7시간씩 자면서 공부해도 성적은 반드시 오른다. 이 책을 읽는 학생들은 공부할 때 너무 무리하지 말고 꼭 6~7시간 정도의 숙면을 취하기 바란다. 그렇게 공부해도 자신이 가고 싶은 대학에 모두 갈 수 있다. 그리고 여러분은 한국의 미래가 아닌가? 잠을 제대로 못 자면 육체적 성장도 더디게 되기 때문에 대한민국의 국방력의 저하를 가져올 수 있다. 잠을 충분히 자라고 해서 너무 많이 자서도 안 된다. 너무 많이 자도 정신이 몽롱해질 수 있고 무엇보다 두뇌가 아무리 좋아도 절대적인 학습시간이 필요하기 때문에 과

다한 잠으로 인해 학습시간이 줄어들어서도 안 된다. 그리고 아침형 인간이 될 필요도 없다. 나는 일찍 일어나고 일찍 일어나는 스타일이라서 아침 공부를 즐기지만 만약 늦게 자고 늦게 일어나는 스타일이라면 늦게까지 공부하고 늦게 일어나면 그만이다. 뭐든지 자신의 생체리듬에 맞게 컨디션 조절을 하면 된다. 어떤 스타일에 자신을 고정시키지 말고, 최대한 자신의 라이프 스타일에 맞는 수면 시간대와 공부 시간을 정하면 된다.

### ☑ 학습의 기본원칙 4: 1주일에 하루는 반드시 쉰다.

책을 집필하는 현재는 교회를 다니고 있지만 고등학생 때는 크리스마스나 부활절과 같은 중요한 기독교 절기에만 교회를 갔을 뿐 신앙생활을 하지 않았다. 그러나 고등학생일 때는 종교가 없었음에도 불구하고 하루도 쉬지 않고 매일 공부만 한다고 상상해 보니 시작도 하기 전에 공부에 질려버릴 것 같았다. 일주일 내내 공부하지 않아도 공부를 효율적으로 한다면 성적은 반드시 오른다. 대학교 입학 전까지 입시라는 장기레이스에서 주기적으로 쉬지 않는 것은 스스로 공부를 포기하는 것과 같다. 지금은 그렇지 않겠지만 내가 다녔던 고등학교는 3학년이 되자 일요일에도 자율학습을 시켰다. 지금 와서 고등학교 3학년 때 학교 스케줄을 보면 정말 살인적인 일정이었다. 월요일부터 금요일까지는 오전 7시 30분까지 등교해서 정규수업 후 야간 자율학습을 마치면 밤 11시 40분에 끝났다. 나는 기숙사 생활을 했기 때문에 야간 자율학습 후 곧바로 씻고 잠이 들었지만 기숙사 생활을 하지 않는 학생들은 그 시간에 귀가했다. 토요일에는 동일한 시간에 등교해서 저녁 6시 30분까지 공부를 시켰다. 그리고 집에 가서 잠을 자고 일요일에는 오후 2시까지 학교를 와서 동일하게 밤 10시까지 자율학습을 시켰다. 물론 지금 이런 식으로 자율학습을 하는 학교는 없겠지만 대표적인 비효율적인 시간관리이다.

내가 성적을 급상승시킨 기간은 고등학교 1학년 2학기 고작 6개월 뿐이었다. 6개월 동안 죽기 살기로 공부하고 성적이 급상승한 뒤로는 그냥 현상 유지하는 정도의 공부 강도만으로도 좋은 성적이 나왔다. 오히려 고등학교 1학년 때는 일주일에 하루는 푹 쉬었기 때문에 더 효율적으로 공부할 수 있었다. 푹 쉰다는 의미는 집에서 텔레비전이나 보면서 시간을 허비하는 것이 아니고, 철저히 계획을 세워서 놀았다. 보고 싶은 영화가 있으면 미리 영화표도 예매하고 그 하루를 잘 놀기 위해 최대한 아이디어를 짜냈다. 친구들과 같이 지쳐 쓰러질 때까지 운동을 하기도 했다. 수동적인 활동보다 야외에서 기분전환할 수 있는 활동들을 중심으로 프로그램을 짰다. 원래 나 같이 공부를 못하는 학생들은 공부보다 노는 것에 익숙했기 때문에 매일 공부할 수 있는 인내심이 부족하다고 생각된다. 적어도 나는 그랬다. 그래서 공부를 열심히 한 나에 대한 보상을 주기로 결심했고 제대로 놀 수 있는 하루를 위해 6일동안 미친 듯이 공부했다.

내 경험으로는 토요일 오후에 노는 것이 제일 마음 편했던 것 같다. 일요일은 그 다음 날이 월요일이라 학교를 가야 했기 때문에 마음에 알 수 없는 부담감이 있었다. 하지만 토요일 오후에는 아무리

과하게 놀아도 일요일이 기다리고 있었기 때문에 토요일 오후부터 밤까지 죽기살기로 공부하듯 죽기살기로 놀았다. 하루 종일 놀고 싶어도 이른 아침에 노는 경우는 많지 않다. 친구들도 낮잠을 자야 하기 때문에 되도록 토요일 오후부터 노는 것이 보다 합리적이다. 내가 6개월간 공부했던 학습 시간표를 예시로 보여줄 테니 공부에 뜻이 있는 학생들은 참고하기 바란다. 내가 고등학생일 때 공부로 성공하겠다는 목표가 없었기 때문에 6개월만 아래의 학습시간표대로 공부했지만 공부에 뜻이 있는 학생들이 이러한 생활을 최소한 고등학생 때만이라도 유지한다면 자신이 원하는 대학은 반드시 갈 수 있다고 확신한다. 만약 중학교 때부터 시작한다면 단순히 원하는 대학에만 진학하는 것 뿐만 아니라 세계적인 학자도 될 수 있다고 확신한다.

① 평일 학습 스케줄 표 (월~금)

　- 오전 6시: 기상, 세면, 간단한 체조, 아침식사

　- 오전 7시: 등교 (고1 때는 기숙사 생활을 못 해서 집에서 등교했다.)

　- 오전 7시 30분: 당일 수업 과목 예습

　- 오전 8시 30분: 정규 수업

* **정규 수업에 참여하는 태도:** 선생님이 부담스러울 정도로 초집중력을 발휘해서 설명을 듣는다. 기초학력이 부족할 경우 선생님의 말씀이 이해가 되지 않을 수도 있다. 그래도 선생님의 말씀은 한 마디도 놓치지 않겠다는 의지를 가져야 한다. 절대 졸아서도 안 되고 필기한다고 띄엄띄엄 들어서도 안 된다. 말 속도가 빠른 선생님이라면

필기보다 경청하는 것이 더 좋을 수도 있다. 필기를 강조하는 선생님이라면 필기에 많은 노력을 기울여야 하지만 교과서나 문제집에 나오는 내용들을 가르치시기 때문에 필기에 집중하기보다 이해하는데 초점을 두고 수업을 들어야 한다.

**\*\* 정규 수업간 쉬는 시간 10분 활용법:** 1교시가 끝나면 곧바로 자리에서 일어나지 말고 3분 정도 배웠던 부분의 교과서나 노트한 내용을 '스캔'하듯 훑어본다. 그리고 4분 정도 친구와 잡담하거나 화장실을 다녀온다. 2교시 시작 3분 전에 2교시에 배울 과목의 예상 진도만큼 훑어보며 간단히 예습한다.

- 오후 12시: 점심시간 (친구들과 잡담하면서 최대한 맛있게 밥을 먹는다.)
- 오후 12시 30분: 점심 식사로 졸릴 경우 10~20분 정도 엎드려서 낮잠을 잔다. 잠이 오지 않는다면 오후 수업 예습을 하거나 오전 수업 내용을 복습한다.
- 오후 1시: 정규 수업 (쉬는 시간 관리와 정규 수업에 임하는 태도는 위에서 언급한 내용과 일치한다.)
- 저녁 6시: 저녁식사 (친구들과 잡담하면서 최대한 맛있게 밥을 먹는다.)
- 저녁 6시 30분: 저녁 식사로 졸릴 경우 10~20분 정도 엎드려서 낮잠을 잔다.
- 저녁 7시: 야간 자율학습 (당일 배운 수업 복습 또는 숙제 - 복습 요령은 과목별 학습 방법에서 구체적으로 언급하겠다.)
- 밤 10시 30분: 하교
- 밤 11시: 집 도착, 샤워, 취침 준비

– 밤 11시 30분: 취침

② 토요일 스케줄 표

　– 오전 6시: 기상, 세면, 아침 식사, 부모님과 여유로운 일상적인 대화

　– 오전 7시 30분: 평일 복습이 부족했던 부분 중심으로 정리 학

　　습 시작

　* 평일에 공부하다 보면 본인의 의지와 관계없이 복습을 제대로 하지 못하는 과목이 있을 수 있다. 나는 토요일 오전에 그런 과목들을 중심으로 복습해서 1주일 단위로 공부를 마감했다. 일주일 단위로 공부를 마감하려면 학습 일정을 관리하는 손바닥 만한 작은 수첩을 휴대하면서 진도 관리를 하는 것이 필수적이다. 당시 수첩에서 어떻게 예습 복습 진도표를 관리했는지 예시를 보여주겠다. 아래 표에서 주의할 부분은 예습과 복습이 마치 동일한 비중을 차지하는 것 같지만, 평일 학습에서 예습과 복습의 비중은 3대 7로 하는 것이 좋다는 점이다. 만약 대한민국의 수업이 토론식 수업이라면 예습과 복습은 반대로 7대 3이 되어야 하지만 아쉽게도 한국은 교수 일방적인 수업이 대부분이기 때문에 3대 7 비중으로 예습과 복습을 진행하는 것이 바람직하다고 생각한다. 2대 8도 괜찮다. 아무튼 복습이 예습보다 더 중요하다. 다음 페이지에 있는 Sejong King Scheduler와 같이 평일 학습 진도표를 관리하면 토요일 오전에 △와 ×로 표시된 과목들만 찾아서 해당 범위를 공부하면 된다. 그렇게 공부하면 토요일 오전 공부가 굉장히 효율적으로 이루어질 수 있고 효과적인 복습이 될 수 있다. 점심시간 전까지 시간이 좀 남는다면 다음 주 월요일에 있을 수업

# < Sejong King Scheduler (예습) >

## 평일 예습 복습 진도 관리 수첩

### < 예습 페이지 >

|  |  |  | 2015년 1월 30일 (금) |
|---|---|---|---|
| 교시 | 과목명 | 범위 | 예습 |
| 1 | 국어 | 교 : 10~13P | O |
| 2 | 수학 | 교 : 9~12P | O |
| 3 | 과학 | 교 : 11~14P | ▫ |
| 4 | 영어 | 교 : 12~15P | △ |
| 5 | 체육 |  |  |
| 6 | 사회 | 교 : 8~14P | △ |
| 7 | 국사 | 교 : 12~20P | O |

*범례 : 교 –교과서, 문–문제집, 자–자습서, P–페이지
**예습/복습 학업 성취도 O–우수, △–공부는 하였으나 미흡하다고 생각될 때,
X–아예 공부하지 못함

# < Sejong King Scheduler (복습) >

<복습 페이지>

| 교시 | 과목명 | 범위 | 복습 |
|---|---|---|---|
| | | 2015년 1월 30일 (금) | |
| 1 | 국어 | 교 : 10~14P | O |
| | | 문 : 11~12P | O |
| 2 | 수학 | 교 : 9~12P | O |
| | | 문 : 15~20P | △ |
| 3 | 과학 | 교 : 11~14P | O |
| | | 자 : 16~24P | X |
| 4 | 영어 | 교 : 12~15P | O |
| | | 문 : 17~19P | X |
| | | 자 : 12~16P | △ |
| 5 | 체육 | | |
| 6 | 사회 | 교 : 8~14P | O |
| | | 문 : 9~17P | O |
| 7 | 국사 | 교 : 12~20P | O |
| | | 문 : 15~18P | △ |

의 과목들을 예습하는 것도 괜찮다. 아무튼 토요일 오전에는 1주일 마감 학습이 주된 목표가 되어야 할 것이다.

- 오후 12시: 점심시간 (어머니에게 특별히 맛있는 요리를 해달라고 자주 요청했다. 열심히 공부하는 모습을 보이면 어머니들 은 모든 수고를 아끼지 않으시는 것 같다. 공부를 안 할 때도 잘해 주셨지만 공부를 열심히 하니까 최고로 맛있 는 요리를 더 많이 만들어 주셨다.)

- 오후 1시: 이때부터 미친 듯이 놀아야 한다. 이때부터는 공부 를 철저히 잊어야 한다. 아쉬움이 남지 않도록 놀아 라. 노는 방식은 개인의 성격과 취미활동에 맞춰서 놀기 바란다.

- 밤 10시: 평일에 공부로 지친 몸을 위해 평소보다 1시간 일찍 잠들었다. 미친 듯이 놀다 보면 육체가 더 피곤해져 서 일찍 잠에 들었다.

③ 일요일 스케줄 표

일요일 스케줄 표는 독자들의 자유로운 판단에 맡기겠다. 당시에 종 교는 없었지만 친구 따라 교회에 가는 것도 상당히 재미있었다. 일요 일에 무료하게 집에 있기보다는 다양한 사람도 만날 수 있었고 목사 님 말씀도 인생에 도움이 되었다고 생각했기 때문이다. 가족과 함께 박물관에 가서 견학을 가는 것도 좋다. 다만 강조하고 싶은 것은 일 요일에는 육체적으로 힘들게 놀기보다 독서나 악기 연주와 같은 정신적인 안정을 취할 수 있는 취미활동을 했으면 한다. 월요일은 공부 전쟁의 첫날이므로 일요일은 쉬더라도 전투 준비 대세에 들어가야 한다. 어차피 논술 과목도 중요하니까 독서를 하면서 배경지식을 쌓는 시간으로 일요일을 보냈으면 한다.

* 중요 : 앞에서 제시한 Sejong King Scheduler는 공부를 보다 효율적이고 효과적으로 하기 위한 노력의 일환이다. 따라서 자신 만의 스케줄 관리표가 없거나 있더라도 학습의 효율정 증진에 크게 도움이 되지 않는다고 생각한다면 Sejong King Scheduler 를 www.sejongking.com과 스마트폰 앱에서 사용 가능하도록 온라인 서비스를 제공할 예정이다. 2015 년 5월 5일부터 개시되기 때문에 관심을 가지고 홈페이지나 앱에 방문해주었으면 한다. Sejong King Scheduler 는 초중고 대학생 구분 없이 사용할 수 있는 효율적인 학습 시간 관리 도구이므로 개인 학습에 적극적으로 활용해주기 바란다.

### ☑ Sejong King 학습의 기본원칙 5: 1일 → 3일 → 7일 → 1개월 → 시험

인간의 기억력은 절대로 신뢰할 수 없다. 절대 자신의 두뇌를 과대평가하지 말라. 인간의 기억력의 한계를 고려할 때 가장 이상적인 복습 주기는 1일 → 3일 → 7일 → 1개월 → 3개월 → 6개월 → 1년이다. 그렇다고 매일 공부하는 범위를 날짜 별로 계산하여 복습한다는 것은 다양한 과목들을 배워야 하는 수험생에게 현실적으로 괴리감을 느끼게 하는 복습주기이다. 특히 나는 성격상 귀찮은 것을 매우 싫어

하기 때문에 무엇인가 시스템화된 복습주기가 필요했다. 공부한 내용들을 단기 기억에 저장할 수 있도록 1주일 패턴으로 공부하라. 그리고 학습한 내용들을 장기 기억에 담기 위해 시험을 적극 활용하라.

통상 새 학기가 시작하면 중간고사와 기말고사 등으로 2개월에 한 번씩 시험을 보고 수차례 수능 모의고사나 학력평가 등을 응시하기 때문에 실질적으로 한 학기에 최소한 4번의 시험은 보는 것 같다. 한 한기가 통상 4~5개월 하기 때문에 1개월에 1번은 시험을 응시하는 것이다. 시험을 응시하기 10일이나 1주일 전에는 지금까지 공부했던 모든 과목들을 통째로 복습하는 것이 중요한 학습 전략이다. 예습 복습을 강조했다고 예습 복습만 주구장창 하면 안 된다. 어떤 시험이든 10일 남았는데 계속 복습만 할 것인가? (사실 내가 그랬다. 그때는 공부하는 방법 자체를 몰랐기 때문에 내일이 중간/기말고사인데도 그냥 예습 복습만으로 만족했다. 그렇게 했는데도 성적이 오르는 것을 보면 예습 복습의 힘은 그 상상을 초월한다.) 평소에는 예습 복습을 열심히 하되 시험일로부터 10일 전이 되면 아래와 같은 일정으로 시험을 준비하라.

① 시험 D-10일부터 D-5일까지 (시험 준비 1단계)

6일간 새 학기를 시작하고 지금까지 배운 것을 교과서와 문제집을 빠른 속도로 속독해야 한다. 과목별 공부방법은 뒤에 기술하기로 했기 때문에 평소에 예습 복습이 잘 되어 있다면 빠른 속도로 내용을 파악할 수 있다. 중간고사와 기말고사는 분량이 비교적 적기 때문에 6일이란 일정이 결코 짧지 않을 것이다. 다만 고등학생인 경우 수능 모의고사나 학령평가는 초등학교와 중학교에서 배운 내용과 고등학교 진학해서 배운 내용이 모두 나오기 때문에 복습하기가 쉽지 않을 수도 있다. 이런 경우도 너무 어렵게 생각하지 말고 그냥 중간고사나 기말고사와 동일하게 새 학기부터 배운 내용들을 공부하면 된다. 학교 내 시험은 범위가 정해져서 단기간 내에 성적을 올릴 수 있지만 수능 성적은 시험의 성격 상 하루 아침에 오르는 것이 아니고 실력이 차면 계단식으로 갑자기 급상승하기 때문에 급하게 마음 먹지 않았으면 한다. 중간고사와 기말고사를 집중적으로 준비하고 공부하다 보면 수능점수는 자연스럽게 올라간다. 고등학교 때 보면 수능 공부한다고 내신 공부를 우습게 생각하는 친구들이 많았는데 그런 친구들 치고 좋은 대학에 진학하는 경우를 못 봤다. 그런 친구들은 수능점수가 오르는 경우가 있었지만 나만큼은 오르지 않았다. 그리고 너무 멀리 바라보고 공부하면 쉽게 지친다. 눈앞에 닥친 시험 위주로 공부를 하면 공부가 지루하지 않고 적정한 긴장감을 유지하면서 공부할 수 있다.

그리고 새 학기에 돌입하여 지금까지 배운 분량을 복습하면서 잊지 말아야 할 것은 당일 학교 수업의 예습 복습은 계속 진행해야 한다는 점이다. 그래서 이 기간만큼은 예습 복습 시간을 평소보다 40% 정도만 할애하고 나머지 60%는 공부시간으로 삼아 시험 준비에 만전을 기해야 한다. 시험 준비에 만전을 기하라고 해서 부담을 가질 필요는 없다. 앞에서 했던 얘기의 반복이지만 그저 지금까지 배운 과목들에 대한 빠른 속도의 복습일 뿐이다.

② 시험 D-4일부터 D-2일까지 (시험 준비 2단계)

이 기간은 위에서 언급했던 시험 준비 1단계의 반복이다. 시험 과목들의 복습이지만 6일 동안 진행했던 시험 범위 전체에 대한 복습을 3일 내에 마무리한다. 이때도 당일 학교 수업 과목들의 예습 복습은 동일하게 진행해야 한다. 2대 8 정도로 시험 준비를 위한 복습에 대부분의 시간을 할애해야 하는 기간이다. 그리고 이때는 6일 동안 했던 시험 준비 1단계 복습과는 차원이 다른 한층 업그레이드된 집중력으로 시험과목들을 훑어봐야 한다. 이때는 잘 알고 있는 내용은 과감히 넘어가도 괜찮다. 공부했던 내용들을 쭉쭉 읽어 나가면서 머릿속에 입력된 장기 기억들을 복기해야 한다. 이쯤 되면 제일 궁금한 것이 수학과 같은 과목은 어떻게 복습할까라는 의문일 것이다. 그 부분은 조금만 기다려 주면 과목별 학습방법에서 상세히 알려주도록 하겠다.

③ 시험 D-1일 (시험 준비 3단계)

이날은 결전의 날이 되기 하루 전이다. 수능 모의고사나 모의 학력평가라면 당일 수업의 복습을 하라. 그러나 학교에서 주관하는 중간/기말고사라면 그날은 당일 수업의 복습을 하지 않는 유일한 날이 되어야 한다. 개인 자율학습 시간의 100%를 다음 날 있을 시험과목에 모두 할애해야 한다. 평소에 예습 복습을 한 상태에서 시험 준비 1단계와 2단계를 진행하면 시험 전날에는 시험 당일 과목들의 시험 범위를 완벽하게 복습할 수 있다. 이쯤이면 페이지 넘길 때 목차만 봐도 학습 내용이 기억나는 시기이기 때문이다. 잠 잘 것 다 자면서 공부해도 충분히 좋은 성과를 낼 수 있다.

## ☑Sejong King 학습의 기본원칙 6: 하루살이 인생을 고수하라.

공부를 잘하기 위해서는 전략적인 학습법도 중요하지만 무엇보다 의자에 앉았을 때 일어나고 싶은 유혹을 누르고 진득하게 앉아서 공부하는 '습관'을 형성하는 것이 더 중요하다. 사실 지혜로운 공부 전략이 없을 지라도 의자에 앉아서 책 보는 것을 좋아하는 학생이라면 그는 공부를 잘 할 수밖에 없는 타고난 성품을 가졌다고 봐야 한다. 그러나 어디 그런 학생들이 몇 명이나 되겠는가? 혈기왕성한 청소년들이 한 자리에 계속 앉아있는 것이 생각보다 결코 쉽지 않다. 어떻게든 에너지를 분출해야 할 나이 아니던가? 특히 나와 같은 꼴등 경험이 있는 열등생들은 책상 앞에 앉아 책을 펼치면 곧바로 졸음이 오는 것이 다반사이다. 그래서 나는 공부를 시작할 때 하루살이 법칙을 개발했다. 아침마다 공부를 시작하기 전에 아래의 문장을 마음속에 반복했다.

"오늘 하루만이라도 의자에 계속 앉아보자."

공부를 본격적으로 시작했던 첫날 화장실 가는 시간 외에는 의자에 엉덩이를 의자 깊숙이 집어넣고 죽치고 앉아서 교과서를 보았다. 검은 것은 글씨이고 흰색은 종이라는 말이 어찌 그렇게 마음에 와 닿았던지···. 건강상 50분 동안 앉아서 공부하고 5~10분 정도 일어나 스트레칭 같은 것을 하는 것이 가장 이상적이다. 그러나 의자에 앉는 습관이 형성되지 않은 나 같은 열등생들은 우선 일어나고 싶은 욕망을 절제하는 법을 몸으로 익혀야 한다. 다행히 공부를 시작한 첫날 하루만이라도 의자에 앉아있겠다는 목표를 달성했다. 그렇게 달성하니 큰 성취감을 얻게 되어 두 번째 날도 동일한 목표를 설정하고 공부했다. 그렇게 하루살이 인생을 3일 정도 살면서 성취의식이 조금씩 누적될 때 갑자기 이런 생각이 들었다.

"며칠 간 하루하루 잘 앉아서 공부했으니 내일부터 3일간만 더 의자에 앉아보자."

그렇게 3일을 버텼다. 그렇게 3일을 버티니 다음 목표는 이렇게 잡혔다.

"그래. 3일을 버텼으니까 일주일만 버텨보자."

일주일도 열심히 공부하여 무난히 지나갔다. 그러나 근본 사상은 하루살이 인생이었다. 하루 동안 젖 먹던 힘을 다해 공부하다 죽으면 학생으로서의 사명을 완수한 하루살이 고등학생이 되는 것이니 사명감을 가지고 불꽃 투혼을 발휘해서 공부했다. 알차고 치열하게 공부하면 친구들과 노는 것보다 더 큰 재미를 마음 안에서 발견할 수 있다. 하루살이 인생을 살다 보면 성적보다 공부 그 자체를 사랑하게 되는 경지에 다다르게 된다.

하루살이 공부 목표가 남들이 보기에는 작은 목표같이 보일 수도 있다. 그러나 며칠 전까지만 해도 공부를 전혀 하지 않던 고등학생 하나가 앞에서 언급했던 평일 학습 스케줄로 공부를 했다고 상상해 보라. 그때 같은 반에서 어떤 친구들은 내가 너무 무섭게 공부를 해서 곁에 다가가기 힘들었다라는 말도 했다. 쉬는 시간에도 화장실 다녀오는 시간을 제외하고 공부만 했으니 오죽했겠는가? 밥 먹고, 잠자고, 화장실 다녀오는 시간을 제외한 모든 시간을 공부만 했다는 것이 정확한 표현이었다. 고등학교 때는 인생의 목표가 공부 쪽이 아니었기 때문에 정확히 6개월만 그렇게 공부했지만 인생의 목표가 공부 쪽이었다면 하루살이 법칙을 적용하여 3년 내내 저렇게 공부했었을 것이다. 체육시간을 최대한 활용하여 열심히 운동하고 주말에 친구들과 농구나 축구 같은 운동을 하면 공부를 많이 하면서도 건강한 삶을 살 수 있으니 후회 없이 공부하길 바란다.

### ☑ Sejong King 학습의 기본원칙 7: 절대로 포기하지 마라.

이 책을 읽는 학생들 중에는 최상위권 학생도 있을 것이고 중위권 학생들도 있을 것이고 나 같은 꼴등도 있을 것이다. 나는 대통령을 꿈꾸는 사람이라서 그런지 최상위권보다 중위권 학생들과 하위권 학생들에게 신경이 더 쓰인다. 어차피 뛰어난 상위 1%들은 국가나 타인의 도움을 받지 않아도 탁월한 인생을 살아간다. 최상위권이 아닌 학생들이 진정으로 나 같은 멘토가 필요하다. 공부를 잘해보고 싶다는 마음을 가지고 공부를 시작하면 생각보다 공부가 매우 어렵다는 것을 알게 된다. 예전에 '공부가 제일 쉬웠어요'라는 주장을 했던 서울대 법대 출신의 변호사님도 있지만 공부는 결코 쉽지 않다. 공부가 쉬운 사람들은 태어날 때부터 공부를 잘할 수 밖에 없는 인자를 지닌 부러운 사람들일 뿐이다. 우선 수업을 들어도 이해가 잘 안 되고 책을 읽어도 책 읽는 습관이 형성되지 않아서 진도 쫓아가기도 버거울 것이다. 그때마다 여러분의 마음속에 영국 수상이었던 윈스턴 처칠이 했던 명언을 기억해야 한다.

"Never give up. Never. Never. Never."

절대 포기하면 안 된다. 성공과 실패는 포기하느냐 하지 않느냐에 달렸다. 포기하지 않으면 반드시 성공한다. 과정은 실패를 겪을 수 있다. 공부를 시작했는데 성적이 더 떨어질 수도 있다. 그래도 절대로 포기하면 안 된다.

포기하지 않아야 하는 또 다른 이유는 청소년기 때 누가 더 빨리 정신을 차려서 보다 더 어린 나이에 공부를 제대로 해보겠다는 결심을 하느냐에 따라 학업 성적이 결정되기 때문이다. 절대로 여러분의 친구가 여러분보다 탁월해서 여러분보다 공부를 잘하는 것이 아니다. 그들이 여러분보다 탁월한 것은 여러분보다 더 이른 나이에 인생의 방향을 결정하고 공부를 빨리 시작했다는 것일 뿐이다. 그리고 어린 나이 때부터 공부 습관을 형성하니 공부는 저절로 잘 할 수밖에 없는 것이다. 그러나 최상위권 친구들이 여러분보다 어린 나이에 공부를 시작했다고 해서 못 이길 상대도 아니다. 늦게 공부를 시작한 만큼 과목별로 지혜로운 학습 전략을 가지고 지금까지 언급한 학습의 기본원칙을 지키게 되면 금방 따라잡을 뿐만 아니라 그들을 뛰어넘는 실력을 갖게 된다. 그리고 앞선 자들을 추월하는 재미는 인생 최고의 재미이다. 2등에서 1등이 되는 것은 정말 어렵다. 그러나 꼴등이나 중위권에서 2등이 되는 것은 생각보다 쉽다. 나는 경험을 해봤기 때문에 단언할 수 있다. 2등이 되어도 가고 싶은 대학에 갈 수 있다. 내 친구 중에 한 명은 학급에서 2등을 했어도 서울대 경영학과를 그냥 붙었다. 1등이 되면 더할 나위 없이 좋지만 1등을 하려면 정말 피나는 노력을 해야 한다. 나는 비록 6개월을 공부해서 2등이 되었지만 이 책을 읽는 청소년들은 이 책에서 제시한 공부 방법을 3년간 유지하면 1등은 물론이거니와 가고 싶은 대학에서 진정으로 자신이 공부하고 싶은 전공을 공부하게 될 것이다.

나는 대학에 진학하여 기독교 신앙을 갖게 되었다. 직장인이 되어서도 교회를 열심히 다니게 되어서 주일마다 다양한 사람들을 만나게 된다. 내가 청소년일 때는 몰랐지만 대학교를 졸업한 상태에서 청소년들과 대학생들을 만나면서 공통적인 성향 하나를 발견하게 되었다. 공부를 잘하는 학생들은 뭔가 자신감이 있고 상대방에게 일정 수준 이상의 대우를 받으려는 것을 보았고 공부를 잘 못하는 학생들은 자신감이 부족해 보였다. 물론 공부를 못하는 학생들 중에 공부가 아닌 특기가 있는 학생들은 다른 부분에서 자신감을 보였다. 한편 대학생들은 명문대 출신과 지방대 출신의 태도가 확연히 달랐다. 명문대 출신들은 어느 대학에 나왔는지 당당히 얘기했고, 자신감에 넘쳤다. 명문대 출신들은 또 SKY 학생들과 비SKY 학생들의 태도가 달랐다. SKY 학생들은 자신들이 소속된 대학교에 대한 자부심이 대단했지만 비 SKY 학생들은 그 정도의 자부심은 보이지 않았다. 그런데 가장 재미있는 현상은 SKY 대학을 다니는 학생들은 서울대이냐 아니냐가 또 다른 관심사였다. 나 또한 한국인이기 때문에 학벌을 완전히 무시하지는 않는다. 그리고 지금껏 살아보니 실질적으로 명문대 출신들은 명문대 출신 대접을 받는 것을 무의식적으로 바라기도 한다. 그래서 마음에 있든지 없든지 원만한 사회생활을 위해서라도 그들의 노력을 칭찬하고 존중해 준다. 실제로 다른 학생들 놀 때 덜 놀고 공부했으니 그런 대접을 해줘야 하는 것은 당연한 것 아니겠는가?

그러나 대통령에 도전할 사람으로서 한 마디 하고 싶은 것은 그러한 대학 서열은 어디까지나 얼마나 더 이른 나이에 공부를 열심히 해보겠다는 결정을 내렸는가 그 결정 시점에 따라서 영향을 받는 것이기 때문에 명문대 출신이 되지 않더라도 주눅이 들지 않았으면 한다. 나는 공부를 통한 학습 능력 향상이라는 성공 경험이 내 마음에 깊이 내재되어 있어서 상대방이 어느 대학 출신이라고 해서 전혀 주눅들지 않는다. 단지 나보다 더 이른 나이에 정신 차려 공부한 것 이상도 이하도 아닌 것이다. 여러분 중에 어떤 학생들은 지방대를 들어갈 것이다. 그리고 대학생이 되어서 비로소 공부에 대한 열정이 생길 수도 있다. 예를 들어 내가 지방대학을 다니는 이공계 학생이라고 가정해보자. 내학교 때부터라도 지금까지 내가 제시한 공부의 기본원칙에 따라 최선을 다해 공부해 보라. 나라면 노벨상을 받겠다는 목표를 설정해서 유학도 계획하고 다양한 연구 계획을 짜겠다. 한국 사회가 학교 서열로만 여러분을 평가하려고 한다면 그 억울함을 가슴에 품고 어떻게든 극복하기 위해 최선을 다해서 공부하면 된다. 그리고 실력을 키워서 학벌에 구애 받지 않고 이룰 수 있는 누구나 인정할만한 세계적인 업적을 이뤄서 나를 찾아오라. 내가 대통령이 되면 최선을 다하여 자신의 분야에서 최고의 업적을 이뤄낸 당신에게 대한민국의 발전을 위해 마음껏 재능을 발휘할 수 있도록 행정부의 요직을 마련해 줄 것이다. 나는 학연 지연 따지지 않고 실력만 있으면 중용하겠다. 그러니 어떤 어려움이 와도 출신대학에 연연하지 말고 절대로 포기하지 않고 자신의 실력을 키우기 바란다. 물론 당연한 이야기이지만 지금 중·고등학생이라면 아직 시간이 있으니까 최선을 다해서 본인이 가고 싶은 대학을 가기 바란다.

과목별 공부방법론을 소개하기 전에 마지막으로 강조하고 싶은 것은 지금까지 공부한 마음가짐과 공부 자세가 과목별 공부방법론보다 더 중요하다는 점이다. 과목별 공부방법은 일종의 예시일 뿐이다. 학생들의 성격과 지능이 모두 달라서 개인적인 공부 방법은 조금씩 다를 수밖에 없다. 결국에는 공부를 향한 열정과 정신력이 여러분을 다른 학생과 구별되는 탁월한 학생으로 만들어 줄 것이다.


## \<Sejong King의 과목별 공부방법론\>


내가 가장 잘했던 과목 순서대로 공부 방법을 소개하겠다. 예습 복습을 매일 한다는 전제 하에 아래의 공부 방법을 적용하기 바란다. 그리고 각 과목당 필요한 책은 교과서 1권, 문제집 1~2권이면 충분하고 일부 과목들은 교과서를 해설하는 자습서 정도를 보조로 준비하면 된다. 공부하다가 시간이 남으면 다양한 문제집을 풀어보는 것도 한 방법이지만 숙제도 많고 글 읽는 속도 역시 느리다면 굳이 많은 문제집을 살 필요는 없다고 본다.

① Sejong King 수학

나는 문과생이었지만 수학을 제일 잘했다. 꼴등일 때는 수학도 꼴등이었지만 한 번 성적이 오르니 수학부터 가장 먼저 올라 여러 과목들 중 유일하게 학급에서 1등을 해봤던 과목이기도 하다. 결론부터 말하면 수학은 암기과목이다. 암기과목이라고 해서 무작정 외우라는 의미는 아니니까 부담은 갖지 말기 바란다. 당연히 수학은 이해가 선행이 되어야 한다. 그러나 수학을 머리로 풀려고 하기보다 손으로 최대한 많이 풀어보면서 몸으로 익힌 후 일정 부분 최대한 암기를 해야 1등을 할 수 있는 과목이다. 고등학교 1학년과 2학년 때는 학교 수업 진도에 맞춰 문제를 많이 풀어야 한다. 이때는 문제를 풀어도 어떤 문제가 더 중요하고 덜 중요한지 잘 보이지 않는다. 노트에 풀이과정을 꼼꼼히 적어가면서 문제를 풀어야 한다. 그러한 과정에서 중요한 내용들을 선별할 수 있는 안목이 생기면 반드시 중요한 부분을 잘 표시해 두었다가 고등학교 3학년 때는 중요한 부분 위주로 효율적인 복습을 해야 한다.

수학을 예습할 때는 교과서만 풀면 된다. 다른 과목들을 공부할 때 예습과 달리 수학은 진도를 미리 예상해서 교과서 내용을 꼼꼼히 읽고 예제와 연습문제 등을 모두 풀어봐야 한다. 그리고 이해가 되지 않는 부분은 교과서를 해설하는 자습서를 보고 어떻게 풀었는지 확인하면 된다. 이렇게 예습한 상태에서 수업에 임하면 사실상 수업 내용을 모두 알고 수업에 참여하는 것이다. 그렇게 해도 이해가 안 되는 부분이 있을 수 있다. 이때 혹시 기초학력이 부족하다는 이유로 고등학생이 중학교 수학책을 보겠다고 결정한다면 그것은 굉장히 어리석은 결정이다. 지금 당장은 이해가 되지 않아도 고등학교 수학 과정을 공부하다 보면 중학교 수학도 저절로 깨닫게 되고 정 이해가 안 되면 관련 중학교 수학 교과서에서 관련 내용을 조회하면 된다. 사실 고등학생 정도 되면 공부 분량이 많아져서 중학교 수학까지 돌아볼 시간도 없다. 공부하다 보면 저절로 깨닫게 되니까 그냥 수학 수업시간 때 배울 예상 범위 예습에 집중하라. 수업 시간에 예습을 잘해서 다 아는 내용일지라도 선생님의 말씀을 다 외워버리겠다는 집중력으로 선생님의 농담까지 집중하라. 나와서 풀어보라고 할 때 친구들이 어떻게 푸는지 살펴보라. 본인과 다르게 푸는지 자습서와 다르게 푸는지 확인할 수 있다. 그리고 친구들이 푸는 방식을 보다 보면 의외로 자습서보다 더 간단하게 푸는 천재적인 풀이법도 발견할 수 있다. 그런 자세로 수업에 임하면 예습에서 익힌 수학 지식이 뇌리에 강하게 인식된다. 수업이 끝나면 예습과 수업 시간을 거치며 해당 수업에서 가장 난이도가 높다고 판단한 문제와 선생님이 중요하다고 강조한 문제나 개념 문구에 형광펜으로 별표를 한다. 사람의 기억력은 믿을 것이 못 되기 때문에 나중에 복습할 때 그 부분을 집중적으로 보기 위함이다.

수업이 끝나고 복습을 할 때는 수학 문제집을 푼다. EBS 수학 문제집을 복습용 문제집으로 활용해도 된다. 그리고 학교에서 특정 수학 문제집을 선정해서 공부할 것이다. 학교에서 문제집을 선정하지 않는다면 본인에게 맞는 문제집을 고르면 그만이다. 결국 수학 문제집을 2권 정도 풀게 되는 것인데 그 이상 풀어볼 필요도 없이 그 두 권만 잘 풀면 된다. 복습할 때 수업 진도만큼만 풀면 된다. 선생님들이 진도를 빨리 나가지 않기 때문에 그렇게 많은 시간이 들지 않을 것이다. 그리고 교과서와 문제집 권수에 따라서 문제풀이 노트를 준비한다. 이때 주의할 점은 교과서용 공책과 문제집 풀이용 공책은 반드시 구분해야 한다는 것이다. 각 페이지와 문제 번호를 적으면서 연필로 풀이하는 과정을 모두 기입하라. 풀고 나서 채점할 때 정답을 맞힌 문제일지라도 풀이 과정이 모범답안의 과정과 동일하거나 비슷하게 진행되었는지 꼼꼼히 확인해야 한다. 답이 맞았을지라도 풀이과정이 논리적이지 않다면 틀린 것이라고 표시해야 한다. 답도 틀리고 과정도 틀린 것은 '×'라고 표시하고 과정만 틀린 것은 '/'만 표시하는 것도 한 방법이다. 아무튼 나중에 복습하기 좋게 반드시 구별된 표시를 해야 한다. 수학은 암기과목이지만 수학적 논리 전개까지 이해한 후 암기 수준까지 가야 할 과목임을 기억하고 내가 추천하는 방식대로 공부했으면 한다. 의식적으로 외울 필요도 없이 지금 내가 말하는 방법대로 공부하면 저절로 외워진다.

문제 풀이 노트에 적색 펜으로 문제 풀이 과정상의 틀린 부분을 수정한다. 처음에는 맞히는 것이 거의 없을지도 모르지만 시간이 지날수록 수학이 여러분의 가장 큰 무기가 될 것이다. 중간고사나 기말고사를 앞두었을 때는 풀이 과정이 틀리거나 답이 틀린 문제들을 중심으로 다시 풀어본다. 풀어볼 시간이 없다면 문제풀이 노트의 적색 펜으로 표기된 문제들을 중심으로 다른 연습장에 문제 풀이 과정을 복기하며 연습장에 적어보거나 눈으로 확인하면 된다. 학습 범위가 넓고 성적이 오르는데 시간이 오래 걸리는 국어, 영어와 달리 짧은 기간 이내에 확실하게 가장 많은 성적을 올릴 수 있는 전략 과목은 수학이다. 수학을 두려워하지 말고 위에서 언급한 학습 방법대로 수학 공부에 매진하기 바란다. 반드시 성적은 오르게 되어 있다.

② Sejong King 과학

과학탐구 영역은 지구과학, 물리학, 생명과학, 화학 등으로 구성되어 있는데 과학도 이해를 바탕으로 공부해야 하지만 기본적으로 지구과학, 생물학, 화학은 암기과목에 가깝다라는 생각이 든다. 그나마 물리학이 정말 수학처럼 이해 중심의 학습과 다양한 문제를 풀어야 하는 과목이다. 과학탐구 영역을 공부할 때 가장 중점적으로 학습이 되어야 하는 부분은 교과서에 언급된 개념들이다. 어떤 과학적 용어에 대한 개념 정의가 되어 있는 부분은 밑줄을 그어서 단어 차원의 세밀한 분석이 이뤄져야 한다. 개념 정의를 반복하면서 읽고 의미를 곱씹어보며 현실세계와 접목하여 생각하는 것이 공부의 흥미를 불러 일으킨다. 지구과학을 공부한다고 생각해보자. 천체에 대해 공부할 때 실제로 별자리를 관찰해보라. 물론 서울 같은 경우 밤하늘의 별이 안 보여서 그렇게 공부할 수 없을 수도 있지만 지방에 거주하는 학생이라면 그런 시도도 좋을 것 같다. 그렇게 공부하면 공부 자체가 재미있어서 나중에 세계적인 천문학자로서 NASA에서 근무할 수도 있다. 실제로 대학 시절 밥만 한 번 먹어봤던 분이라 이름은 기억이 나지는 않지만 연세대를 졸업하여 현재 NASA에 근무하면서 9시 뉴스에 출연하여 인터뷰했던 자랑스러운 한국인 과학자도 보았다. 생명과학을 공부한다면 주말에 자연사 박물관에 가서 실제 생물을 눈과 몸으로 체험해 보라. 과학은 재미있게 공부하려면 일상생활에서 적용하면서 공부해야 한다. 화학의 주기율표가 만들어진 역사도 인터넷에서 검색해 보라.

과학은 많은 문제 풀이보다는 개념 중심의 학습이 핵심인 과목이기 때문에 학교에서 쓰는 교과서 등의 교재를 출판한 동일 출판사에서 내놓은 자습서를 반드시 구매해서 공부해야 한다. 예습할 때 예상 진도 페이지의 자습서를 읽고 수업에 참여하라. 이해가 안 되어도 좋으니 눈으로만 읽어보면 된다. 그리고 자습서를 읽는 과정에서 의문 사항이 생기면 반드시 노트에 기재하거나 책 여백에 연필로 기재하여 수업 시간이나 쉬는 시간에 선생님께 질문해야 한다. 수업 때도 필기 그 자체보다 선생님의 말씀을 하나도 놓치지 않고 이해하는데 모든 에너지를 집중해야 한다. 그 상태에서 저녁에 복습할 때 배운 분량만큼 과학 문제집을 풀면 된다. 과학 문제집의 경우 따로 수학처럼 문제 풀이 노트까지 작성할 필요는 없다. 어떤 문제가 잘 틀리는지 문제집에 잘 체크해 놓으면 된다. 과학 과목도 문제집을 풀고 나서 답안 해설지를 꼼꼼하게 읽어봐야 한다. 답안 해설지를 읽는 과정에서 과학의 개념 정의를 다시 한 번 복습하는 효과가 있기 때문이다.

참고로 나는 그렇게 하지 못했지만 이 책을 읽는 미래의 중·고등학생 유권자들은 실험 중심의 학습을 했으면 한다. 과학 실험 중심이라고 해서 거창하게 실험실에 가서 연구하라는 의미가 아니라 과학자들이 기록한 과학 실험들의 가설과 입증하기 위한 실험들의 사례들이라도 관심을 갖고 공부하라는 것이다. 그렇게 함으로써 과학자들의 사고방식을 이해하고 그들이 도출한 결론을 여러분의 것으로 만들 수 있게 된다. 우리나라에서 노벨상을 받는 과학자들이 배출되지 못하는 것도 높은 점수를 받기에 급급한 과학 교육 풍토 때문이 아닌가라는 생각을 해 보았다. 뭔가 새로운 것을 시도하는 실험 정신과 결과를 도출할 때까지 인내하는 끈기가 세계적인 과학자를 배출하는 과학 탐구 문화가 아닌가라는 생각을 해 보았다. 나도 청소년기에 과학을 열심히 공부해서 대한민국의 과학 발전에 이바지하는 인생을 살게 되었다면 인생이 더욱 풍성하지 않았을까라는 생각이 들었다. 한국의 가장 똑똑한 학생들은 대부분 의과 대학에 진학하려는 경향이 있는 것 같다. 의학도 과학의 한 분야라고 볼 수 있지만 천재에 버금가는 최상위 우등생들이 의과대학보다 다양한 과학 기술분야에 진출하여 세계적인 스타 과학자가 탄생되고 노벨상까지 지속적으로 배출하는 대한민국이 되었으면 좋겠다. 내가 노벨상을 타보질 못 해서 나의 과학 탐구 영역 공부 방식이 세계적인 과학자가 되는 수준까지 도움이 될지는 모르겠다. 적어도 성적을 올리는 데는 효과적인 학습법이다. 나는 대통령이 되면 세계적인 과학자가 배출될 수 있는 사회적 인프라를 갖추는데 많은 노력을 기울일 것이니까 청소년 유권자들도 나를 많이 응원해주었으면 한다.

### ③ Sejong King English

개인적으로 영어에 대해서 할 말들은 그 어떤 과목보다 많다. 실질적으로 외국인으로서 외국어를 잘한다는 것은 해당 언어로 원어민들과 의사소통을 할 수 있고 외국어로 진행해야 할 자신의 업무를 자신감 있게 처리할 수준이라고 생각한다. 그래서 공인 외국어 성적이 높으면 외국어를 진짜 잘하는 것일까라는 의문부호를 가지고 살아가고 있다. 언어 능력을 객관식 등으로 재단하려는 그 생각 자체가 참 인간의 삶을 고단하게 만드는 것 아닌가라는 생각도 했다. 그러나 외국어 능력을 필요로 하는 직업들을 감안하면 무엇인가 객관적인 잣대가 있어야 하니 그러한 공인 외국어 시험의 필요성을 간과할 수도 없는 노릇이다. 특히 많은 학문들이 외국어에 기반하고 있기 때문에 탁월한 외국어 실력은 그 자체가 경쟁력이다. 수능이나 내신 영어를 공부할 때 단순히 입시에만 매몰되지 말고 보다 자유로운 영어학습을 해나가길 바란다.

사실 수능 영어를 준비하는 방법은 정말 간단하다. 내신 영어 점수를 만점 받기 위해 최선을 다하면 수능 영어 성적은 결국 오르게 되어있다. 그러니 수능 영어를 준비한다고 이 학원 저 학원 돌아다니지 말고 평일에 있는 학교 영어 수업 진도에 따라 효과적인 학습을 하면 된다. 영어 듣기 평가 준비도 수업 진도 중심으로 따라가면 된다. 학교 교과서를 제작한 출판사에서 녹음한 CD나 MP3 파일을 구매한다.

그리고 첫 예습 시 책을 보지 않고 예습 분량만큼 듣기만 한다. 한 번 듣고 나서 화자(Speaker)가 무슨 이야기를 했는지 생각해 본다. 가능하다면 영어로 요약하여 말해보는 것도 좋다. 물론 처음에는 잘 들리지도 않고 말도 전혀 안 나올 것이다. 나는 처음에 그렇게 공부를 시작할 때 영어 테이프를 듣고 들은 내용을 요약하기 위해 혼자서 이렇게 말했다.

"I cannot speak English very well." (나는 영어를 잘 말할 수 없어요.")

심지어 수업 시간에 영어 말하기 발표를 시킬 때도 하도 할 말이 없어서 저 문장을 유창한 원어민처럼 이야기하고 가만히 3분 동안 서 있었다. 창피했지만 어쩔 수 없었다. 그러나 중요한 것은 영어를 내 입으로 표현했다는 것이다. 공부는 태도다. 특히 영어로 말하고 듣는 것은 태도가 학습의 80%를 차지한다. 한 문장을 듣더라도 허리를 꼿꼿이 세우고 최대한 집중해서 들어야 한다. 한 번 듣고 나서 교과서를 펴고 예상 진도를 쭉 읽어내려 간다. 발음에 자신이 없다면 눈으로만 읽어도 된다. 그리고 다시 책을 덮어 영어 교과서 CD를 듣는다. 두 번째 들으면 좀 더 잘 들리는 부분이 있을 것이다. 여기까지만 예습을 한 상태에서 영어 자습서를 읽어본다. 그러면 수업 시간에 선생님이 무엇을 가르치실지 알게 된다. 수업 시간이 시작되면 수업은 복습 시간이 되어야 한다. 자습서에 있는 내용들이 많이 발견되게 될 것이다. 선생님의 말씀을 귀담아 듣는 것은 모든 과목에 동일하게 적용되는 원칙이다. 다만 선생님이 강의하는 도중 잠시 수업이 중단되거나 다른 학생들이 영문 해석 발표를 할 때에는 연습장에 외워야 할 중요한 단어나 문장들을 손으로 쓰면서 수업 시간의 자투리 시간을 최대한 아껴서 공부해야 한다. 발음이 안 좋은 친구들이 영어 문장을 읽으면 의식적으로 귀를 닫아야 한다. 그렇다고 귓구멍을 손으로 막게 되면 선생님과 친구들의 비난을 받을 수 있으니 눈치껏 듣기를 거부해야 한다. 그때 영어 문장이나 단어들을 연습장에 휘갈겨 가며 몸으로 중요 영단어/숙어를 암기해야 한다. 친구들은 소중하지만 그들의 어설픈 영어 발음에 오염될 필요는 없다. 영어 선생님이 발음이 나쁘다면 그것은 예외적으로 들어야 한다. 왜냐하면 선생님은 그 자체로 권위가 있고 시험 문제 출제위원이기 때문이다. 그러나 복습할 때 영어 교과서 CD로 여러분의 귀를 정화시킬 필요가 있다.

수능 세대에서는 학력고사 시절보다 영문법의 중요성이 많이 약화되었다. 그러나 영문법을 아예 무시해서도 안 된다. 그렇다고 따로 영문법 교재를 사서 무작정 암기하기보다 교과서 자습서에 정리된 문법 지식들을 꼼꼼히 정독하고 반복하며 읽으면 문법도 저절로 습득이 된다. 문법 그 자체만 공부하면 영어 공부가 금방 질려버린다. 그러므로 자습서에 있는 문법 지식만이라도 자기 것으로 소화하겠다는 목표로 반복해서 읽고 관련 연습 문제들을 풀어봐야 한다.

교과서를 복습할 때도 예습과 동일하다. 책을 덮고 원어민의 교과서 음독을 듣는다. 그리고 관련 부분의 자습서를 펴서 꼼꼼히 정독한다. 그리고 책을 편 상태에서 최종적으로 어느 부분이 잘 들리지 않았는지 교과서 영어 듣기를 하면서 눈으로 확인한다. 그 과정을 마치면 교과서 복습은 마무리된다. 개인적으로 시간이 좀 더 있다면 교과서 자체를 여러 번 반복하면서 통으로 암기하는 것도 한 방법이다. 자습서를 다 외울 필요까지는 없다고 본다. 자습서는 그야말로 교과서 공부를 돕는 도구일 뿐이기 때문이다. 시간적 여유가 있다면 교과서를 반복해서 읽으면서 통으로 암기하라.

그리고 대부분의 학교에서 교과서 외에 문제집을 선정해서 공부할 것이다. 위에서 내신 준비를 잘하면 수능 준비가 저절로 된다고 말은 했지만 수능 문제에 익숙해질 필요는 있다. 영어 문제집은 과목의 특성상 문제집을 다양하게 푸는 것보다 한 권의 문제집을 5회독 이상 하면서 반복학습을 하는 것이 중요하다. 그래서 문제를 풀면서 바로 답을 체크하지 말고 문제집 여백이나 연습장에 답지를 적고 틀린 문제들만 문제집에 표시하면 된다. 다시 풀어볼 때 새로운 문제를 접하는 효과를 얻기 위해서이다. 시간을 정해서 풀려고 하지 말고 출제자의 의도가 무엇인지 파악하려는 관점에서 문제를 풀기 바란다. 그리고 해석이 잘 된다면 굳이 답안지의 해설을 읽을 필요까지는 없지만 해석이 잘 안 되는 지문이 있다면 답안지의 해석 부분도 참고해야 한다.

영어 실력이 많이 부족할 때는 영한 사전을 사용한다. 요즘에는 인터넷 검색 사이트의 영어 사전들이 너무 잘 만들어져 있어서 금방 원하는 단어의 의미를 찾을 수 있지만 인터넷으로 검색하면 사전을 검색하기 전에 여러가지 흥미로운 기사나 사진들이 보이기 때문에 인터넷에 있는 영어 사전은 사용하지 않았으면 한다. 부모님께 부탁해서 전자 사전을 사달라고 하든지 구닥다리 같지만 헌책방에 있는 영한 사전을 구입하는 것도 한 방법이다. 교과서나 문제집에 단어들이 잘 정리되어 있으므로 의외로 사전을 적게 볼 것이기 때문에 단어 찾는 것에는 큰 부담을 갖지 않았으면 한다. 영어를 꾸준히 공부하는 과정에서 어느 정도 영어에 자신감이 붙으면 영영 사전을 구매해서 모르는 단어들을 찾아가며 공부하기 바란다. 영영 사전이 처음에는 어렵겠지만 영어로 생각하는 사고 방식을 기를 수 있는 가장 훌륭한 도구이다.

대도시나 중소도시에 사는 중·고등학생 유권자들 중 한국인 교회를 다니지 않는다면 종교와 관계없이 지역사회에 있는 영어로 예배를 드리는 교회를 인터넷에서 검색해보라. 내 고향인 목포는 인구가 30만 정도 밖에 안 되는 도시지만 영어 예배 교회가 4군데나 있었다. 교회를 다니는 것은 사실 신앙생활과 영적 성장을 위해 다녀야 하지만 만약 종교가 없고 다니는 교회가 없다면 영어 예배를 참석하면서 실제 외국인들을 접촉하며 살아있는 영어를 배웠으면 한다. 나는 21세 때부터 영어예배를 나가서 원어민들 앞에서 3년간 영어 설교를 했기 때문에 만약 이 책을 읽는 중·고등학생 유권자들은 10대 때부터 영어예배를 나가게 되면 나와는 비교할 수 없는 영어 도사가 될 것이다.

그리고 욕설, 폭력이나 성행위 등이 거의 없는 청소년 관람가 미국 영화들 중에서 본인이 가장 좋아하는 영화를 하나 선정한다. 그리고 토요일 오후부터 최선을 다하여 놀라고 했는데 충분히 놀고 집에 들어와 샤워를 한 다음 잠자기 전에 본인이 선택한 미국 영화를 틀어 시청하길 바란다. 그렇게 매주 토요일 밤에 한 번씩 보면 1년이 52주니까 52번을 반복해서 보게 된다. 이때 주의할 점은 처음 볼 때만 한글 자막을 보고 그 다음부터는 자막을 가리든지 자막을 제거하고 영어로만 봐야 한다는 점이다. 1년에 한 편을 골라도 되고 3년 내내 한 편만 봐도 된다. 참고로 이 방법의 장점은 대학교 때 발견한 것으로서 고등학교 때는 적용해 보지 못했다. 그러나 대학 재학 시절 영어 공부를 위해서라기보다 정말 내가 좋아하는 영화가 하나 있어서 그 영화를 수백 번 반복해서 보았다. 그 영화는 미국 코미디 장르였는데 12세 관람가로서 1996년 1월 6일에 개봉된 『대통령의 연인』이었다. 로비스트 역할의 여주인공 시드니 웨이드(배우 아네트 베닝)과 미국 대통령 역할을 맡은 남자 주인공 앤드루 셰퍼드(배우 마이클 더글라스)의 사랑이야기이다. 욕설이 나오기는 하지만 거의 없고 대통령의 연설이 나오고 정치인들 간의 논리적인 토론도 나오는 아주 훌륭한 영화였다. 대학생 때 대통령이 되겠다는 꿈은 없었지만 그 영화를 수백 번 봐서 무의식중에 30대 중반이 된 지금, 대통령이 되겠다는 인생의 목표가 설정된 것이 아닌가라고 생각도 해 본다. 부인이 죽어 홀로 딸을 키우던 중년 남자인 미국 대통령이 로비스트와 사랑에 빠지면서 야당이 정략적으로 미국 대통령을 공격하는 것이 주된 스토리이다. 야당의 공격으로 잠시 정치적 위기에 빠지지만 그 위기를 타개하기 위해 앤드루 셰퍼드는 대국민 연설을 한다. 명연설의 마지막 문장을 잊을 수 없다.

"I am Andrew Shapherd. I am Mr. President."

자기 이름을 말하면서 나는 대통령이란다. 얼마나 멋진가? 나도

20년 이내에 이 책을 읽는 미래의 유권자들이 나를 대통령으로 뽑아준다면 취임식 때 대통령 취임 연설문의 마지막을 이렇게 장식하고 싶다.

"저는 김세종입니다. 저는 대한민국 대통령입니다."

그리고 미국 대통령이 방문해달라고 해서 미국에서도 연설을 하게 된다면 연설문 마지막 문장도 동일할 것이다.

"I am Sejong Kim. I am Mr. Korean President."

나는 지금부터 가슴이 뛴다. 끝까지 포기하지 않고 대한민국 대통령이 되어서 나의 연설문들 중 한 번은 그 마지막을 저 영화 대사로 마무리하고 싶다. 내가 대통령이 될 때까지 마이클 더글라스가 살아 있기를 바랄 뿐이다. 그가 살아 생전에 나의 영어 연설문을 듣게 하는 것이 작은 소망이기도 하다. 영어 공부법을 설명해야 했는데 무척 죄송하지만 영어는 반복 학습이 최고의 공부법임을 강조하는 의미로 적었으니 양해해 주기 바란다.

④ Sejong King 사회 탐구 & 직업 탐구

사회탐구 영역은 한국 지리, 세계 지리, 한국사, 동아시아사, 세계사, 생활과 윤리, 법과 정치, 경제, 사회문화, 세계사, 윤리와 사상 등 다양한 과목들이 포함되어 있다. 내가 수능시험을 볼 때는 직업탐구 영역은 없었는데 새롭게 추가된 과목이다. 어찌 되었든 이들 과목들은 과목의 특성에 따라서 공부하는 접근법은 조금씩 다를 수 있지만 내신을 준비할 때는 암기 중심의 학습을 해야 한다. 다만 영어나 수학은 장기 기억을 해야 할 부분들이 많기 때문에 평소에 많은 공부 시간을 할애해야 한다. 그러나 사회탐구 영역이나 직업탐구 영역은 영어나 수학과 달리 중간고사와 기말고사 등 내신 시험 10일 전부터 집중적으로 암기를 해야 한다. 그렇게 하기 위해 예습할 때 예상 수업 진도 범위를 1회 정독만 하면 된다. 주의할 사항은 처음 읽을 때는 책에 줄을 긋지 않았으면 한다. 그 상태에서 수업을 듣게 되면 선생님들이 어떤 부분이 중요한지 알려주신다. 그때 연필로 줄을 긋고 복습하는 과정에서 수업 때 배운 관련 내용의 문제들을 문제집에서 찾아 풀어 본다. 문제집을 풀고 문제를 맞히든지 틀리든지 반드시 모범 답안을 읽어본다. 그렇게 복습하면 교과서에서 어떤 부분이 중요한지 정확히 파악되게 된다. 그때 적색 펜이나 형광펜 등으로 중요한 부분을 밑줄 그으면 된다. 밑줄 그을 때는 시험 직전 반드시 외워야 할 부분을 표시하기 위함이지 그 이상도 그 이하의 목적도 없다. 그리고 수능 모의고사나 내신 시험을 앞둔 시험 준비 1단계 기간에는 교과서의 시험 범위를 꼼꼼히 정독하면서 중요하다고 표시한 부분을 암기하겠다는 마음으로 읽어 내려간다. 개인적으로 암기력이 안 좋아서 암기한다는 마음만 가지고 읽었지 책을 덮어가며 외웠는지 확인까지 하지는 못했다. 그런 마음가짐이 실제 시험에서는 답을 기억나게 하는 효과를 가져왔다. 동일한 기간 동안 일일 복습 시 풀었던 사회 탐구 문제집들을 다시 다 풀어 보아야 한다. 그 과정에서 최초 풀었을 때는 맞았는데 틀린 문제와 계속 틀린 문제들이 발견될 것이다. 그런 문제들은 자기 나름대로의 중요 표시를 해야 한다. 그리고 시험 준비 2단계와 3단계는 교과서에 중요하다고 표시한 부분만 확인하고 문제집도 2차 풀이 과정에서 선별된 개인적으로 취약하다고 생각된 문제들을 위주로 문제와 해설 답안을 정독해야 한다. 시험 준비 2단계와 3단계는 실질적으로 시험을 3~4일 정도만 앞두었기 때문에 문제 풀 시간이 없다. 이때는 표시해 두었던 문제와 모범답안을 빨리 읽어 나가는 수준에서 만족해야 한다. 이런 식으로 공부하면 교과서를 여러 번 정독하고 문제집만 잘 풀어도 수능이나 내신 준비에는 부족함이 없을 것이다.

⑤ Sejong King 국어

정직하게 말하면 국어는 내가 가장 잘 못했던 과목이다. 엄밀히 말하면 학교 국어 시험은 좋은 성적을 받았지만 수능 국어는 한국인임에도 불구하고 제일 성적이 저조했다. 국어만 생각하면 아직도 치가 떨린다. 국어 교과서를 열심히 예습 복습을 했지만 수능 시험 점수가 여러 과목들 중에서 가장 늦게 올랐던 과목이기도 하다. 내신 국어와 수능 국어는 완전히 달랐다. 내신 국어는 국어 교과서라는 정해진 범위 안에서만 출제되지만 내신 국어가 아무리 높은 점수가 나와도 교과서의 범위를 벗어나는 수능 국어만큼은 요지부동이었다. 내신 국어 시험 준비는 정말 잘 말해줄 수 있다. 앞에서 언급했던 과목들처럼 예습할 때 국어 교과서를 꼼꼼히 1회독 한다. 수업을 잘 듣고 복습할 때 교과서를 다시 정독한 다음 국어 교과서, 자습서에 있는 문제들을 다 풀어보면 된다. 틀린 문제들을 잘 표시했다가 시험 준비 기간에 다시 풀어보면 된다. 어떻게 보면 국어 내신 시험은 자습서만 꼼꼼히 잘 공부해도 거의 만점 가까이 맞을 수 있는 전략 과목이다. 그러나 수능 국어는 학교의 국어 시험과 전혀 달랐다. 고등학교 때를 떠올리면 수능 국어 때문에 정말 눈물이 날 정도였다. 수학은 1~2등을 다투는데 수능 모의고사에서 국어는 아무리 잘 풀어도 평균을 살짝 웃도는 성적이었다. 외국어도 어떻게 보면 언어 시험인데 외국어 영역은 성적이 올라서 상위권 성적을 받았지만 수능 국어만큼은 호락호락하지 않았다. 오히려 수능 국어 점수가 불규칙하여 어쩔 때는 점수가 매우 잘 나와서 상위권에 진출할 때도 있지만 어쩔 때는 평균 점수도 못 맞았다. 고등학교 때 노력은 많이 했지만 수능 국어가 가장 어려운 시험과목이었다.

그런데 30대 중반이 되어 이 책을 쓰면서 수능 국어 성적을 올릴 수 있는 획기적인 방법을 찾아내었다. 이 방법을 고등학교 때 알았더라면 언어영역이 최고의 전략 과목이 되었을 것이다. 획기적인 방법이란 이원준 선생님의 언어 이해 강의였다. 대학 학부 때는 코미디언이란 꿈 때문에 법학 공부를 등한시 했지만 나이를 먹을수록 법 공부가 얼마나 소중한 것인지 깨닫게 되었다. 그래서 미국로스쿨 진학을 결심하기 전에 한국 로스쿨 입시를 잠시 준비했다. 그때 메가 로스쿨의 LEET 1타 선생님이신 이원준 선생님을 알게 되었다. 그의 첫 수업은 가히 혁신적이었다. 내가 수능 국어 영역을 잘했다면 그렇게까지 감동적인 수업으로는 다가오지 않았을 것이다. 고등학교 때 아무리 공부해도 잘 오르지 않던 수능 국어 영역 성적의 원인을 그의 수업에서 발견했기 때문이다. 이원준 선생님은 서울대 중문과를 최고의 성적으로 졸업하고 서울대 치의학 전문대학원을 졸업한 천재급 수재였다. 사실 내가 보기에는 천재인데 선생님이 부담스러우실 것 같아서 그냥 수재라고 표현한다. 선생님께서 첫날 수업을 진행하실 때 LEET 언어 이해는 수능 국어보다 지문이 더 길고 수준이 높은 문제이지만 출제 원리에서는 비슷한 부분이 많다고 하셨다. 특히 수능 국어 시험이나 LEET 언어이해는 지식을 묻는 시험이 아니라 사고력을 측정하는 적성시험이라고 말씀하셨다. 그 부분이 큰 충격이었다. 지금부터 기술하는 것은 이원준 선생님의 강의를 듣고 정리한 내용인데 수험생인 중·고등학생 유권자들에게 굉장히 큰 도움이 될 것 같다.

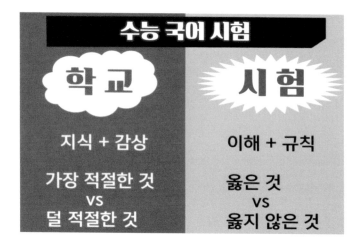

나는 수능 국어가 학교에서 배우는 국어의 연장선상의 국어 시험이라고 생각했는데 이원준 선생님은 그와 반대되는 주장을 펴셨다. 그렇

다고 해서 이원준 선생님이 학교에서 배우는 국어 수업을 전면 부정한 것도 아니었다. 학교에서 배우는 국어 교육은 그 자체로 의미가 있지만 수능 국어라는 시험에서 학생들이 필요로 하는 수험 전략을 온전히 제시하지 못하는 것을 우려하실 뿐이었다. 사실 학창 시절 수능 국어 준비가 제일 어려웠고 성공적인 수험 준비를 할 수 없었던 유일한 과목이었기 때문에 나는 이원준 선생님의 수업에 금세 빠져들었다. 어디까지나 수능 국어 시험의 핵심은 '공정하고 통합교과적인 사고력 시험'이라는 것이다. 공정해야 한다는 의미는 16개 정도 되는 고등학교 국어 교과서들의 공통된 내용을 제출해야 한다는 것인데 실질적으로 16개의 국어 교과서에서 공통 분모를 찾는 것은 쉽지 않은 작업이다. 그래서 다른 과목들과 달리 국어 교과서에 실리지 않은 지문들이 문제로 출제되는 것이다. 그리고 통합교과적인 사고력 시험이기 때문에 문학 지문뿐만 아니라 다양한 비문학 지문(사회, 과학, 인문 등)들이 출제되는 것이다. 국어 지식이 아닌 사고력을 묻는 시험이기 때문에 사실적 이해에 기반한 문제가 출제된다. 즉, 국어 교과서를 달달 외우는 방법으로 대비할 수 있는 시험이 아닌 것이다. 그래서 영어나 수학과는 전혀 다른 방식으로 수능 국어를 준비해야 한다.

나는 이원준 선생님을 만나지 못했던 지난 날의 세월이 너무 아까웠다. 문제는 그의 나이와 내 나이가 겨우 2살 차이라는 것이다. 나보다 2살 많지만 지식의 깊이와 넓이는 나와 차원이 달랐다. 이원준 선생님의 가장 큰 장점은 독서하는 방법을 지도해준다는 것이다. 단순히 문제풀이만 하지 않는다. 지문 하나를 분석할 때 그와 관련된 배경 지식도 엄청나게 넓고 깊다. 사교육이라고 마냥 비판할 수도 없는 것이 다른 과목들은 공교육만으로도 성적이 올랐지만 언어영역만큼은 만족할 만한 수준의 성적이 나오지 않았기 때문에 과감히 이원준 선생님을 소개하는 것이다. 또 하나 충격적인 정보는 사교육 비중을 줄이기 위해 정부가 EBS 문제집과의 연계율을 70%로 설정했지만 최근 들어 그 연계율이 떨어지고 있다고 한다. 예전에는 EBS만 열심히 반복하면 70%를 맞출 수 있었겠지만 앞으로는 그러한 꼼수로는 수능 시험을 준비할 수 없는 시대가 도래한 것이다. 이 책을 읽는 미래의 유권자들은 선배들과 다른 방식으로 수능 시험을 준비해야 할 것이다.

수능 국어는 크게 문학과 비문학으로 나뉜다. 우선 문학부터 설명하자면, 학교에서는 문학 작품에 대한 지식과 감상을 배운다. 그러나 수능 국어는 시험의 목적상 특정 문학 지문이 어떤 작가의 작품인가와 같은 지식은 물어보지 않는다. 감상도 주관적이기 때문에 사실적 이해에 기반한 문제로 인정받을 수 없다. 수능 국어의 문학 문제도 학생, 학부모, 교수 등이 모두 동의할 수 있는 사실적 이해 문제로 출제되어야 하는 것이다.

　위의 그림을 예로 살펴보자. 위의 그림을 국어 교과서에 있는 문학 지문이라고 가정했을 때 학교에서는 두 사진에 대한 감상을 물어볼 것이다. 또한 누가 그림에 해당하는 작품을 만들었는지가 수업 시간의 중요한 정보가 될 것이다. 그리고 그러한 지식과 감상이 실제 중간/기말고사에 출제된다. 하지만 수능 국어에서는 그런 식으로 물어볼 수 없다. 대신 수능 국어에서는 왼쪽은 구름이 많고 오른 쪽은 구름이 없다라는 식의 선택지가 구성될 것이다. 카메라의 위치 등을 묻는 것도 사실적 이해를 묻는 문제일 것이다. 즉, 문학 작품일지라도 모든 사람이 부정할 수 없는 객관적인 사실에 대한 이해 여부를 확인하는 문제를 출제한다는 것이다. 이 원리를 깨닫게 되면 국어 교과서에 없는 문학 지문이 나올지라도 마음의 부담이 없이 지문을 분석하고 문제를 풀 수 있게 된다. 아래의 문제는 오답률 1위의 문학 지문 문제인데 일반적인 생각과는 달리 정작 선택지는 카메라의 시선과 같은 사실에 근거한 항목들로 이루어져 있다.

2015년 9월모평A 37번, 66%
-김승옥,안개 (A형 오답률1위)

S#11. 시골 자동차길 (낮) (현재)
도망하듯이 시골의 자갈길을 달리고 있는 버스.
S#12. 버스 안 (낮) (현재)
버스 차창에서 내다보이는 풍경이 주마등 같다.

⑤ S#11에서 S#12로의 전환은 카메라의 시선이
   버스의 내부에서 외부로 바뀌고 있음을 보여 준다.

수능 국어의 비문학 지문은 어떠할까? 학교에서 배운 비문학 읽기 방법이 수능 국어 시험에 그대로 통할까? 내 기억으로는 고등학교 때 국어 선생님들은 배경지식을 쌓고 책을 많이 읽어야만 수능 국어의 비문학 지문을 준비할 수 있다고 하셨다. 그 말도 어느 정도 일리는 있다. 나의 첫째 여동생은 공부는 잘 못했지만 이상하게 수능 국어만큼은 모의고사에서 전교 1등을 한 경우가 있었다. 나는 어렸을 때 책을 많이 읽지는 않았지만 여동생은 여자 아이들이 읽는 소설책들을 항상 손에 들고 다니며 읽는 책벌레였다. 학술적인 어려운 책이 아니라 대부분 소설책 종류였다. 그래서 언어적인 감각이 탁월한 아이였다. 하지만 그럼에도 불구하고 내 여동생도 수능 국어 성적이 항상 고득점으로 나왔던 것은 아니었다. 영어와 수학은 어느 정도 일정한 점수가 유지된다. 그러나 수능 국어는 시험 볼 때마다 점수의 변동폭이 상대적으로 큰 시험과목이다. 비문학 지문을 공부할 때 학교에서는 배경지식과 추상적 이론을 배우게 될 것이다. 그러나 수능 국어 시험은 비문학 지문과 관련된 지식보다 문장을 잘 이해했는지 묻고, 문제와 선택지를 주의 깊게 읽어 객관적이 규칙이 있다는 것을 발견할 수 있는지를 확인한다. 그 규칙과 시험의 특성을 이해하게 되면 막연한 두려움을 없앨 수 있다. 또한 비문학 지문에서는 비판적 읽기에 기반한 문제가 출제된다. 비판적 읽기는 2가지 방식으로 이뤄지는데 하나는 근거를 비판하며 읽는 것이고 다른 하나는 근거가 참이어도 결론이 틀릴 수 있다고 생각하며 읽는 것이다. 아쉽게도 현재의 국어 교과서들은 이러한 내용을 다루고 있지 않다. 심지어 학교에서 배운 문법조차도 수능 국어에서는 문법 지식 자체가 아닌 주어진 자료를 해석하여야 문제를 풀 수 있게 출제된다. 화법과 작문도 교과서에서는 추상적 이론으로 다루지만 수능 국어 시험에서는 문장에 대한 이해와 조건 판단에 기반한 문제를 출제한다.

수능 국어 시험을 준비할 때 이원준 선생님이 개발하신 '1+3 원칙'을 적용하여 시험 준비를 했으면 한다. 나도 저 방법대로 책을 읽고 각종 언어 시험을 준비하려고 열심히 훈련 중이다. 공부를 하면 할수록 '1+3 원칙'은 단순히 수능 국어 시험만을 위한 것이 아니라 모든 과목에 적용될 수 있고 대학에 진학하여도 활용할 수 있는 효과적인 공부방법임을 알게 된다. 아래의 그림에서 1+3의 의미를 간단한 다이어그램으로 보여주고 있다. 1은 이항대립을 의미하고 3은 수능 문제에서 선택지를 분석할 때 정답을 고르는 규칙을 의미한다. 이것은 단순 문제 풀이 방법이 아니고 독서를 제대로 할 수 있는 방법이면서 문제를 풀 수 있는 방법이기 때문에 각별히 주의하여 읽어 주기 바란다.

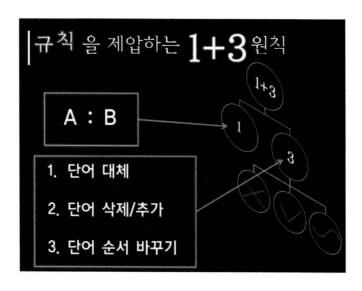

이해를 돕기 위해 3원칙을 먼저 설명하고 마지막으로 1원칙을 설명하겠다. 3원칙에서 첫 번째 원칙인 단어 대체란 선택지를 분석할 때 문제나 지문에서 제시한 내용과 뜻이 다른 단어로 바뀐 것이 있다면 잘못된 선택지이다. 아래 문제에서 묻고자 하는 핵심은 '인생'이다. 선택지에서는 3번을 제외한 나머지 선택지들은 모두 인생과 관련된 의미를 내포하는 단어들로 선택지가 구성되었지만 3번 답안의 경우 뚱딴지 같은 사막이 등장한다. 인생은 질문에서 제목임을 명시하고 있지만 사진의 배경이 되는 사막은 일종의 비유로서 선택지 자체가 질문의 의도와는 무관한 답지로서 출제자가 문제를 구성한 것이다.

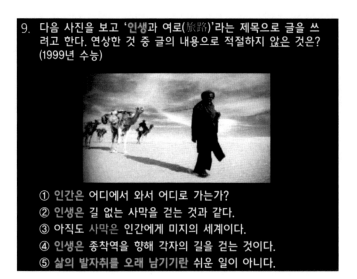

두 번째 원칙인 단어 추가/삭제는 출제자가 선택지를 만들 때 단어를 추가하거나 삭제하는 방식으로 정답과 오답을 구분하는 것을 말한다. 이 원칙의 대표적인 예가 'A'와 'A의 B'관계이다. 그 둘은 분명히 다른 것이다. 그러나 수능 문제에서 이 원리를 적용하면 정답률이 매우 낮아진다. 지문을 읽는 가운데 읽고 지나간 단어 하나를 선택지에서 두 개의 단어로 구성했다고 생각해보라. '밥 먹는 사람은 사람인가?'(A한 B)라는 문장과 '식당 속의 사람(A의 B)은 사람인가?'라는 문장을 봤을 때 모두 다 사람(B)임은 의심할 수 없는 사실이다. 다만 사람 그 자체와의 차이는 앞에 수식하는 '밥 먹는'(A)이나 '식당 속의'

(A)와 같은 수식어로 인해 사람의 범위가 줄어드는 것이다. 그러나 지문에서 밥 먹는(A) 자체를 언급하거나 식당(A) 자체를 언급했다면 선택지에서 밥 먹는 사람(A한 B)이나 식당 속의 사람(A의 B)을 언급하고 있다면 그 선택지는 분명 지문과 다른 내용이 되는 것이다. 한편, 이와 달리 하나의 단어가 두 가지 이상의 의미가 있을 경우 하나의 의미로 단정해서 문제를 풀어서도 안 된다. 예를 들어 '~할 수 있다'란 단어는 특정 사건이 일어날 가능성의 의미도 있지만 개인이 무엇을 해낼 수 있는 능력의 의미도 있기 때문에 섣불리 한 가지의 의미로 문제를 접근해서는 안 될 것이다.

세 번째 원칙인 단어 순서 바꾸기도 출제자들이 좋아하는 선택지 출제 방식이다. 앞에서 문학 지문 문제에서 이미 예로 보여주었지만 내부/외부, 시간 선후, 방향, 거리 등의 순서를 바꾸면 지문과 다른 틀린 내용의 선택지로 탄생하게 된다. 그래서 수능 국어만큼은 학교 국어 시험과 달리 고유명사나 배경지식을 암기하기 위해 힘을 뺄 필요가 없다. 다른 과목과 전혀 다른 성질의 시험임을 빨리 이해하는 것이 급선무라고 본다.

'1+3원칙'에서 1은 이항대립을 의미한다. 이항대립이란 말 그대로 두 가지가 대립한다는 의미이다. 이 원칙은 독서를 할 때 매우 유용한 원칙이기도 하다. 수능 국어의 지문은 문제를 출제하기 좋도록 이항대립 구도로 되어 있다. 그래서 지문을 분석할 때 대립되는 내용들을 중점적으로 비교해가면서 읽어야 한다. 그리고 지문과 선택지도 이항대립 원리가 적용될 수 있고 심지어 선택지간의 이항대립 구도가 잡히기도 한다.

　다른 과목들과 달리 수능 국어에서 특별히 학교 교육과의 차이점까지 언급하면서 상대적으로 더 많은 페이지를 할당하게 된 것은 내가 고등학교 때 겪었던 국어 공부의 어려움 때문이었다. 학교에서 배우는 국어 내용만 가지고 만족할 수 없어서 학원을 찾아가기도 했지만 학원도 학교와 별로 다를 바가 없었다. 그래서 한 달만에 학원을 그만 두었다. 국어라는 과목만큼은 학원도 학교 교육과 본질적으로 다르지 않기 때문에 학생들은 수능 국어 학원 강의를 비판하고 실망하는 경향이 있는 것 같다.

　솔직히 더욱 구체적인 수능 국어 공부 방법은 메가스터디 홈페이지에서 이원준 선생님을 찾아보고 그의 강의를 들었으면 한다. 지금까지 언급한 수능 국어 준비 방법론도 어떻게 보면 이원준 선생님의 강의를 듣고 정리한 내용이다. 이원준 선생님의 수업료가 부담된다면 그의 기초 강의만이라도 들었으면 한다. 너무 가난해서 돈이 부족하다면 이원준 선생님에게 찾아가서 면담을 받아보라. 그 선생님은 정말 마음이 따뜻한 분이라 수업이 아니더라도 어떤 방법으로든 여러분의 미래를 위해 자신의 시간을 기꺼이 내주실 분이다. 강의 자체는 그렇게 비싸지 않으니까 부담 갖지 말고 이원준 선생님의 수업을 꼭 들어주었으면 한다. 수능 국어 외에도 이원준 선생님의 교육 철학은 나와 유사한 부분들이 많았다. 내가 정말 한국의 대통령이 된다면 이원준 선생님은 어떻게 해서든 교육부 장관으로 임명해서 한국 교육의 본질적인 문제들을 같이 고쳐나가고 싶을 정도의 인재이다.

과목별 학습법까지 모두 소개했다. 마지막으로 가장 중요한 부분을 언급하고 Sejong King 공부방법 소개를 마무리 하겠다. 나는 이제껏 상위 1%보다 99%의 학생들의 성적 향상에 필요한 전략을 제시했다. 상위 1%는 나의 공부법보다 더 좋은 공부법을 갖고 있을 것이다. 그러나 나머지 99%의 학생들 중에 상위 1% 안에 들고 싶은 학생들이 있다면 반드시 이 책을 읽고 그대로 실천했으면 한다. 그리고 상위 1%들은 어렸을 때부터 차근차근 공부를 해왔기 때문에 성적과 무관하게 상당한 내공이 있다. 그래서 성적이 들쭉날쭉하지 않고 잠시 슬럼프에 빠져도 성적이 유지되는 특성을 보인다. 그러나 상위 1%가 아니라면 슬럼프에 빠지지 않도록 각고의 노력을 기울여야 한다. 1주일에 하루는 재미있게 놀아야 한다고 앞에서 언급한 것도 그런 슬럼프를 피하기 위함이다. 그리고 무엇보다 1% 학생들의 공부 내공을 따라가고 추월하려면 방학 때 최대한 많은 공부를 해야 한다. 학기 중에는 중간고사와 기말고사만 생각하고 모든 역량을 집중하라. 현재 대학 입시는 수능에 대한 불신이 점점 커지고 있기 때문에 내신의 중요성이 상대적으로 더욱 강조되고 있다. 내신을 열심히 준비하면(수능 국어는 예외이지만) 수능이 저절로 준비된다는 확신을 가져야 한다. 나는 그렇게 해서 성공했기 때문에 확신할 수 있다. 그리고 방학 때는 학습의 기본이 되는 수능 국어, 수리 영역, 외국어 영역(제2 외국어 포함) 중심으로 부족한 부분을 채워나가야 한다. 학교에서 따로 방학 때 보충 수업이 없다면 방학 때만큼은 온라인 강의나 학원 강의 등을 수강하며 자신이 부족하다고 생각하는 영어, 수학 강의를 들으며 학기와 동일한 방식의 학습을 하라고 추천하고 싶다. 방학 때도 학기와 동일한 수준의 공부 시간 및 분량을 확보하여야 상위 1%를 따라 잡을 수 있다. 물론 상위 1%는 방학 때도 열심히 공부한다. 그러나 인간의 머리는 천재를 제외하고는 다 비슷비슷하기 때문에 아무리 공부를 많이 해도 결국 망각하게 되어있다. 전략을 가지고 열심히 공부하면 누구든지 1% 안에 들 수 있다. 책에서는 공부 방법을 쉽게 적었지만 그것은 결국 나의 성공이지 여러분의 것이 아니다. 여러분의 성공이 될 수 있도록 힘든 공부의 여정을 지혜롭게 헤쳐나가길 바란다. 성적이 오르고 경쟁자들을 뛰어넘는 경험을 하게 되면 공부가 고통이 아닌 행복으로 느껴지는 시점이 올 것이다. 기회가 된다면 '세종킹 교육기업(Sejong King Education Company)'을 설립해서 상위 1%가 아닌 나머지 99% 학생들이 더 효율적이고 효과적인 공부를 할 수 있도록 나의 학습 노하우를 전수해주고 싶다. 청소년기 때 공부는 결국 강한 동기부여를 바탕으로 얼마나 시간 관리를 잘하면서 학교 수업을 잘 따라가느냐가 최대 관건임을 잊지 말았으면 한다. 언제 실현될지 모르겠지만 '세종킹 교육기업(Sejong King Education Company)'이 설립된다면 전 세계 99% 학생들을 위한 최적화된 학습 콘텐츠와 학습 방법론을 전수할 것이다. 나는 무엇을 하든지 무조건 국제적으로 일을 벌려야 직성이 풀린다.

중·고등학생 유권자 여러분! 파이팅!

# 4. 미래의 대학생 유권자들에게

## (1) 돈을 좇지 말라

나도 대학을 졸업했지만 막대한 학비 때문에 고생하는 대학생들의 이야기를 들을 때마다 가슴이 저며온다. 개인적으로 나는 경제적인 별 다른 어려움 없이 대학을 졸업했지만 내가 대학을 졸업하면서 가세가 기울었기 때문에 둘째 여동생은 아르바이트를 하면서 학비를 충당했고, 막내 여동생은 학자금 대출을 받아서 겨우 졸업할 수 있었다. 여동생들이 대학을 졸업해서 사회생활을 잘하고 있기 때문에 오빠로서 그들이 매우 대견하다. 내 여동생들을 정말 아르바이트를 할 수밖에 없었다. 그래도 동생들은 아르바이트에 대부분의 시간을 보내지는 않았다.

대학시절 같은 고향인 목포 출신 선후배들의 식사모임이 있었다. 그때 여자 후배 하나가 동문회에서 이런 자랑을 했다.

"선배, 저는 매일 저녁 영어와 수학 과외를 해서 돈을 많이 벌고 있어요. 주말에도 최대한 많은 시간을 과외로 할당하고 있습니다."

다른 선후배들이 굉장히 부러워했다. 과외를 한두 개 하는 것은 그리 어렵지 않지만 그렇게 많은 과외를 할 수 있다는 것은 과외 선생님으로서 실력도 인정받고 학부모들과 학생들에게 인정을 받아서 계속해서 소개가 들어온다는 것을 의미하기 때문이다.

그러나 나는 그 말을 듣고 그녀의 미래에 대해서 생각했다. 대학은 사회 생활을 시작하기 전에 거치는 인생의 황금기인데 저렇게 돈을 좇아야 할까? 과외는 중·고등학교 때 배운 것을 재탕하는 것이지 새로운 것을 배우는 것은 아니지 않은가? 누가 옳은지는 모르겠지만 적어도 내 생각에는 자유를 만끽할 수 있는 대학시절만큼은 돈을 좇지 않는 것이 더 바람직하다. 그녀는 학점 관리도 잘했고 우리나라에서도 알아주는 은행에 취업하여 성공적인 삶을 살고 있다. 그러나 진정한 성공이 무엇인지 한 번 생각해 보았으면 한다. 나름 괜찮은 대학 졸업해서 좋은 직장에 취직해서 잘 먹고 잘 살면 성공이라고 할 수도 있지만 그것이 진정한 성공일까? 인생을 길게 봐야 한다. 당장은 좋은 직장에 들어갔지만 그녀에게 남들이 도저히 생각할 수 없는 상상력이 길러졌을까? 생각의 폭은 어떠할까? 그럼에도 불구하고 나도 그 사람을 함부로 판단하면 안 되기 때문에 특정인에 대한 거론은 여기서 멈추려 한다. 그 후배는 굉장히 탁월한 사람일 수도 있다.

다만 내 요지는 하나다. 대학생 때 돈을 좇게 되면 생각의 폭이 좁아질 수가 있다. 정말 돈이 없어서 아르바이트를 해야 한다면 그것은 어쩔 수 없다. 그런 재정 상황이 아니라면 대학생활만큼은 아르바이트를 최소화하고 인생의 다양한 경험을 하기 위해 모든 에너지를 집중시켜야 한다. 나중에 생각하는 사업을 구상하기 위해 관련 분야의 아르바이트를 하는 것이라면 적극 권장한다. 아니 그런 아르바이트라면 더 많이 하라고 하고 싶다. 그러나 그런 것도 아니라면 아르바이트나 과외보다 정말 자신이 진정으로 하고 싶은 일이 무엇인지 찾는 것이 대학생활의 가장 중요한 미션임을 깨달아야 한다.

## (2) 자신이 진짜 하고 싶은 일이 발견되었다면 그것이 1순위가 되어야 한다

한국 학생들을 보라. 중·고등학생 때 인생을 길게 보고 인생을 설계할 수 있는 정신적 시간적 여유가 있는가? 오직 대학 입시에만 매달려 명문대학을 나와야만 성공적인 인생을 살 수 있다는 잘못된 인식 때문에 아무 생각 없이 공부하는 기계로 살아야 한다. 그렇게 수년간 살아온 청소년들이 대학생이 되면 창의적인 인재가 될까? 떠먹이고 받아먹는 교육에만 조련된 학생들이기 때문에 대학에 오게 되면 다들 취업 준비를 위해 스펙 쌓기에 모든 에너지를 열중하는 것이다. 정말 국가적인 낭비가 아닐 수 없다. 대학은 상아탑이라고 하는데 취업을 위한 전문학교로 전락해버린 느낌이다. 결국 초등학교 때만 좀 자유로운 학창시절을 보내고 중학교 때부터 대학교까지는 취업을 위한 일방통행식 교육만 남게 되었다.

석사나 박사라면 자신의 전공의 전문지식을 최대한 쌓아야 하지만 학사 과정에서는 교양 지식도 폭넓게 쌓아야 한다. 대기업들이 원하는 인재가 되려고 하지 말고 자신의 마음 깊숙한 곳에서 되고 싶은 인재상을 추구하라. 자신의 마음 깊숙한 곳에 그런 인재상이 없다면 위인전기를 다시 읽고 벤치마킹할 모델을 찾아라. 대학 전공도 진정으로 본인이 공부하고 싶었던 것인지 심사숙고해야 한다. 수능점수에 맞춰서 대충 고른 전공이라면 정말 인생이 불행하지 않은가? 중·고등학교 때 하고 싶은 일도 못하고 억지 인생을 살았는데 관심 없는 전공과목을 4년간 공부해야 한다면 그보다 더 불행한 일이 어디 있는가? 대학교 때만큼은 죽을 때까지 무엇을 하고 살 것인지에 대한 깊은 고민을 해야 한다. 외국 사람들은 이 글을 읽고 이해를 못할 수도 있지만 한국 교육현실의 한계임은 분명하다. 대학을 졸업한 인생선배로서 대학교 4년간 무엇을 해야 하는지 학년별로 가이드라인을 제시하겠다. 꼭 이렇게 대학생을 하라는 것은 아니고 하나의 예시이기 때문에 참고만 하기 바란다. 대학생뿐만 아니라 이 책을 읽는 중·고등학생들도 자신들에게 다가올 미래이기 때문에 괜찮은 로드맵이 될 수 있을 것 같다.

대학교 1학년은 교양과목 중심으로 수업이 진행된다. 학부 4년 중에서 개인적인 시간이 가장 많을 때이므로 1학기 때에는 인생 전체에 대한 고민보다 대학 4년을 어떻게 보낼지 깊이 생각해야 한다. 동아리는 개인 취향대로 선택할 문제라서 따로 언급하지는 않겠다. 다만 동서양의 세계적인 철학자들의 학문적 업적을 정리한 책을 1~2권 정도는 꼭 읽어보기 바란다. 나의 스승님 되시는 이원준 선생님은 강신주 교수님의 『철학 vs 철학』이란 책을 추천해 주셨는데 정말 괜찮은 책인 것 같다. 철학 전공이 아닌 이상 특정 철학자에 심취할 필요는 없다고 생각한다. 교양 수준으로서 다양한 철학자들의 생각과 지혜를 얻기 위해서 추천하는 것이니까 다른 철학 책이라도 꼭 읽어보라. 그리고 종교에 관계없이 성경책은 꼭 1독을 했으면 한다. 성경은 선하고 악한 것과 서양 철학의 근본이 되는 사상들이 녹아있기 때문에서 삶의 지혜를 얻을 수 있다.

그리고 1학년 학점은 반드시 모든 과목을 A 이상을 받도록 최선을 다하여야 한다. 당연한 이야기를 한다고 생각할지도 모르겠지만 의외로 1학년 때 좋은 학점을 받는 대학생들이 많지 않다. 다들 입시 지옥에서 벗어났다는 해방감 때문에 의의로 대학교 1학년 때 학점 관리가 잘 안 된다. 자유도 누리던 사람이 잘 누린다. 대학교 1학년 때는 고등학교를 갓 졸업한 상태라서 자유를 만끽할 스킬이 부족하다. 그래서 계획 없이 시간이 흘러가기 쉽고 대학 자체가 목표였기 때문에 의외로 공부에 대한 강한 의지를 못 느끼는 것이 다반사이다. 그러나 1학년은 교양과목이 대부분이기 때문에 좋은 학점을 받기가 가장 수월한 기간이다. 1학년 학점을 잘 받아야 하는 실질적인 이유는 복수전공 자격을 갖추기 위해서이다. 수능점수에 맞춰서 전공을 선택했다가 진짜 하고 싶은 공부를 대학 때 발견했다고 가정해보자. 수능 공부를 다시 해서 대학을 입학할 것인가? 수능 공부를 다시 하면 성적이 더 오를 자신이 있는가? 물론 고등학교 동창 중에 전남 수석으로 서울대 법학과를 입학해서 졸업 후 다시 수능에 응시하여 전남 수석을 다시 하고 서울대 의과대학에 입학하여 안과 의사를 하고 있는 사람도 있다. 그러나 그런 경우는 정말 예외적인 경우고 대부분은 다시 수능을 본다고 해서 더 좋은 점수를 받는다고 확신할 수 없다.

  나는 1학년 1학기 때 학사 경고를 받았다. 코미디언이 되는 것이 꿈이었기 때문에 대학 공부에 대한 필요성을 느끼지 못한 상태에서 어느 누구도 위와 같은 조언을 하 해주지 않아서 복수전공은 생각하지도 못했다. 나의 가족과 친척들 중에서 괜찮은 4년제 대학에 진학한 것은 내가 처음이었기 때문에 친척들도 도움이 되지 못했다. 대학생

선배들이 있었지만 다들 사법고시 준비한다고 바빴기 때문에 나 같은 후배를 누가 챙겨주었겠는가? 1학년 때 좋은 성적을 거두었더라면 법학을 전공하면서 복수 전공으로 내가 공부하고 싶은 것을 같이 할 수 있었을 것이다. 어렸을 때부터 자신이 좋아하는 분야를 발견하여 특출하게 공부를 잘하는 학생이 아니라면 대부분 무엇을 좋아하는지 정확히 모르는 상태에서 수능 점수에 맞춰서 대학과 전공을 선택할 확률이 높기 때문에 대학교 1학년 성적을 최대한 높은 점수를 받고 복수 전공이나 부전공 과목에서 자신이 하고 싶은 전공을 선택하기 바란다.

그리고 1학년 때부터 자신이 좋아하는 운동 종목을 꼭 하나 선택하라. 진부한 표현 같지만 나이를 먹을수록 정말 체력은 국력이다. 대학생 때 술과 담배를 배울 수도 있지만 그보다 운동을 하나 선택해서 대학 4년간 꾸준히 하라. 졸업 후에도 운동을 하지 않으면 몸이 근질근질할 정도로 운동 습관을 만들어야 한다. 체력이 되어야 공부도 하고 다양한 일을 할 수 있기 때문에 재미를 느끼는 운동을 해야 한다. 직장 생활을 시작하면 더 바쁘다. 저학년 때는 학교에서 무료로 사용할 수 있는 체육관 헬스장을 다녔지만 무거운 아령을 드는 것이 너무 재미 없어서 대학교 3학년 때부터는 한국무용으로 운동을 대체했다. 한국무용이 생각보다 땀이 많이 나기 때문에 운동 효과가 상당했고 무엇보다 대학교에서 가장 미모가 출중한 집단인 무용과 여학생들과 같이 무용을 하는 것이 대학 생활의 가장 큰 낙이었다. 정작 데이트 비용이 없어서 무용과 여학생들과의 러브라인은 없었지만 예쁜 무용과 학생들은 나를 친 오빠 이상으로 친절하게 대해 주었다. 내 외모가 출중하지 않아서인지 나를 남자로 여기기보다 그냥 동네 오빠 정도로 여겼던 것 같다. 그리고 무엇보다 한양대 무용과 학장님이신 김운미 교수님이 나를 무척 아껴주셨다. 내 주관적인 생각으로는 무용과 전공 학생들보다 나를 더 챙겨주셨다. 지금 생각해보면 김운미 교수님 남편은 서울대 법대를 졸업하시고 현직 판사로 몸담고 계신 한국 최고의 엘리트이신데 남편과 같은 법학과 학생이라 더 정을 주신 것 같다. 처음에 한국무용을 선택한 것은 단순히 무용과 여학생들을 구경하고 싶은 목적보다는 다리 찢기가 불가능한 나의 경직된 근육 때문으로 발레나 현대 무용은 도저히 도전할 엄두가 나지 않았다. 개그 소재로도 한국 무용이 좋아 보였고 무엇보다 다리를 안 찢어도 되는 유일한 무용이 한국 무용이었기 때문에 나로서는 최고의 선택이었다. 처음에는 정적인 무용인줄 알았는데 막상 배워보니 땀을 정말 많이 흘려야 했다. 그리고 2년 내내 모두 A학점 이상을 받은 유일한 비전공 학점이기도 했다. 법학보다 한국무용이 훨씬 재미있었기 때문에 대학원 석사 전공을 한국무용으로 대체하여 무용수가 될 것을 심각하게 고려했을 정도였다. 하지만 무용수보다 개그맨이 되고 싶어서 그 욕심을 버렸다. 무용수가 되었다면 세계를 돌아다니며 무용 공연을 도전했을 것이다. 나는 무엇을 하든 국제적으로 도전하는 생각만 하는 것 같다.

대학교 2학년은 전공 수업이 많아지는 때이다. 2학년 과정은 전공 수업이 대부분의 수업을 차지하기 때문에 공부할 것이 가장 많은 때이기도 하다. 설사 복수전공이나 부전공을 하더라도 주전공의 부담은 고스란히 남아있다. 대학교 2학년만 잘 넘기면 3~4학년 때는 전공 과목을 줄일 수 있기 때문에 힘들더라도 꾹 참고 학점 관리에 신경을 써야 한다. 이유는 나처럼 유학을 갈 수도 있다는 가능성 때문이다. 좋은 대학으로 유학을 가려면 학점은 4.5 만점 기준으로 최소한 3.5 이상(B+)은 획득해야 한다. 나는 1학년 1학기 때 학사 경고를 받았음에도 열심히 학점을 관리하여 졸업학점은 다행히 3.57을 받았다. 물론 그렇게 좋은 학점이 아니라고 볼 수 있지만 그렇다고 낮은 학점도 아니기 때문에 괜찮은 미국 로스쿨로부터 합격 소식을 들을 수 있었다. 만약 3.5 미만이었다면 상당히 불리했을 것이다. 4.0 이상(A)을 받게 되면 그야말로 가장 좋은 학교로 유학갈 수 있는 확률이 높아진다. 대학 재학 시절은 설마 내가 유학을 갈까라는 의구심을 가졌지만 이렇게 유학 가려고 발버둥을 치는 것을 보면 여러분의 인생도 어떻게 될지 모르니 대학교 2학년의 전공 성적에서 좋은 점수를 받을 수 있도록 많은 시간을 투자해서 공부하길 바란다.

대학교 2학년 때 많은 시간을 전공 공부에 할애하더라도 시간을 내어 유명인사들의 강연에 참석하거나 방송 토론의 방청객이 될 필요가 있다. 나의 경우 대학교 2학년 1학기 때 '불꽃 머리와 뒤통수 法 헤어 디자인'으로 한양대 7대 불가사의였기 때문에 유명인들이 자기 발로 찾아왔다. 사실 그 전에는 연예인이나 소위 사회에서 리더로서 성공한 사람들은 다른 세계에 있는 탁월한 존재라는 편견이 있었다. 즉, 감히 목포 촌놈이었던 내가 쳐다볼 수 없는 특권층으로 여겼다. 그런데 독특한 헤어스타일을 했다는 이유로 그들이 나를 찾아오며 얘기를 걸어왔다. 그들과 얘기할 때는 겉보기에는 당당했지만 사실 속으로는 엄청 놀라고 나 자신이 별 볼 일 없는 사람 같다는 생각 때문에 가식적이고 위선적인 태도로 과장되게 자신감 있는 체했다. 어찌 되었든 사람들은 겉모습만 보고 사람을 판단하는 성향이 있기 때문에 그런 자신감 있는 나의 모습을 싫어하지는 않았다. 그러한 사람들을 자주 만나게 되니 어느 순간 나도 그들처럼 될 수 있겠다라고 생각했고 심지어 그들을 뛰어넘을 수 있겠다라는 생각을 했다. 생각을 해보라. 그들도 똑같이 학창시절을 보내고 어른이 되어서 자기 분야에서 업적을 이룬 것뿐이다. 그들이 여러분과 다른 점이 있다면 먼저 태어나서 먼저 경험하고 어떤 이는 성공하고 어떤 이는 실패한 것 그 차이밖에 없다. 대학생 시절에 나 같이 이상한 머리스타일을 할 필요는 없다. 앞에서도 말했지만 그런 머리를 하고 다니면 부모님이 가장 슬퍼하신다. 당신들이 낳은 자식이 그런 머리를 하고 거리를 활보한다고 생각해보라. 내 아들이 그런다면 정말 나는 힘들 것 같다. 나 자신은 그리 했지만 내 아들은 그렇게 하지 않았으면 한다. 어쨌든 독특한 헤어스타일을 갖지 않아도 창의적으로 잘 생각해보면 유명인사를 만나는 것은 그렇게 어렵지 않다. 그리고 자기가 몸담고 싶은 분야의 유명인사는 꼭 만나봐야 한다. 성공한 사람들이 자기 분야에서 성공하는 법을 알기 때문이다.

대학교 3학년 때부터는 필수 전공보다 선택할 수 있는 전공 과목들의 범위가 많아진다. 대학교 1~2학년 때 조심스럽고 깊이 고민하는 가운데 평생 자신이 하고 싶은 일을 발견하면 3학년 때부터는 자신이 하고 싶은 일과 관련된 대학 수업을 최대한 많이 신청해야 한다. 부전공이나 복수전공 분야가 진짜 공부하고 싶은 분야라면 그 과목들을 최대한 많이 이수해야 한다. 주전공이 너무 좋아서 부전공이나 복수전공을 하지 않는다면 주전공 과목에서도 자신이 진짜 공부하고 싶은 과목들을 선정해야 한다. 이때는 학점을 잘 주는 교수님보다 어렵더라도 더 많은 것을 배울 수 있는 교수님을 찾아야 한다. 많은 것도 가르쳐주시면서 학점까지 잘 주는 교수님이라면 그러한 교수님의 과목들은 1순위로 수강신청해야 할 것이다. 3학년쯤 되면 더 적은 시간으로 전공과목을 공부해도 더 좋은 성적을 받을 수 있는 완숙한 대학생이 된다. 이때 기회가 된다면 더 많은 교양 수업을 들으라고 추천하고 싶다. 대학원에 들어가거나 사회생활을 하게 되면 자기 전공만 공부하거나 대학과 같은 자유를 만끽하기 쉽지 않다. 공인 영어 성적 점수를 높이는 것도 중요하지만 그보다 더 중요한 것은 학부 때 더 다양한 경험을 하는데 초점을 두어야 한다는 것이다. 비록 나는 영어와 중국어만 구사할 수 있지만 대학교 3~4학년 때 러시아어, 일본어 등 다양한 제2외국어 수업을 수강했다. 한국 최고의 대학은 아닐지라도 학벌에 대한 열등감은 0.1%도 없이 오직 세계적인 인물이 되기 위해 UN 공용어와 일본어 정도는 익혀야 하는 것 아닌가라는 생각을 했던 대학 시절이었다. 4학년 때는 취업을 준비해야 하는 시기이지만 나는 학군단에 소속되어 장교로 군대를 전입해야 했기 때문에 취업 준비보다 더 자유로운 대학생활을 만끽했다.

# 5. 뒷 얘기

사실 이 책을 출판하면 베스트셀러가 되어서 '세종킹 교육기업 (Sejong King Education Company)'도 현실이 되지 않을까라는 마음에 www.sejongking.com이란 도메인을 구매하여 홈페이지를 제작 중이다. 상위 1%는 알아서 잘 하는 학생들이므로 나의 도움이 필요없다고 생각된다. 상위 1%보다는 나머지 99% 학생들에게 실력 향상과 도전하라는 메시지를 지속적으로 전달하고 아직은 정치인이 아니라서 정치 후원금을 지원받을 수 없기 때문에 나만의 능력으로 정치 자금을 형성하기 위해 www.sejongking.com으로 미약하지만 내실있는 교육사업 시작하기로 결심하였다. 또한 대통령이 되기 위한 정치적 목적의 홈페이지로서 www.sejongking.org란 도메인도 구매했다. 그리고 미래의 유권자들과의 소통의 장을 마련하기 위해 장기적 관점에서 www.sejongking.org 라는 홈페이지 주소로 지지자를 규합할 계획을 가지고 있다. 아직은 대통령이 아니니까 나이는 적지 않지만 미래의 유권자 여러분들이 나를 편한 친구처럼 여기며 애칭을 부르고 싶다면 'Sejong King'으로 불러주었으면 좋겠다.

한편, 나는 한양대학교 법학과를 4년간 다니면서 세계를 품는 상상력을 기를 수 있었다. 가장 소중한 20대의 절반을 한양대학교에서 보냈기 때문에 모교로서 나의 학교를 매우 사랑하고 자랑스럽게 여기고 있다. 그러나 한양대학교가 나를 그렇게 만들어 주었다고 생각하지 않는다. 나라면 어떤 대학을 다녔든지 관계없이 반드시 세계적인 인물이 되겠다는 사고방식을 기를 수밖에 없는 운명이라고 생각하기 때문이다. 이 책을 읽는 미래의 유권자 여러분! 스펙, 취업, 사랑 등 20대에 당면한 문제들이 엄청 커 보일 것이다. 그럴 때일수록 돈, 스펙, 취업, 사랑을 좇지 말고 여러분의 가슴 깊숙한 곳에 질문했으면 한다.

"내가 진정 잘 할 수 있고 하고 싶은 일은 무엇일까?"

대학교 4년 내내 스스로에게 물어야 한다. 나는 스스로에게 항상 저 질문을 물었다. 학교에서 유명했던 괴짜였지만 나는 독특한 헤어스타일을 하고 싶었고, 다양한 외국어를 잘하려 하기보다 그냥 외국인들은 어떤 생각을 하고 사는지 궁금하여 만나고 싶었고, 미국 유학 갈 돈이 없어도 영어를 잘하고 싶은 마음이 간절해서 미국인 교회를 참석하며 독학으로 영어를 뚫었다. 데이트 비용이 부족해서 학생 시절 짝사랑했던 여인들을 사귀지 못했지만 그 에너지를 드럼 연주와 한국 무용에 쏟았다. 비록 학부 때는 대륙법인 한국 법학이 싫었지만 그 대안으로 사례 중심의 미국법학을 연구하기로 결심했다. 나의 대학생활은 남들이 보기에 방황하는 것으로만 보였지만 누구보다도 뜨거운 열정을 가지고 먼 미래를 바라보며 진정으로 하고 싶은 것을 추구했다. 돈, 스펙, 취업, 사랑보다 내가 가장 하고 싶은 것을 좇았더니 모든 것이 저절로 따라오는 것을 보았다. 만약 사랑이 진짜 하고 싶으면 상대방의 조건을 따지지 말고 가슴 저린 사랑을 해보기 바란다. 사랑하는 여자를 위해 목숨을 건 사랑을 해보라. 찌질하게 사랑할 것이면 나처럼 다른 일을 하길 바란다. 스펙 쌓는 것이 정말 좋다면 그 어떤 이도 범접할 수 없는 스펙을 쌓으면 된다. 돈이 미친 듯이 벌고 싶으면 대학생 때부터 장사를 시작하라. 취업을 하고 싶으면 대학을 가지 말고 취업을 하라. 학위는 언제든 딸 수 있다.

나는 정말 미래가 기대된다. 20년 이내에 대통령이 되기 위해 발전하는 나의 모습들이 선명하게 그려진다. 이 책을 읽는 미래의 유권자 여러분들과 통일 한국을 건설하고 건전한 문화를 창출하여 지금보다 더 영향력 있는 대한민국을 만들어 나갈 것이다. 지금의 나는 부족하지만 앞에서 언급했던 대통령 되기 프로젝트를 차근차근 실천해 나가면서 나의 꿈이 곧 대한민국의 꿈이 될 수 있도록 나의 모든 인생을 바칠 것이다. 우선은 대통령이 되는 것이 1차 목표이다. 대통령이 되고 나면 더 큰 계획이 있다. 나는 천국 가는 그 날까지 하나님이 주신 귀한 꿈을 붙잡고 한 걸음 한 걸음 나아갈 것이다. 남들이 비웃고 나의 실패했던 과거를 들먹이며 나를 공격할지라도 그들이 나를 공격하게 만든 것은 모두 나의 잘못으로 인한 것이니 정중하게 사과하고 나는 나의 길을 갈 것이다. 절대 포기하지 않을 것이다. 어떤 시련과 핍박이 내 앞에 올지라도 나는 반드시 대통령이 되고 말 것이다. 대통령이 되어서 한국의 불합리한 관행과 잘못된 부분들을 천천히 뜯어고칠 것이다. 내가 대통령 취임 연설문에서 앤드루 셰퍼드의 대사를 읊을 수 있도록 많은 응원 부탁드린다.

안드로이드 용

IOS 용

홈페이지와 앱은 2015년 5월 5일 어린이날에 공개합니다.

Homepage : www.sejongking.com
이메일 : sejongking@sejongking.com

부록

# Sejong King Scheduler

(세종킹의 학습 시간 관리표)

* Sejong King Scheduler가 필요한 미래의 유권자들은 2015년  5월 5일 부터는 www.sejongking.com과 앱에서 온라인 Sejong King Scheduler를 사용할 수 있을 것이다.

# Sejong King
## Scheduler

# *Sejong King*

## Scheduler　　　　　　　　　예습

| 년　월　일 | | | | Mon | |
|---|---|---|---|---|---|
| 교시 | 과목명 | | 범위 | 메모 | 성취도 |
| **1** | | 교 | | | |
| **2** | | 교 | | | |
| **3** | | 교 | | | |
| **4** | | 교 | | | |
| **5** | | 교 | | | |
| **6** | | 교 | | | |
| **7** | | 교 | | | |
| **8** | | 교 | | | |
| 보충 1 | | | | | |
| 보충 2 | | | | | |
| 보충 3 | | | | | |

비현실적인 일지라도 원대한 목표를 설정하라.

**범례**
**교-교과서**
**문-문제집**
**자-자습서**

# *Sejong King*

## Scheduler                                          복습

| 년 월 일 | | | | Mon | |
|---|---|---|---|---|---|
| 교시 | 과목명 | | 범위 | 메모 | 성취도 |
| **1** | | 교<br>자<br>문 | | | |
| **2** | | 교<br>자<br>문 | | | |
| **3** | | 교<br>자<br>문 | | | |
| **4** | | 교<br>자<br>문 | | | |
| **5** | | 교<br>자<br>문 | | | |
| **6** | | 교<br>자<br>문 | | | |
| **7** | | 교<br>자<br>문 | | | |
| **8** | | 교<br>자<br>문 | | | |
| 보충 1 | | | | | |
| 보충 2 | | | | | |
| 보충 3 | | | | | |

## Scheduler

예습

| 교시 | 과목명 | | 범위 | 메모 | 성취도 |
|---|---|---|---|---|---|
| | | | 년 월 일 | Tue | |
| 1 | | 교 | | | |
| 2 | | 교 | | | |
| 3 | | 교 | | | |
| 4 | | 교 | | | |
| 5 | | 교 | | | |
| 6 | | 교 | | | |
| 7 | | 교 | | | |
| 8 | | 교 | | | |
| 보충 1 | | | | | |
| 보충 2 | | | | | |
| 보충 3 | | | | | |

반드시 6 ~ 7 시간 잠을 자라.

범례
교-교과서
문-문제집
자-자습서

# Sejong King

## Scheduler

복습

| 년 월 일 | | | | Tue | |
|---|---|---|---|---|---|
| 교시 | 과목명 | 범위 | | 메모 | 성취도 |
| 1 | | 교<br>자<br>문 | | | |
| 2 | | 교<br>자<br>문 | | | |
| 3 | | 교<br>자<br>문 | | | |
| 4 | | 교<br>자<br>문 | | | |
| 5 | | 교<br>자<br>문 | | | |
| 6 | | 교<br>자<br>문 | | | |
| 7 | | 교<br>자<br>문 | | | |
| 8 | | 교<br>자<br>문 | | | |
| 보충 1 | | | | | |
| 보충 2 | | | | | |
| 보충 3 | | | | | |

## Scheduler             예습

| 년 월 일 | | | | Wed | |
|---|---|---|---|---|---|
| 교시 | 과목명 | | 범위 | 메모 | 성취도 |
| **1** | | 교 | | | |
| **2** | | 교 | | | |
| **3** | | 교 | | | |
| **4** | | 교 | | | |
| **5** | | 교 | | | |
| **6** | | 교 | | | |
| **7** | | 교 | | | |
| **8** | | 교 | | | |
| 보충 1 | | | | | |
| 보충 2 | | | | | |
| 보충 3 | | | | | |

1일
↓
3일
↓
7일
↓
1개월
↓
시험.

**범례**
**교-교과서**
**문-문제집**
**자-자습서**

# Sejong King

## Scheduler

복습

| 년  월  일 | | | | Wed | |
|---|---|---|---|---|---|
| 교시 | 과목명 | | 범위 | 메모 | 성취도 |
| **1** | | 교<br>자<br>문 | | | |
| **2** | | 교<br>자<br>문 | | | |
| **3** | | 교<br>자<br>문 | | | |
| **4** | | 교<br>자<br>문 | | | |
| **5** | | 교<br>자<br>문 | | | |
| **6** | | 교<br>자<br>문 | | | |
| **7** | | 교<br>자<br>문 | | | |
| **8** | | 교<br>자<br>문 | | | |
| 보충 1 | | | | | |
| 보충 2 | | | | | |
| 보충 3 | | | | | |

# Sejong King

## Scheduler

예습

| 년 월 일 | | | | | Thu |
|---|---|---|---|---|---|

| 교시 | 과목명 | | 범위 | 메모 | 성취도 |
|---|---|---|---|---|---|
| **1** | | 교 | | | |
| **2** | | 교 | | | |
| **3** | | 교 | | | |
| **4** | | 교 | | | |
| **5** | | 교 | | | |
| **6** | | 교 | | | |
| **7** | | 교 | | | |
| **8** | | 교 | | | |
| 보충 1 | | | | | |
| 보충 2 | | | | | |
| 보충 3 | | | | | |

절대로 포기하지 말라.

**범례**
**교-교과서**
**문-문제집**
**자-자습서**

## Sejong King

### Scheduler 복습

| 년 월 일 | | | | Thu | |
|---|---|---|---|---|---|
| 교시 | 과목명 | | 범위 | 메모 | 성취도 |
| **1** | | 교<br>자<br>문 | | | |
| **2** | | 교<br>자<br>문 | | | |
| **3** | | 교<br>자<br>문 | | | |
| **4** | | 교<br>자<br>문 | | | |
| **5** | | 교<br>자<br>문 | | | |
| **6** | | 교<br>자<br>문 | | | |
| **7** | | 교<br>자<br>문 | | | |
| **8** | | 교<br>자<br>문 | | | |
| 보충 1 | | | | | |
| 보충 2 | | | | | |
| 보충 3 | | | | | |

# Sejong King

## Scheduler 예습

| 교시 | 과목명 | | 범위 | 메모 | 성취도 |
|---|---|---|---|---|---|
| | | | 년 월 일 | Fri | |
| 1 | | 교 | | | |
| 2 | | 교 | | | |
| 3 | | 교 | | | |
| 4 | | 교 | | | |
| 5 | | 교 | | | |
| 6 | | 교 | | | |
| 7 | | 교 | | | |
| 8 | | 교 | | | |
| 보충 1 | | | | | |
| 보충 2 | | | | | |
| 보충 3 | | | | | |

세계적인 인물이 되기 위해 공부하라.

**범례**
교－교과서
문－문제집
자－자습서

# Sejong King

## Scheduler

복습

| 교시 | 과목명 | 범위 | | | 메모 | 성취도 |
|---|---|---|---|---|---|---|
| | | | | | | 년 월 일 Fri |

| 교시 | 과목명 | 범위 | | | 메모 | 성취도 |
|---|---|---|---|---|---|---|
| **1** | | 교 | | | | |
| | | 자 | | | | |
| | | 문 | | | | |
| **2** | | 교 | | | | |
| | | 자 | | | | |
| | | 문 | | | | |
| **3** | | 교 | | | | |
| | | 자 | | | | |
| | | 문 | | | | |
| **4** | | 교 | | | | |
| | | 자 | | | | |
| | | 문 | | | | |
| **5** | | 교 | | | | |
| | | 자 | | | | |
| | | 문 | | | | |
| **6** | | 교 | | | | |
| | | 자 | | | | |
| | | 문 | | | | |
| **7** | | 교 | | | | |
| | | 자 | | | | |
| | | 문 | | | | |
| **8** | | 교 | | | | |
| | | 자 | | | | |
| | | 문 | | | | |
| 보충 1 | | | | | | |
| 보충 2 | | | | | | |
| 보충 3 | | | | | | |

# Sejong King

## Scheduler

주말

| 년 월 일 | | | Sat |
| --- | --- | --- | --- |
| 일정 | 활동 | 내용 | 성취도 |
| 오전 | 주간<br>마감<br>학습 | | |
| 오후 | | | |
| 저녁 | | | |
| 취침전 | 비디오 | 영화명 | |

※ 주간 마감 학습 : 평일 학습 관리표에서 성취도가 △와 X 표시된
　　　　　　　　과목 중심으로 복습한다.

※비디오 : 자막 없는 건전한 미국 영화 하나를 골라서 매주 토요일
　　　　　취침 전에만 반복 시청한다.

토요일 오후와 저녁은 실외활동 중심의 평일 학습의 스트레스를 해소하라.

## Scheduler 주말

| 년 월 일 | | | Sun |
|---|---|---|---|
| 일정 | 활동 | 내용 | 성취도 |
| **오전** | | | |
| **오후** | | | |
| **저녁** | 월요일<br>계획 | | |
| **취침전** | | | |

※ 월요일 계획 : 월요일 수업 스케줄을 보고 관련 교과서를
　　　　　　　　뒤적이며 Sejong King Scheduler(월) 작성

※ 일요일은 휴식과 실내활동 중심으로

※ 1주일에 하루는 반드시 쉰다.